回忆堤义明

他是一位被尘封的世界首富。
20年间，他购买了日本1/6的土地，
以1650亿美元的庞大家产，数次蝉联
世界首富，远远超过比尔·盖茨，
是松下的10倍，洛克菲勒的4倍。

龙巍坚◎编著

经济日报出版社

图书在版编目（CIP）数据

回忆堤义明 / 龙巍坚编著. －北京：经济日报出版社，2011.1

ISBN 978－7－80257－283－6

Ⅰ. ①回… Ⅱ. ①龙… Ⅲ. ①堤义明－传记 Ⅳ. ①K833.135.38

中国版本图书馆CIP数据核字（2010）第260067号

回忆堤义明

作　者	龙巍坚
责任编辑	陈漫兮
责任校对	韩会凡
出版发行	经济日报出版社
地　址	北京宣武区右安门内大街65号（邮编：100054）
电　话	010－63567960（编辑部）　63567683（发行部）
网　址	www.edpbook.com
E－mail	jjrb58@sina.com
经　销	全国新华书店
印　刷	三河市祥达印装厂
开　本	710×1000mm　1/16
印　张	15
字　数	160千字
版　次	2011年1月第一版
印　次	2011年1月第一次印刷
书　号	ISBN 978－7－80257－283－6
定　价	36.00元

前 言

他是一个妾生子，他是一个独裁者。20 年间，他购买了日本 1/6 的土地，数次位列《福布斯》财富排行榜首位。他拥有 1650 亿美元的庞大家产，曾远远超过比尔·盖茨，是松下的 10 倍、洛克菲勒的 4 倍。而他如今只是个阶下囚。

从在家中毫无地位到世界首富，堤义明的人生极具传奇色彩。由于他一贯的稳健经营作风，使其成为当年席卷东南亚的金融危机中唯一未受影响的亚洲巨富，被称为“富翁中的富翁，领袖中的领袖”。在外国有他的产业，在日本国内，没有哪个地方没有他的企业。他的西武集团成为控制日本饭店、铁路、百货、游乐等行业的巨头。这种多方面做大企业的情况，日本没有第二个人可与之相比，欧美也找不出哪个大企业家可以跟他一决高下。

松下幸之助曾赞誉：“堤义明君是集创业与守业于一身的第二代，他身上所特有的帝王素质，如果在古代，他就是中国唐太宗那样的盛世明君！是中兴之祖！”

索尼创始人盛田昭夫也曾说：“当今日本年轻的企业家中，没有多少人可以像堤义明那样有胆识，有才华，有决断力。”他还曾感叹：“既生瑜，何生亮，我的最大不幸，就是我与堤义明生于同代。”

没有人了解真实的他。他没有一个推心置腹的朋友，父亲“不交朋友”的遗训一直拘押着他。他认可这句话，因为其中有某种东西迷住了他。他独特的个性也让他拥有与众不同的为人处世的理念，他信奉的金科玉律是：“宁用奴才不用人才。”

他的名字令世界震惊，他的行为令世界彷徨，他开创了自己的时代，他留下了太多的回味和无奈。2004 年因涉嫌发布虚假财务信息和从事非法股票交易，他被逮捕入狱，40 年的光环突然消失，一系列丑闻接踵而至。日本媒体齐声将他描绘成一个“不光彩的人物”，但他的传奇财富人生仍为人津津乐道。

目　录

第一章　少年隐忍 / 1

一、庶生之子 / 3
二、顽强无惧 / 9
三、罚跪事件 / 13
四、牛刀小试 / 17

第二章　帝王教育 / 25

一、父为榜样 / 27
二、教父荀子 / 31
三、慈悲为怀 / 35
四、界限分明 / 39
五、管理路上 / 41

第三章　十年沉寂 / 45

一、痛失严父 / 47
二、子承父业 / 52
三、安内攘外 / 55
四、无为而治 / 61
五、中庸之道 / 66

六、围魏救赵 / 70
七、牛排哲学 / 75

第四章　商人哲学 / 93

一、防微杜渐 / 95
二、透明管理 / 98
三、西武工会 / 106
四、用人眼光 / 112
五、感恩奉献 / 119
六、隆礼重法 / 124
七、人性测试 / 130
八、入社仪式 / 138

第五章　横空出世 / 145

一、地产风暴 / 147
二、缔造所泽 / 155
三、李代桃僵 / 161
四、内部跳槽 / 163
五、铁道集团 / 167

第六章　西武神话 / 173

一、西武百货 / 175
二、太子酒店 / 177
三、西武巨蛋 / 182
四、狮子棒球 / 191
五、球队运营 / 197
六、财富裂变 / 203

第七章　恢弘一生 / 207

一、政商两通 / 209
二、进军欧美 / 212
三、经济危机 / 216
四、奥运大亨 / 221
五、西武信仰 / 226
六、走下神坛 / 230

第一章
少年隐忍

一、庶生之子

二、顽强无惧

三、罚跪事件

四、牛刀小试

一、庶生之子

日本是一个岛国，面积不大人口众多，并且资源匮乏，自然条件艰苦。由于处于环太平洋地震带的地质构造，火山、地震频繁洗劫海岛。艰苦的环境培养了日本人坚忍不拔、不甘失败的顽强精神。

从明治维新开始，日本人励精图治，富国强兵。通过“脱亚入欧”，学习西方，从而走上了发展资本主义的道路。

然而，20 世纪三四十年代，日本军国主义者对中国和东南亚发动了疯狂的侵略战争。它与欧洲法西斯遥相呼应，成为第二次世界大战的东方策源地。

1945 年，日本宣布无条件投降。作为战败国的日本，经济遭受毁灭性破坏。然而，谁也想不到的是，短短几十年内，日本在战争的废墟上，经过顽强的努力，又一次实现了经济的腾飞，令世界震惊！

从连食物都匮乏的战败国，仅用二三十年时间便成长为世界第 2 号经济强国。其间原因很多，但一批企业的崛起无疑成为日本战后经济复兴的重要推动力量。企业奇才、西武集团前总裁堤义明便是其中的佼佼者。

堤义明出生在日本滋贺县一个商人家庭。

滋贺县是一个风景优美、交通便利、商业发达的小城。这里树木苍郁，空气润泽清新，一派田园风光，吸引着南来北往的客人。

时间到了 1934 年，堤康家的三夫人石亘恒子的肚子越来越大了。她知道自己的孩子就要出生了。对于这个孩子的出生，她的心里半忧半喜。

喜的是，她终于有了自己的孩子，以后总算有可以相依为命的人了，而且这个孩子或许能够改变她在夫家的地位。

忧的是，她担心自己的孩子以后会不会受到欺负，会不会得到父亲的宠爱，因为她知道，自己在堤家是没有地位可言的，她只是一个小妾，她在这个家里的位置仅仅比佣人高一点点。

堤义明的亲生母亲虽然出身名门，是日本众议院议员石冢三郎的女儿，但她并非堤康次郎明媒正娶的太太，而是被包养的妾，在堤家家族中没有名份也没有地位。

自从和堤康次郎成婚，她就一个人住在堤康次郎为她买的房子里，而没有正式住进堤家。

她的丈夫，也就是堤义明的父亲——堤康次郎每天都在生意场上奔波，忙得连过来看看她的时间都没有。

1927 年，日本爆发了经济危机。到了 1929 年，工业生产降低了 30%～70%，出口贸易一蹶不振，物价综合指数从 174.5% 降至 120.4%……银行倒闭，企业停工，工人失业。外出逃荒、冻死饿死、卖儿卖女的事情屡见不鲜，每日耳闻目睹的都是悲惨的消息。

作为商人的堤康次郎，要想平安地度过这次危机，只能不停地奔波，不断地努力，根本没有时间照顾家里。

由于父亲的忙碌，只有母亲和一个从医院里请来的助产士亲见了堤义明的出生。

到了五月的一天，石亘恒子突然感觉肚子的阵痛一阵紧似一阵，于是，她连忙停下手中的活计，想回到榻榻米上休息。

然而此时，她几乎连步都不能移了。她艰难地挪到门口让邻家大嫂去医院为她叫助产士来帮忙。

等到邻居的大嫂慌里慌张把助产士请到家时，婴儿已呱呱坠地了。

助产士把胖乎乎的婴孩抱在手中，乐滋滋地向石亘恒子报喜："恭喜恭喜，是个胖小子！"

刚刚出生的小堤义明在助产士的怀中眯着眼睛哇哇大哭，嘹亮的哭声几乎传遍了左邻右舍。

见多识广的助产士啧啧夸赞道："这个孩子哭声这么响亮，以后一定会有大出息的！"

母亲石亘恒子从助产士手中接过这个大声啼哭的婴儿，抱在怀里亲了又亲。堤义明憨态可掬，虎头虎脑。他精神十足的样子，着实令人疼爱。

看着堤义明那张像极了父亲的小脸，忍不住泪流满面。她一边亲着堤义明光滑的小脸，一边喃喃地说：谢谢老天！谢谢老天！

石亘恒子的家族在当地是声名显赫的望族，她从小就受到一流的教育，父亲对这个女儿没有别的期望，只是想让她以后嫁给一个自己喜欢的人，过上幸福的生活。

然而，事情并没有如预期中的那么好，就在恒子 18 岁的时候，她遇到了堤康次郎，从此她偏离了父母为她设计的道路。

那是四年前的一天，恒子家从堤康次郎经营的百货公司里购进一大批日用品，由堤康次郎亲自带着店员送货上门，在恒子家的回廊里他正好遇上了迎面过来的恒子，堤康次郎对这个面容娇好温柔如水的女子充满了好感，而恒子看到这个衣着不凡、相貌俊朗的青年也害羞地低下了头。

后来，她又从仆人的口中知道了他就是当地小有名气的西武百货公司的少东家，于是，她就偷偷地跑到屏风后面听堤康次郎和父亲的谈话，他不俗的谈吐和胆识吸引了她，使她不知不觉听了一上午。

也许是机缘巧合，后来，他们又有几次见面的机会，在不断的交往中，恒子深深地爱上了这个已经成家的男人。她为了和他在一起，不顾家里的反对，毅然离家出走。

堤康次郎在城郊买了一栋房子给恒子住，他常常背着家里的结发妻子过来看她。

在 1930 年的日本，一个男人有三妻四妾是很普遍的，然而对于作为出身名门的恒子来说，甘愿做次郎包养的小妾，她付出了太多。

刚开始的两年里，恒子过着幸福的生活，丈夫每个星期都要过来和她度过几天，对她的生活照顾得无微不至。

但是，随着次郎的生意越做越大，再加上新鲜感的慢慢消失，次郎来的日子也越来越少。恒子开始品尝到寂寞的滋味，也渐渐地知道了作为一个小妾的苦楚。

石亘恒子经常以泪洗脸，情绪非常低落，唯一的希望就是儿子能够出类拔萃，可以继承堤家族的事业。

恒子看着熟睡的小堤义明，心里默默地祈祷，孩子呀，你一定要好好努力，将来出人头地，妈妈以后就靠你了啊！

在堤义明出生后的第二天，堤康次郎过来看他这个刚刚出生的小儿子了。

看着他那张像极了自己的小脸，次郎的脸上浮上了笑意。

恒子挽着发髻躺坐在榻榻米上，脸上因缺乏血色而比平时更苍白，映衬着那小小的红唇，甚是可爱。恒子接过小堤义明把他抱在怀里，只见小婴孩两只黑葡萄般的眼珠骨碌碌地转着，还把胖乎乎的小手放到嘴里起劲地吮着，间或发出“阿咕、阿哈”的惬意呢喃。

恒子忍不住低头在他可爱的腮帮上亲了一口，心中突然涌上一股巨大、坚毅的母性的力量。

堤康次郎看到这幅温馨的母子图，心里涌上一股暖流，他笑着对恒子说：“这才是我西武家的血脉！真是辛苦你了！”

恒子听到堤康次郎的话，想起了平日里的苦，低下头轻轻地说：“不苦。”然而不觉流下两行泪来。

堤康次郎看到恒子的眼泪心里一颤，他知道这两年来欠她太多，但是他有家又有生意需要打理，实在没有那么多时间陪她。现在儿子出生了，需要得到照顾也需要受到良好的教育，以后应该多关心他们母子俩人的生活了。

在这个大家族里作为小妾的地位其实并不比佣人高多少，恒子常年小心翼翼忍气吞声，生怕出一点错而遭到责骂。

堤义明从小到大看着母亲如履薄冰的生活心里非常难受，他知道母亲是因为自己才可以在这个家里生活下去的，母亲唯一的希望就是自己了。

出于对母亲的爱，堤义明从小就暗暗发誓，不管怎样委屈自己，他都会尽一切可能让母亲过得幸福。

堤家是个等级森严的大家族，在这里只有父亲堤康次郎是真正的一家之主，他决定着家中每个人的生活，影响到每个人在这个家中的命运。堤义明从小就深深地懂得这一点，所以他对父亲的每一句话都记得，对父亲的每一个命令都无条件地执行，他知道只有毫无怨言地服从，他和母亲在这个家里才能生活下去，他自己才可能有出人头地的一天。

堤义明一方面有着优越的家庭环境，享受着丰富的物质生活，一方面又在这个大家族中毫无地位，从小看着母亲的眼泪长大。因此，他的心里一直很压抑，常年忍受着抑郁和苦闷的生活。

在这种环境中，堤义明和母亲相依为命，母亲对他来说是一种心理的依托。

那个时候，堤义明就知道，为了保护母亲，他必须无条件地服从父亲，必须发奋努力，否则他和母亲就会被家族所践踏。

堤义明从小就身体瘦弱，所以和小伙伴们玩耍时，常常受到身材比他高大的孩子们的欺负。

那时候，村里的孩子们很喜欢玩打陀螺的游戏。这个游戏是在箱子上铺一层厚布，让中间的位置稍微凹下去，玩的人将卷上绳子的陀螺急甩出去，让陀螺飞快地旋转起来，看谁的陀螺能把对方的陀螺撞出去，谁就可以赢得那个陀螺，这说起来算是一场赌博的游戏。

当村子里的小朋友们玩得热火朝天时，堤义明只能在后面偷偷地看着。

回家后，堤义明照着那些陀螺的模样自己研究了起来。经过几天的琢磨，堤义明终于做出了几个黑乎乎的陀螺。他高兴极了，一个人在家里的箱子上铺上像帆布一样的厚布，练习打陀螺。

可是，要想使陀螺能够飞快平稳地旋转，还要下一番功夫不可。

“怎么办呢?”堤义明试了很多次都没有成功。

“不行，再来!”

最后，堤义明就想了一个办法，他把陀螺的中心用刀子刻下一些小坑，把一些磨得很平整的小石子放进去，这样陀螺的重心就下降了，转起来又快又稳。

看着陀螺飞快地旋转，堤义明很是高兴。他迫不及待地想要向小伙伴们炫耀他的陀螺了。于是，他飞快地跑到村子里向大家喊：“一起玩吧?”

在这些孩子里，堤义明长得最瘦小，可是，他玩得却最娴熟，不一会儿，就赢回了好多陀螺。

其他的小朋友看到自己的陀螺一个个地都被他赢走了，心里很难过，也很不服气，又看到堤义明的陀螺那么好，不由得羡慕起来，于是，几个大一点的孩子偷偷地商量了一会儿就决定抢他的陀螺。他们趁堤义明不注意的时候，每个人拿了几个就跑。

堤义明一看，马上就在后面追了起来，可是，他那么小，怎么能追得上他们呢?

最后，他还被地上的石头绊倒了，摔了一跤，衣服撕破了，鼻子也碰出血了，看着流出的血想着那些心爱的陀螺，伤心地哭了起来。

其他的小朋友一看，知道闯了大祸，一下子一哄而散。连平时和他最要好的小朋友也跑得远远的，躲了起来。

堤义明自己爬起来，一个人在那里哭了半天。快天黑的时候，他才擦干鼻子上的血，拍去衣服上的土，走回家去。

母亲石亘恒子看到义明衣服破了，脸上也受伤了，连忙追问发生了什么事，可是义明低着头一句话也不说。

这时，正好父亲堤康次郎从外面回来，看到母亲要打义明，连忙拦住她。他把义明叫进屋里，和蔼地问他到底发生了什么事，义明就把事情的经过告诉了父亲。

父亲沉思良久之后，把义明叫到身边，对他说：

“孩子，别难过，这不是你的错，朋友都是不可靠的，他们只会在用得着你的时候对你好，当他们不需要你的时候，就会抛弃你，以后你不要交朋友了。”

“这次就是个例子，他们在和你玩的时候总是把不好的东西留给你，在你受伤之后就会一哄而散，谁也不帮你，所以朋友总是有害无益的。你想想这么一点的小事他们都不能帮你，那么以后遇到大事他们还能帮你么?”

堤康次郎接着说：“孩子，你现在就应该知道，你和普通的孩子不一样。你是我们堤家的骨肉，以后是堤家的继承人，在你的肩上担负着我的事业的使命。你现在听好了，我命令你以后不准交朋友。一般的人在遇到困难的时候，都会找朋友商量，求得朋友的帮助。但是，对你这种身份和地位的人来说，朋友是有害无益的。

“每一个朋友都有自己的私心，你和每一个人交往都要牵涉利益的纠纷。他们在给你提出建议的时候，往往是从自己利益的角度去考虑，所以在每一条建议的背后都隐藏的一种利益，你不知道哪些对你来说是陷阱。

“所以，你以后不要交朋友了，什么事情都要自己想办法解决，不去求任何人，这样你才能成为堤家合格的接班人。

“孩子，你现在还小，不让你交朋友你也许会觉得寂寞，但是，你长大之后就会明白我的苦心了。”

堤义明望着父亲，似懂非懂地点了点头。

从此，堤义明就把父亲的这句“不准交朋友”铭记在心。他从此以后，再也不和小朋友们一起玩耍了，总是一个人玩、一个人做事、一个人想问题。

即使二十几年后他接管了西武集团，他也不信任任何人，事事都要自己做。

父亲的这句话影响了他的一生。

二、顽强无惧

1940年，第二次世界大战已经开始了，那时关于大日本帝国百万军队的消息仍然不断地从前线传来。城里四处都设有高音喇叭定时转播着电台的消息。

在这个动乱的年代，人们在茶余饭后都会聚在一起讨论战争的发展，关心自己未来的安危。

那个时候的日本把全部的精力都投放到战争上去了，根本不关心其他的事情。政府的政策是，凡是与战争关系不大的产业，不仅不扶持还要采取措施约束。

当时，堤家除了在滋贺县和箱根有两处不大不小的土地外，主要就是几家经营不同品类的百货公司。

作为商人的堤康次郎面对这种境况不得不考虑起家族的发展来。经过长时间的深思熟虑，他决定举家迁到日本的首都东京，以谋求更大的发展。

于是，在堤义明六岁的时候，堤康次郎卖掉了家乡的土地和其他家产，携全家老幼搬到东京。

来到东京之后，堤康次郎通过一段时间的分析考察，决定先在房地产界购置一批土地。因为当时日本正处于战争期间，房地产界处在低谷期。如果现在购进土地的话，战争结束后应该会出现大幅度的增值。

就在堤康次郎购进一块土地的时候，东京的另一家大公司也看好了这块土地。这家公司依仗着财大气粗，想从堤康次郎的手中抢走这片土地，公司的老板曾多次派人找堤康次郎，要求把土地卖给他，但每次都被堤康次郎坚决地回绝了。

那家公司的老板非常气愤，心想：一个刚刚来东京的小人物竟然也敢和我争！一定要给他点颜色看看！

依仗着和军部的关系，这家公司的老板就带着二十几个彪形大汉闯进了堤康次郎的家，威逼堤康次郎把土地卖给他。

堤家正围坐在一起吃晚饭，一看这些人就知道来者不善。但是，堤康次郎依然不肯答应。

那个老板一挥手，那二十几个人立刻从怀里掏出枪来对准了堤康次郎：混蛋，你卖还是不卖？

堤康次郎面不改色地说："不卖！就是不卖！"

这时，一个人一把拎起坐在旁边的堤义明，用枪指着他说："不卖，我就毙了他！"

堤义明看着黑黝黝的枪口就抵在自己的头上，吓了一跳，但是他还是勇敢地瞪着那个人，一句话也不说。

堤康次郎心里七上八下，他害怕他们真的开枪，可是，他知道自己不能认输，如果这次认输了以后在东京就无立足之地了。心想：孩子，只能委屈你了！

拎着堤义明的手越来越用力，堤义明的脸憋得通红，眼泪也在眼圈里打转，但是，他努力地不让它们掉出来。

双方就这样僵持着，气氛异常的沉重，谁都不想服输。这时，只听得拎着堤义明的人大叫了起来。原来，堤义明趁他不注意咬了一口他的手。那个人恼羞成怒，大喊一声："混蛋，看我不毙了你！"

这时，老板突然一摆手，大笑了起来："哈哈，看不出来，这么小的孩子还有这样的胆量！佩服佩服！看得出来，你也是条汉子，以后定会大有出息，我也不逼你了，咱们交个朋友吧，从今以后，如果你在东京有什么事，就尽管来找我！"

说着，他伸出手来，主动和堤康次郎握手言和。

事后，每当说起这件事堤康次郎就会向其他人夸奖：你们看，我的儿子多勇敢！这才是我们堤家的好孩子！

1941 年，日本海空军以偷袭的方式对美国珍珠港发动了突然进攻，并重创美军。

太平洋战争爆发，美国正式向日本宣战。

战争开始后，美军不断轰炸日本国土，为了彻底打败日本，美军将日本的一些著名企业也列上了重点轰炸的名单。

不少大企业在战争中都遭到了重创，不得不迁移到乡村去，从而严重地制约了进一步的发展。

军国主义国策使日本经济陷入了深重的危机。战线扩大、战期延长、军费猛增，导致财政枯竭。国家侧重发展军事工业，民用工业遭到极大的破坏，市场上日用商品匮乏。大批的青壮劳力被征入伍，或被征去从事军工生产及修筑军事工程，农业生产中只剩下妇女和老人，粮食减产，市场供应紧张。

这种情况到1940年8月更显严峻。

近卫内阁颁布“国家总动员法”，宣布实施战时“政治新体制”和“经济新体制”。“经济新体制”的核心，就是将全日本一切经济领域的活动都纳入战时统制体制，所有的民用工业全部转为军需军工生产。

所谓的“经济新体制”就是由政府和军方共同对全国的金融、生产劳动等一切经济领域进行严格的全面控制，包括国民生活的必需品和工厂的原材料都必须实行配给制。

味素没有了，大小味素厂改为生产战争急需的化学炸药、化学药品、化学食品。香油等调味品也作为奢侈品遭到禁卖。

日本是个岛国，连海盐这类必需品也实行配给，西武百货公司进货受到严格控制。由于粮食连年减产，原先由稻田改为种蔬菜水果的田园，重新种上水稻。这样一来，西武百货公司经营的商品——蔬菜水果的货源就大成问题。

到了1945年，轰炸更是愈演愈烈，几乎天天都有，许多地方整夜整夜地进行空袭战。战事全面吃紧，日本全民皆兵。

日本经济之前实行自由经济，突然遭到管制，许多商铺和企业家都无法一下子适应过来。

更为严重的是，一切与战争关联不大的产业均在被约束发展的范畴内，所有民用产业都必须尽可能地转到军需产业的行列中来，许多经营良好的企业不得不为此改旗易帜了。

堤康次郎搬迁到东京时，是准备在东京办工厂涉足制造业的，同时也经营一直状况良好的百货公司，但是，在这种情况下，他的计划不得不搁浅。

但是堤康次郎并没有因此而灰心，他除了经营好百货公司外，每天他都到四处考察，并认真地分析国际形势。

最后，他得出一个结论：日本必败！

战败后的日本将走向何方，谁也无法预料，但是有一点是可以肯定的，那就是：满目疮痍的日本必定要重新建设。

1945 年的一天晚上，堤康次郎彻夜难眠，他一会儿到庭院里去散步，一会儿又坐下来在桌子上写着什么，当东方再现曙光的时候，一个发扬西武的计划已经了然于胸了。

堤康次郎是这样想的：

尽管整个日本卷入了战争的旋涡中，对商人来说是没有一点优势可言的。但是，有时候危险与机遇是并存的。只要抓住机遇就会扭转困境，变被动为主动。

堤康次郎认为，如果战后日本重建，那么最急需的投资就是替老百姓重建家园。人们的日常生活无非就是衣、食、住、行这几方面。

在衣这方面：除了生产军服和军备的以外，纺织厂几乎全部处于半停产状态，许多老板出于对前途的无望，急于把工厂以低价出售，这样以现有资金买三至五家应该不成问题。

在食这方面：日本四周临海，有丰富的海洋资源，可以投资办一个食品加工厂。

在住这方面：日本在战争中大量的建筑都被摧毁，许多人无家可归，战争结束后，需要大量建造房屋，在这个时期，正好可以用低价购进大量的土地，投资房地产。

在行这方面：汽车还属于一般百姓不可企及的奢侈品，不可大量生产，但是，可以建设铁路，可以生产自行车。

就这样，在一段时间的彷徨分析之后，堤康次郎定下了西武集团五年的发展计划。

正是这个发展计划使得西武在战争结束之后迅速崛起。

三、罚跪事件

1945年8月15日，日本天皇不得不在兵临城下的困境中颁发停战诏书。东条英机在投降书上签字，第二次世界大战以法西斯的失败而告终。

那天的中午时分，堤康次郎和西武集团的高级职员都集中在会议室里收听广播。

天皇用低沉而迟缓的语调来宣布日本已经于即日起向盟国无条件停战，并号召全体国民“忍受痛苦之灾难，推动世界前进”。

听完广播，堤康次郎就召集全体员工开了一次大会，他说：虽然日本战败了，但不管怎样，我们还要活下去，我们的经济还要发展，请大家相信，我会带领大家走出困境，重新回到以前和平快乐幸福的生活中去的。

我希望大家都能从战败的痛苦中早日走出来，信心百倍地投入到新家园的建设当中去。早在几年前，我就制订了一个五年发展计划，并为计划的实施做好了初步的准备，现在所需要的就是大家齐心协力地实施这个计划了。

正如堤康次郎所预料的那样，他的这几方面的计划都顺利地实施，并取得了出色的业绩。

在衣方面，他所经营的几家纺织厂，虽然每天24小时不停地生产，但还是无法完全满足市场的需求。

在食方面，他的几家食品加工厂源源不断地向外地销售食品，销量好得没法说。

在住方面，他在前几年购买的土地大量地用于修建居民住宅和政府办公楼，总是房屋还没有盖好，就被预订完了。

在行这方面，正如堤康次朗所预想的那样，战争结束时，东京城里的电车运行率只有10%，能开动的汽车只有60多辆，小汽车和卡车几乎看不见。而他的自行车正好能够满足人们的需要，价格不高，因此自行车商场的业绩每天都有新的突破。

战争给人们带来的不仅是生活的破碎，更可怕的是疾病的传播、精神的颓废和物质的匮乏。

战争后，由于没有液体燃料，只能用煤和柴油作车辆的燃料，为此空气严重污染，疾病蔓延。在市区中，患肺结核的人口比例已经达到20%以上，然而医院里的绷带、消毒药水却严重不足。

商店里空无一物，电影院里，每天挤满了无所事事的人们，挤在一起看一些老掉牙的片子打发时间，以冲淡战争失败后的忧伤。

1945年9月2日，在日本东京湾的美国海洋舰密苏里号上，举行了日本投降签字仪式。重光葵代表日本天皇和政府、梅津美治郎代表日本大本营在投降书上签字。同盟国联军最高司令员麦克阿瑟则代表美、英、中、苏及所有对日作战的国家接受日本投降。

美军随即开进日本，并按照美国人的方式，对日本进行了全面的改造。

政治上，在美国的干预下，1946年日本通过的新宪法规定：

日本仍保留天皇，但天皇仅仅是国家的象征，不拥有以往那种至高无上的权利。“国家权力由国民代表形式，议会为国家的最高权力机关。”

在经济上，参照美国的反托拉斯法，颁布了《过渡经济力集中排除法》，又称“财阀解散令”，以国家调控的方式对一批掌握着国家经济命脉的集团进行打击。

为了清除日本军国主义，推进民主化进程，一些左派经济专家从美国来到日本。他们首先要打击的对象就是大财阀。

美国认为，只要这些财阀仍然控制着众多企业并占有大量的土地，日本的民主化进程就根本无法实现，因此，必须解散四大财阀集团。

在这之后的不久，又将打击范围扩大，指定十八个财阀及其下属三百多家分公司为限制公司，宣布由政府冻结其资产，他们所拥有的股票，一律转让给持股公司整理委员会。

与此同时，中小企业的发展受到鼓励。

当时，西武集团虽然有了一定的发展，但还不在要解散的大财团名单之中。就在那些大集团遭受打击的时候，西武集团却迎来了发展的契机。

战争结束不久，西武集团的房地产生意越做越大，为许多失去家园的百姓建造了房屋。短短的几年之间，西武集团的规模就扩大了10倍，逐渐成为一个庞大的现代化企业。

堤康次郎一生在政治上经济上都是一个风云人物，他为人果敢、坚强、冷静、胆识过人，但同时也风流成性。

在他的一生中交往过的女人数不胜数，公开的妻妾就有三个。他的正室是操夫人，也就是堤清二的生母，堤义明的生母石亘恒子是他的小妾，还有一个介于情人和小妾之间的女人叫芳子。

因此，堤义明有很多兄弟姐妹，但是被父亲堤康次郎所承认的，以后涉足堤家生意的只有六个人。他们分别是：

正室夫人操所生的儿子堤清、堤清二和女儿邦子。

石亘恒子所生的儿子堤义明、堤康弘和犹二。

在日本这个等级森严的社会里，人们习惯于长子嫡传的传统。而堤义明既不是堤康次郎的正室夫人所生，也不是堤家的长子，他最后能继承堤家的衣钵，其中的艰辛可想而知。

堤康次郎的大儿子是堤清二，堤家理当由他来继承家业，但是，堤清二的性格却始终不被父亲所欣赏。堤清二是个直率、外向、感情外露的人，而父亲却是个坚忍、执著、柔中带刚的人。

堤清二大堤义明 7 岁，他很早就协助父亲工作，但他却十分看不惯父亲的一些做法，所以常常顶撞父亲。每当他们之间有矛盾的时候，父亲堤康次郎就恨恨地想：这还得了，作为我的接班人，竟然不听我的话，这怎么行呢！

正是对堤清二这点的不满意，才使得堤康次郎重新考虑继承人的问题。

在这个时候，发生了一件事，使得堤义明进入了父亲的法眼。

1956 年，堤康次郎组建西武商店，堤清二出任西武百货公司的店长。年底，堤康次郎组建太子酒店股份公司。

这时的堤义明已经进入早稻田大学读书了，但他在假期的时候还是会到父亲的公司去实习。

有一次，他在父亲的酒店里做餐饮部的店长，负责管理他的是酒店的总经理。在他做店长的过程中，他发现一段时间以来，每天晚上清点货物的时候都会少一瓶红酒，这是怎么回事呢？他知道每一个服务员都是凭顾客的点菜单取东西的，不可能多拿呀！

于是，堤义明悄悄地进行了调查。在一段时间的观察之后，他发现红酒在从储藏库到消费者这个过程中没有少过一瓶，那么，唯一可能出问题的环节就是在储藏室里工作的人。

他把餐饮店人事部的经理叫过来，询问储藏室里工作人员的情况。可是，从人事部经理那里得到的消息是，所有的员工都是诚实、肯干的好员工，没有人会出问题。

堤义明非常纳闷，他让人事部长别声张，暗中观察。

过了几天，人事部经理匆匆地跑到堤义明的办公室向他报告说：他发现储藏室里的管理员枝子每天都会悄悄地拿走一瓶酒。

堤义明听到这个消息后勃然大怒，他立刻要求开除枝子。但是，这个要求让人事部经理为难了，原因是枝子的父亲是西武集团的元老，跟随着堤义明的父亲走南闯北，对公司忠贞不二，而且在西武员工中非常有威望。如果就因为这点小事就把他的女儿开除的话，不仅枝子的父亲会伤心，其他的员工也会有不满，所以应该警告一次，给她一个改过的机会。

可是，堤义明认为，不管他父亲以前有过什么功劳，她犯错了就应该受罚，如果不处罚她，以后公司其他人犯错就难以处理了。因此他坚持辞掉枝子。这件事在老员工中引起了不小的反应，人们都说少东家不念旧情。

后来，这件事传到了堤康次郎的耳朵里，他经过调查后知道了事情另有隐情。

原来，枝子的父亲退休后一直给公司当守门人，对工作一丝不苟，直到前几个月他查出癌症晚期才辞职住进了医院。

在日本，员工在一个公司上班都是终身制，退休后是由公司发给养老金和医疗补助的。枝子的父亲知道自己已经来日不多了，这种病是花多少钱也治不好的；而公司现在正在蓬勃发展，需要钱的地方还很多，为了他这个糟老头子花那么多钱不值得，所以就没有向公司提起此事。

而枝子的父亲唯一的嗜好就是喝点酒，枝子看着父亲那样安详地等待生命的结束，心里很难过，所以她就想让父亲在生命的最后一段有酒相伴，但她又没有钱买好酒，为了满足父亲最后的愿望，不得已她只能从公司拿，然后骗父亲说这是公司发的。

堤康次郎知道了事情的整个过程后，对堤义明的做法很气愤。他亲自去医院看望枝子的父亲，又把枝子请回了公司，他对全公司的员工说：这件事是我做得不好，对员工的关心不够，才让这样好的员工晚年这么困难，才让这么孝顺的女儿失业，我真诚地向大家道歉，一定让老员工的晚年过得幸福。

堤康次郎把堤义明叫到办公室里，训斥了一番，责备他办事草率，没有调查就凭意气胡乱惩罚。最后，责令堤义明罚跪反思，告诉他一个不知道珍惜员工的老板最终一定会失去人心的。这时候，他正好接到一个电话需要外出，他就对堤义明说：你跪在这好好想清楚，想不清楚不准起来。

堤义明很听父亲的话，一直跪在父亲的办公室里，下班的时间到了，父亲的助手对堤义明说：少爷，下班了，你起来吧，我不和会长说。

但是，堤义明没有动。后来，天渐渐黑了，堤义明的母亲亲自来到办公室叫他回家，可是，堤义明还是没有起来。

就这样，堤康次郎出去了三天，堤义明就在他的办公室里跪了三天两夜，任凭谁叫都不起来，一直到堤康次郎回来。

当堤康次郎办完事回到家里的时候，他听说堤义明跪在办公室里还没有起来，就大吃一惊。其实，他并不想让堤义明跪这么久，他以为下班的时候堤义明就会起来了。

堤康次郎连忙回到办公室，亲自叫堤义明起来。

堤康次郎问他：你为什么不起来呢?

堤义明说：父亲没让起来不敢起来，父亲说的每一句话都要听。

堤康次郎听完心里很是感慨。此时他的大儿子堤清已经表现出了对父亲的不满，而二儿子堤清二也时常和他的意见相左，看来，在他的儿子之中，只有小儿子堤义明最听话了！

正是堤义明这种对父亲无条件的服从引起了堤康次郎的注意，这正是他要找的接班人应有的样子。罚跪这件事也就成了堤义明一生的转折。

四、牛刀小试

作为妾生之子，堤义明从小就知道自己的处境，如果他以后想出人头地干一番大事业的话，他就必须努力得到父亲的赏识。

堤义明进入早稻田大学学习后，就一直憋着一股劲，默默地寻找机会。

那是1953年，日本经过几年的迅速发展，经济已经基本恢复了，人们的基本生活都能够得到保证了。于是，堤义明就想，这是个大力发展观光产业的好机会。

堤义明所在的早稻田大学创办于19世纪明治维新时期，在日本乃至全世界都是很有影响的大学，特别是他所在的商学院，几乎可以和哈佛大学的商学院齐名。

在这个学院里读书的学生，大多出生于日本显赫的家庭。他们的父母不是富商就是政界的要员。在这样的环境下，堤义明获得了很好的条件。

在进入早稻田大学之后，堤义明组织部分同学成立了观光学会，共同研究如何发展观光产业的问题。

他们从研究一个地区的地理环境、风俗习惯、经济水平，以及那里的历史文化，分析在这个地区适合开发哪种旅游观光产业，并制订详细的计划书。

堤康次郎知道此事后非常高兴，对堤义明说：孩子呀，你这么上进我很高兴，我希望你能认真地学习“帝王学”，凡是能做成大事的人都具备不凡的帝王素质，因为，单靠一个人来成就一番事业是不可能的，你必须有能力把周围的人团结起来，指挥他们，使他们能按照你的意思做事。

堤义明认真地听着，他回答说：是的，我之所以组织这个观光学会就是为以后的事业发展打基础，因为，我觉得观光是个很有前途的事业。

“很好，你能这么想我很高兴。所以，爸爸也要支持你呀。这样吧，我给你买一片土地，让你来组织开发，看看你到底有什么好主意，如何?”堤康次郎高兴地说。

堤康次郎想看看儿子到底有多大的本事，就为他在长野县的轻井泽购买了大量廉价的土地，并出了一个题目，看他如何在冬天将游客吸引到轻井泽去。

于是，堤义明和观光学会的伙伴们开始实地调查。

轻井泽是长野县附近的一个比较偏僻的郊区，四周有很多山，山上覆盖着茂密的树林。当堤义明和观光学会的伙伴们来到这里的时候，立刻被这里的美景所吸引。

这里四季分明，春天万物复苏，流水潺潺，夏天树荫密布，清凉解暑，秋天风和日丽，落叶纷纷，冬天大雪压山，银装素裹。

于是，观光学会的伙伴们提议：我们可以在这里建一个避暑山庄嘛！这里风景秀丽，一定会有很多人喜欢来这里的。我们可以在这里建造大量的旅店、超市和娱乐场所。

堤义明说：这个主意不错，可是父亲希望的是在冬天的时候把客人吸引过来呀！

冬天的时候，这里最大的特点就是大雪覆盖了整个地区，那么我们只能在雪上下工夫了。

最后，他们决定在这里建一个滑冰场。

由于这里离市区较远，所以首先要解决交通问题。观光学会的伙伴们认为可以先和当地交通部门联系，开辟一条专线。他们认为这样成本会比较小，投入的人力财力也比较少，如果滑冰场生意不好的话，可以及时地撤离。

但是，这个提议立刻被堤义明否决了。他认为：既然我们选择了这个项目就一定要做好。如果还没开始做就把失败的退路想好，怎么能做成功呢？

他说，在这里建造滑冰场就要有自己的车队，负责接送外地客人。如果以后在这里开发更多的项目之后，我们可以修建一条铁路专线，直接到达各个都市。

就这样，初步的计划在他们的大脑中形成了，下一步就是具体的实施了。他们的目标是把这里建成一个夏天避暑、冬天滑雪的娱乐城。

他把这个想法向父亲汇报时，堤康次郎大加赞赏。

于是，从整个滑雪场的设计、施工，宣传到最后的开张，从头到尾的一切活动全部都由堤义明负责。

经过一段时间的努力，滑冰场终于建好了。立刻吸引了来自全国各地的游客，建造滑冰场的计划大获成功。

后来，堤义明又在这里开设了滑雪场和太子酒店，使轻井泽很快成为夏季避暑休假、冬季开展冰雪体育项目的最好休闲娱乐场所。

这是堤义明第一次大胆的计划，但是从中显示出了他不凡的商业才华，这件事让父亲对他刮目相看。

堤义明几次出色的表现赢得了父亲的赏识，再加上他性格极像父亲又永远对父亲无条件地顺从，使得堤康次郎对他刮目相看。平日里父亲对待他和其他的孩子就表现出明显的不同。

那时候，在堤康次郎的府第，每个周二都要召开一次干部大会，这是西武集团一个非常重要的会议，在这次大会上将讨论很多有关公司发展方面的大事。

在开会的时候，堤康次郎当然是坐在最中央的位置上，堤义明坐在他的左侧，堤清二坐在他的右侧，除此之外，西武铁道公司的社长、西武化学公司的社长以及当时负责酒店管理的操夫人和其他的高层领导都坐在堤康次郎的外侧。

从这个排列位置上不难看出，堤康次郎当时已经很重视堤义明了。

1957 年，堤义明从早稻田大学商学院毕业后，直接进入西武集团。他最初的职位是西武集团控股的国土计划公司的常务董事，而他的哥哥堤清二已经在西武服务多年了，职位是西武百货店的会长。

在日本的企业中，按照惯例，一个企业里职位最高的是社长，社长掌握着真正的权利和责任。会长在名分上虽然在社长之上，而实际上却像西方企业中的董事一样没有什么实权。

而刚刚出道不久的堤义明在平时的工作中却常常被委以重任。这多少让作为哥哥的堤清二不满。

实际上，形成这种局面是与堤清二和父亲堤康次郎之间的矛盾分不开的。

由于堤清二比堤义明大 7 岁的缘故，他在西武还没壮大的时候就在这里工作了，是和西武一起成长的。而他又是正室夫人操所生之子，在家庭中的地位比堤义明高，从来没有过堤义明那种心理上的压抑。

他的性格和父亲的性格相反，他直率、外向、心直口快。他在协助父亲的时候，常常因为不满于父亲的某些做法而与父亲争吵。这就使得他和父亲堤康次郎的矛盾越来越深。

早在堤清二读大学的时候，他就有了反抗父亲的行为。

在堤清二大学第二年的时候，他背着父母偷偷加入了学校的激进派组织，与众人一道参加了许多反对学校管理的富于攻击性的行动、触怒了校方。他的这些做法使当时身为国会议长的堤康次郎非常不满，这不仅使他脸上无光，而且他还认为儿子是故意和自己过不去。

虽然堤康次郎对堤清二有很多不满，而堤义明的表现更让他满意，但是，由于日本的惯例是嫡长子继承制，而且堤清二为人正直，在公司中也颇有口碑，所以，堤康次朗还没有作出废长立幼的决定。真正让他下决心立堤义明为继承人的是缘于这样一件事。

这是1958年9月的一天。

一场严重的飓风和地震，给日本东京地区带来了惨重的自然灾害，也给堤义明留下了一个终生记忆犹新的“台风的故事”。

飓风登陆的当天，堤义明驾着车，打算回家看望母亲石亘恒子。

风渐疾，雨渐骤，飓风的前奏已经来临。堤义明的车沿着海岸道路行驶着。他发现许多小商店都已关门闭户歇业了。

堤义明在暴风雨中开着车往家的方向驶去。台风开始肆虐，雨疾风大，暴雨如泼！堤义明将车速放到最慢，依然如浪里行舟，颠簸摇晃，把人心都摇到嗓子眼了。若是胆小的人恐怕得闭住眼睛尖叫连声了。

他冷静、笃定，一副处变不惊、临危不惧的大将风度，两眼紧盯前方，似要穿透这密匝如帘的斜雨横风。可当他看清了道路情况时，也忍不住惊叫失声了：“啊，波浪都淹过了防坡堤，涌到道路上来了！”

因为车速缓慢，原计划傍晚到家，现已变得不可能了。天色愈发黑了，雨帘中的道路更加模糊了。

“嘎！”小心翼翼行驶着的汽车突然来了个急刹车，原来是保安警察招手拦车。

警察一脸严肃，警告他说：“路上发生山崩，你最好别冒险前行，还是等风暴过去再回家吧！”

这是一个极负责任的对生命的忠告！堤义明对这位尽职尽守、在恶劣环境中一丝不苟的警察投以钦佩的目光，同时毕恭毕敬地回答：“是！”

但略一思索，他还是决定要冒险开车。他何尝不想把车停下来，悠闲自在地吃顿热饭，待风消雨退后再轻轻松松地上路呢？

因为他害怕母亲担心。按这段路程算，傍晚到家是绰绰有余的，可这么一来，起码还得五六个小时。若是平时尚好，现在这么暴风骤雨的，要是一夜不回去，母亲恐怕头发都要急白了。

于是，堤义明开着车在疾风暴雨中小心翼翼地向前开行。一路上，除了风雨的喧嚣，只有这辆车的发动机在孤独地嘶鸣着，周围已没有行人、车辆。

午夜12点。全家人侧耳聆听着的马达轰鸣声，由远及近，最后轰然停在了家门前。全家人奔拥而出，将从满是泥泞的车上下来的堤义明紧紧拥住！

其情绪之热烈，仿佛是隔着生死界线的再度重逢！

母亲喜极而泣，拥着儿子连声说：“感谢神灵，保佑我儿平平安安，没出意外！”

堤义明后来回想起来，犹有后怕：一路上幸而没出意外，也不曾遭受山崩的灾难……

第二天，风消雨住，万里无云，是个秋高气爽的天气。但是很多商铺都在一夜之间倒塌，真个东京地区陷入了极度的物资短缺的状态。

而由于西武百货公司是一家很大的公司，平日里地下仓库的存货就很多，现在正是高价销货的好机会。

因为历来商人都会在商品短缺时，趁机提高售价，以获取更多的利润，这与在商品泛滥时忍痛贱卖一样天经地义，就连顾客也认为“大风刚过，货源缺乏，卖高价是有原因的”。的的确确，此时组织货源相当不易。

西武百货公司的工作人员向堤清二提议说：我们应该休整一天，把公司受损的设备修好，然后再以高价出售货物。

而堤清二却坚决地否定了这条建议。他认为，西武百货公司销售的全是百姓们日常所需之物，现在他们的生活出现了困难，应该立即帮助他们。而且他不同意高价销售货物。他认为百货公司应该本着仁义之心在危难中帮助百姓，所以他坚持按原来的价格出售。

他的这个决定立刻遭到了堤义明的反对，堤义明认为，经过风暴之后有很多基础设施被摧毁，不及时修整实在太鲁莽。

兄弟俩人各持一词，谁也不能说服谁，最后，只好打电话让堤康次郎来裁决。

堤康次郎是这样决定的：西武百货公司是由堤清二负责的，就按他的决定做吧。

当日，西武百货公司就打出了“西武百货原价销售”的牌子，而且还比平时规定的营业时间提前了半小时。

看到广告后人们蜂拥而来，把西武百货公司堵得水泄不通。当天来的人竟然有5万余人，平时宽敞的商场里人头攒动，人挤人，人撞人，电动扶梯上因为人过多，竟然无法运转，发出吱嘎吱嘎的声音。

一些体弱的顾客由于太拥挤而喘不过气来，有一些甚至昏倒在地上，顿时，秩序大乱。西武百货公司的员工拼命地维持秩序，拼命地大喊，可是顾客中没有人肯听。

没有办法，最后堤清二只得打电话给警视厅请求援助。

然而，悲剧还是发生了：

在这场事故中，共有3名老人和5名儿童被人流挤倒在地上，其中有2名儿童被踩死，其他的员工和顾客也不同程度地受伤。两个电动扶梯和上百个货柜被破坏，丢失了高达几十万日元的商品。

为此，西武集团不得不向死者家属赔偿高额的抚恤金，并被警视厅处以高额罚款。消息当天就上了报纸的头版头条。

当天晚上，还在外地度假的堤康次郎看到电视里的消息后，连夜赶回了东京。

堤康次郎狠狠地训斥了堤清二，认为导致这场事故的直接原因就是他对事情的判断不足，没有预料到后果。

在这场事故中，西武集团遭受了巨大的损失，同时也使堤康次郎认识到堤清二面对事情的时候不能冷静地思考，无法把自己放在一个商人的位置上对整个时局做出正确的判断。把庞大的西武集团交给一个如此感性的人怎么能让他放心。

于是，他更加坚定地认为堤义明才是更合适的人选。

在以后的日子里，堤康次郎常常教育堤义明说：在观光事业中最糟糕的事情就是有顾客死伤，不管是什么原因，作为公司的罪责都是不可逃避的。如果有哪个客人在某个旅游胜地死亡，那么这个事业也就走到了头了。

堤义明一直都牢牢地记住父亲的教诲，在每年每度的职工培训大会上他都要提起此事。

他说：以顾客为主要对象的商店最应该注意的就是安全。如果顾客在购物的过程中受伤，商店必须包赔一切损失。这样既在经济上受到了损失，又使顾客对商店失去了信心。

第二章

帝王教育

一、父为榜样

二、教父荀子

三、慈悲为怀

四、界限分明

五、管理路上

一、父为榜样

堤义明曾经说过：我的成功来自两个人，一个是我的父亲，另一个是中国的哲学家荀子。如果说堤康次郎是我的生父，那么荀子就是我的教父。

其实，堤康次郎对于堤义明来说不仅仅扮演着父亲的角色，更是他在生活中一直崇拜的偶像。在堤义明的眼里，堤康次郎是一个和蔼可亲的长者，一个成功的商人，一个“完美的人”。堤义明从小便以父亲为自己的榜样，学习他，为将来做一个完美的继承人而努力。

而堤康次郎也很重视他这个小儿子，在生活中时时注意培养堤义明各方面的品质，希望他迅速地成长为一个优秀的企业家。

有一次，堤康次郎对堤义明说：“我每天要做很多决定，并要批准他人的很多决定。实际上只有40%的决策是我真正认同的，余下的60%是我有所保留的，或者是我觉得过得去的。”

堤义明觉得很惊讶，他认为假使父亲不同意的事，大可一口否决就行了。

但堤康次郎却说：“你不可以对任何事都说不，对于那些你认为算是过得去的计划，你大可在实行过程中指导他们，使他们重新回到你所预期的轨迹。我想一个领导人有时应该接受他不喜欢的事，因为任何人都不喜欢被否定。”

作为一名领导，你必须懂得加强人的信心，切不可动不动就打击你部属的积极性。应极力避免用“你不行、你不会、你不知道、也许”这些字眼，而要经常对你的下属说“你行、你一定会、你知道、你一定要”。

因为信心对人的成功极为重要，懂得加强部属信心的领导，既是在给你的部属打气，更是在帮助你自己获取成功。

堤义明从父亲堤康次郎的身上懂得了管理不是独裁，在从事企业管理之际，尊重人权，重视个体，友善地询问和关切地聆听相当重要。而正是这一点，使他赢得了很多员工的尊重。

在西武有一名非常出色的员工山口惠子小姐，她是一位很成功的房地产业的市场行销专家。在她刚刚来西武工作，做第一份市场测试时，她告诉同事说："当结果回来时，我可真惨了，因为我在测试的时候犯了一个小错误，导致整个测试都失效了。更糟的是，在下次开会提出这次计划的报告之前，我没有时间去跟我的社长讨论。"

"轮到我报告时，我真是怕得发抖。我尽了全力不使自己精神崩溃，而且我知道我绝不能哭，不能让那些以为女人太情绪化而无法担任行政业务的人找到借口。我的报告很简短，只说因为发生了一个错误，我在下次会议前，会重新再研究。我坐下后，心想社长定会批评我一顿。"

"但是，他却谢谢我的工作，并强调在一个新计划中犯错并不是很稀奇的。而且他相信，第二次的普查会更确实，对公司更有意义。"

山口惠子激动地说："散会之后，我思绪纷乱，我下定决心，绝不会再一次让社长失望。我永远忘不了社长当时的话，每当我遇到困难的时候，我总是鼓励自己，一定要做好，不然真地对不住社长的信任了。"

在堤义明的印象中，父亲堤康次郎还有一件事让他受益匪浅。

有一次，西武集团来了一个新秘书，在她上班的第一天，堤康次郎正好有一个重要的会议要开，在开会之前，这个新秘书对堤康次郎说："社长，您没有扎领带。"

堤康次郎对这个秘书点头致谢，然后找出领带仔细系好。等到这个新秘书转身走后，堤康次郎又将领带摘下来了。

当时，堤义明正好在旁边看到了这一切，不解地问："父亲，您为什么又要将领带松开呢?"

堤康次郎回答道："因为我们在开董事会的时候，都是穿便装的，如果穿得太正式，会场的气氛就太严肃了，不利于问题的切磋商讨，只有在特殊的会议上，西武才要求参会人员穿正式的西装。"

"那你为什么不直接告诉你的秘书呢?""她能细心地发现我的领带没扎，并且热心地告诉我，我一定要保护她这种热情的积极性，及时地给她鼓励，至于为什么要将领带解下来，将来会有更多的机会告诉她，可以下一次再说啊。"

堤康次郎接着说道："公司新进来的员工，通常都是满腔热情，他们时常会针对公司的部分情况提出各种各样的意见。他们的初衷是好的，但是由于缺乏经验，或者认识不够，从而看法难免偏颇。作为公司的领导，即使你知道你的员工好心提出的意见是错误的，但最好不要直接指出来，而应该谦虚地接受并感谢他，以后再寻找机会婉转地让他明白真相。如果你说话的态度和方法让对方生气，对方就会和你对立，拒绝接受你所说的事实。如果新员工的积极性受到挫伤，以后他再也不敢提出意见，没有了创新和胆量，以后怎么在公司发展呀？"

"对待年轻人，除了必要的教育和引导外，宽容和仁慈的爱心也是令他们走上人生成功之路的辅助之一。"堤康次郎总结道。

"是啊，一个优秀的管理者，不会扼杀员工的积极性于摇篮。在员工犯错的情况下，一味地责怪是不可取的，每个人都是需要鼓励的，有鼓励才能产生动力。那么我以后就要注意了，要以一颗宽容、善解人意的心来对待我的员工。"堤义明从父亲的话中想到了很多……

在父亲的身上，堤义明还学到了更多解决问题的办法，这些方法的巧妙和独特，常常令堤义明对父亲肃然起敬。

堤康次郎不喜欢整天坐在办公室里，大部分工作时间都用在"走动管理上"，即到各公司、部门走走、看看、听听、问问。

西武集团曾有一段时间面临严重亏损的危机，堤康次郎发现其中一个重要原因是公司各职能部门的经理有严重的官僚主义，习惯躺在舒适的椅背上指手画脚，把许多宝贵时间耗费在抽烟和闲聊上。

于是堤康次郎想出一个"奇招"，将所有的经理的椅子靠背锯掉，并立即照办。开始很多人骂堤康次郎是个疯子，但后来不久大家就体会到了他的一番"苦心"。他们纷纷走出办公室，深入基层，开展"走动管理"。及时了解情况，现场解决问题，终于使公司扭亏转盈。

堤康次郎说：人都是有惰性的，尤其是在安逸舒适的环境下，肯定会更沉迷其中。比如在炎炎烈日与凉爽的空调房间之间，大多数人肯定会选择后者。整天待在办公室，不到外界走动，世界发生了天翻覆地的变化都不知道，如何能把企业经营好？

贪图舒适的工作环境，肯定不会有好的工作效率。与其躺在那里耗费时光，不如多出去走动走动，深入基层，了解更多的知识与信息。

如果西武的员工把安全和维持现状看得比机会、首创精神和士气更为重要，那就很容易产生萎缩和腐朽，长此下去当然会出现危机。

最后，堤康次郎对堤义明说：作为领导者，绝不要助长员工的惰性。

还有一次，堤康次郎在一家餐厅招待客人，一行六个人都点了牛排。等六个人都吃完主餐，堤康次郎让堤义明去请烹调牛排的主厨过来，他还特别强调："不要找经理，找主厨。"堤义明注意到，堤康次郎的牛排只吃了一半，心想一会儿的场面可能会很尴尬。

主厨来时很紧张，因为他知道请自己的客人来头很大。

"是不是牛排有什么问题？"主厨紧张地问。

"烹调牛排，对你已不成问题，"堤康次郎说，"但是我只能吃一半。原因不在于厨艺，牛排真的很好吃，你是位非常出色的厨师，但我已76岁了，胃口大不如前。"

主厨与其他的五位用餐者困惑得面面相觑，堤义明这次也不太明白父亲的意思了，大家过了好一会才明白怎么一回事。"我想当面和你谈，是因为我担心，当你看到只吃了一半的牛排被送回厨房时，心里会难过。"

堤康次郎的话一说完，在座的人都大吃一惊，为堤康次郎如此细心地为别人着想而感到震惊，但更多的是佩服堤康次郎的这种人格魅力。

试想，无论谁是那位主厨，听到堤康次郎的如此说明，会有什么感受？是不是觉得备受尊重？

客人在旁听见堤康次郎如此说，更佩服堤康次郎的人格并且更喜欢与他做生意了。

时刻用真情关怀部属感受的领导，将完全捕获部署的心，并让部署心甘情愿为他赴汤蹈火！

对别人表示关心和善意，比任何礼物都能产生更多的效果。同时，堤义明在父亲身上学到的这些为人处世之道更是比任何的财富都宝贵。

可以说，堤康次郎对儿子的教诲是成功的，他处处用严格的标准来要求儿子，传授经营之道。从父亲的教诲中，堤义明明白了，做继承人不能把自己等同于一般人，要性格坚强，学会忍耐孤独，独立思考。

在父亲的言传身教中，堤义明不断地成熟起来。在这段日子里，他的作为让堤康次郎完全放心了。

二、教父荀子

堤义明作为堤家的孩子，以后是要肩负光大堤家事业重任的，所以从小父亲堤康次郎就用心地培养他。

在堤义明很小的时候，父亲就对他提出了很高的要求。儿时的这些训练使得堤义明成年后被称为具有帝王素质的一代商人。

堤康次郎认识一位叫森田的文人，他早年留学于中国，具有渊博的知识，特别对中国的古典哲学很有研究。在堤康次郎年轻的时候，常常到他那里去和他对酒品茗。堤康次郎的很多思想就源于这段时期的交流。

在堤义明十几岁的时候，就表现出对父亲堤康次郎的无条件服从，这一点让堤康次郎很高兴。于是，他决定好好地栽培堤义明。有一天，他想起了森田，就希望森田能亲自出马替他教育堤义明。森田知道后也很高兴，他曾经见过堤义明，也曾经听说过关于这孩子的一些事情，他说：这孩子从小就具有我们大和民族所推崇的忍韧精神，好好栽培，以后必成大器。

于是，从此以后森田就担任起堤义明的专职教师来。

森田不是把堤义明当成一个普通孩子来教育的，而是处处以一个西武继承人的角度来要求堤义明。

森田常常说起中国的一句古话：一屋不扫，何以扫天下。

所以每天早上天刚蒙蒙亮的时候，森田就把堤义明从睡梦中叫起来，让他和佣人们一起打扫庭院。

这样做不仅是为了让他锻炼身体，而且希望他在与佣人们一起劳动的时候，懂得劳动的意义，懂得尊重劳动人民，以后善待员工。

每天吃饭的时候，森田都坚持让他吃完碗里的每一粒米。从小就培养他勤俭节约的好品质。

作为一个有出息的人必须要有一个强健的体魄，身体是根本，是实施其宏伟目标的一个根本保证。所以在体育方面，堤康次郎坚持让森田以斯巴达式的教育来磨炼堤义明。

一般的孩子对这种艰苦的体育锻炼都会感到难以接受，而堤义明却恰恰相反，他总是能从中寻找到乐趣。

在森田老师和父亲的带动下，堤义明从小就对体育非常感兴趣。他不仅精通柔道、高尔夫球、网球，而且游泳、滑雪也很棒。

因此，看起来身体瘦弱的堤义明实际上是很强壮的。

对堤义明的教育除了在体质上的锻炼之外，更重要的是在思想上的熏陶和磨砺。

作为一个企业的领导人，在企业内部无异于一位国王，不仅要有广博的知识和能力，还要有高尚的品质和情操，更要具备强大的道德力量和高人一筹的处事风格。

因此，在这方面，森田老师更注重以哲学来熏陶堤义明，使他在潜移默化中形成高尚品质。

他讲的最多的，还是中国的哲学和日本古代的哲学思想，特别是向堤义明灌输日本的武士道精神和对主君和亲长的绝对无条件地服从。

堤义明印象最深的是武将斯波义信在1383年写成的《竹马抄》。在这本书里是大力提倡对主君和亲长的绝对无条件的“忠”与“孝”。

斯波义信说：“人生在世，不可忘记主恩。欲望未得满足即怨恨世道与主君的人，是无情的人。”《竹马抄》所强调的其他武士道德规范还有为主君献身，重名誉，重礼仪，明身份等。其中强调“礼”与“份”的思想，这些显然来自中国的儒学。

还有日本固有的神道、佛教的净土宗和禅宗，也对堤义明的思想有很深的影响作用。例如，日本神道所强调的重要道德观念是“正直”。而“正直”则经常被视为武士应遵循的道德规范。

一条兼良在应仁、文明之乱时期劝说将军重德行的《文明统一记》便说：“恐神罚，重武威，而天下自会统一。”还特别提及要“尊正直”，说：“神佛均说正直。所谓正直即直心……待他人以此心，即正直之政。”

首位“战国大名”北条早云在其家训17条中也说：“拜神佛，乃身之行……具有正直心即符合神佛之意。纵使不祈祷，若有此心，亦可得神明加护。”

日本佛教的净土宗，虽未提出什么武士应遵循的道德规范，但许诸武士，只要在临死之际成就念佛之行亦可往生，也使武士可以无所顾虑地奔赴战场，肆行杀戮。

曾有这样一个传说：一个武士想到，若从佛教徒来看，在战场上杀人是下地狱之“因”，而不上战场又违背武士的本分。为此而矛盾的这个武士便去访问日本净土宗的开祖法然和尚。法然回答说，即使在战场身亡之际，若能成就念佛之行，亦可得往生。于是，这个武士便安心地上战场了。

然而，较之净土宗，日本佛教禅宗对堤义明的影响更大些。

在佛教禅宗中认为，既为武士就须驱驰矢石之间，出入生死之门。他们更是支撑其不计生死追随主君的精神支柱。

对于生死之事，禅宗认为“死生一如”，以为只要否定了作为执迷根源的自我，进入无我境地，完全断绝了生死的羁绊，就能“见性成佛”。这就可以使武士们不计生死，与镰仓、室町时代的武士提倡临战时应“忘我”“忘亲”“忘家”的思想是相通的。

其次，禅宗既不主张苦行，又不要念佛读经，认为只要直指本心，做到心地“无非”“无乱”“无痴”便是“戒、定、慧”，外在行迹皆属次要。

再者，禅宗“不立文字”“以心传心”，提倡以简便易行的内观“顿悟”而成佛了道。

这些哲学思想在堤义明的一生中都发挥了极大的作用，他很多时候的做法都可以从这些思想中找到根源。

堤义明曾经不止一次地对外界说过：我的成功来自于两个人，一个是我的父亲，另一个是中国的先贤，战国时代的思想家、哲学家荀子。如果说堤康次郎是我的生父，那么，荀子就是我的教父。

荀子，名况。战国时赵国人，是中国古代最有名的思想家之一，著有《荀子》一书。

在战国的烽火硝烟中伴着一炬豆火写下自己思想的荀子，肯定无论如何也想不到，时隔两千年之后，他那些特立独行的哲学思想竟然会在遥远的异国他乡找到知音，并造就了一位空前的大富豪。

堤义明曾经说过：在中国古代圣贤的著作中，我最欣赏，看得最多的就是《荀子》。

在堤义明八九岁的时候，堤康次郎就要求他读荀子的书。

堤康次郎本身就是一个懂得中国古代圣贤思想的人，他的很多思想都是从那些阅读里悟出来的。他知道这些思想的价值所在，因此一定要堤义明去读这些著作，尽管那时候堤义明还小，还不能完全懂得其中的深意。

荀子在他的著作里曾经说过，那些懂得沉默之道，从来不故意显示自己的人，他在开口说每一句话之前，都会对自己所说的话有一番深刻的思考。

堤义明深深地记住了这句话，并不断地用这句话来约束自己。他做事总是保持低调，从来不想张扬。堤义明总是抱着静观其变的态度，看事态慢慢发展，在没有看到结局之前他是不会轻易地表现自己的看法的。他的这种低调总是给人一种沉稳的感觉。

有一件事可以说明堤义明很好地实践了荀子的这句话。

1953 年他刚刚去早稻田大学读书的时候，他的父亲就竞选为参议院的议长，这在当时的日本是件很轰动的大事。但是，堤义明从来没有在同学面前提起过父亲。在那个学校里就读的学生都是出自日本很有名望的家庭，只有堤义明看起来像个乡下的学生。当时，他身材瘦小，表情木讷，衣着朴素，学习很刻苦。堤义明每天都是一个人独来独往，从来不和同学有过多的接触，而且在大家讨论问题的时候，他总是保持沉默，偶尔一张口，还会带着一口家乡滋贺县的方言。

这些在他那些出身显贵的同学眼里无疑显得很土气，甚至有人还叫他乡巴佬。有时候还会有同学借机嘲笑堤义明。

后来，有同学偶尔知道了堤义明竟然是大政治家、大企业家堤康次郎的儿子，大家在感到吃惊之余，都对堤义明这种不张扬的作风赞不绝口。

堤义明说，从荀子的思想中，我得出自己的结论，那就是，人与人之间，如果你信任对方，那么也就能得到对方的信任。这种信任就是善的说明。

在荀子的思想中，他是主张人性本恶的。

他在《性恶》中曾经有过这样的论述：

“今人之性，生而有好利焉。顺是，故争夺生而辞让亡焉，生而有疾（嫉）恶焉；顺是，故残贼生而忠信亡焉，生耳有耳目之欲，有好声色焉；顺是，故注乱生而礼仪文理亡焉。然则从（纵）人之性，顺人之性，必生于争夺，合于犯分乱理而归于景。故必将有师法之化，社义之道

（导），然后出于辞让，合于文理，而归于治，用此观之，然则人之性恶明矣，其善者伪也。”

人的本性是恶的，善是后天修为而来的。现在人的本性，生来有喜好私利的，顺着这种本性的发展，人与人之间的争夺也就发生了，谦让也就消失了。

人生来就是嫉妒的，顺着这种本性发展，残害忠良的事就发生了，忠诚信用便消失了。

人生来就有耳目之欲求，喜好美音美色，顺着这种本性发展，于是淫乱的事情就发生了，礼仪和道德的观念便消失了。

既然如此，顺着人的本性发展，不加以约束，那么，必然会发生争夺，出现违反名分的事、破坏社会礼仪秩序的事，从而导致暴乱的发生。

从字面上理解，荀子好像把人视为不洁之物，说人不是什么好东西。但是，深究起来，荀子是在督促世人，告诫世人，要时时刻刻地约束自己，不断地修炼自己，不断地提高自我修养。荀子要世人以谨慎的态度来约束自己的一言一行，这样才能摆脱人类恶的本性。

堤义明正是从其中读出了荀子的深刻本意，他说：不彻底研究荀子的人总是会误解荀子的意思，对人类持怀疑态度。但是，真正读懂荀子的人就会从性恶说出发，挖掘出深刻的内涵，荀子最终强调的是人与人之间相互依赖相互信任的重要性。

荀子说人性是自私的，人的生存是人的本能。饿了，就会想方设法找吃的；累了，就想休息；渴了，就会找水喝；冷了，就想找东西来驱寒，就想生火来取暖。这些都是人的本能，没有对错好坏之分。

但是，很多人在吃东西的时候都会想自己的亲人是不是还饿着，在睡觉之前总是想看看自己的父母孩子是不是已经睡着了。人在考虑自己的幸福的时候会考虑到其他人。但这些不是人的本能，而是后天教化的结果。

三、慈悲为怀

在堤义明的心中，父亲堤康次郎是一个和蔼可亲的长者，他常常教育堤义明说：作为一个领导，要善待每一个员工，把他们当成自己的亲人，以亲人的情怀来对待他们。领导者为了完成企业的使命，往往需要很多员工为他工作，而员工也有权利要求从职务和工作中感受到幸福和快乐。

因此，一个企业家除了促使社会繁荣外，还必须存着使部属满足、快乐的心愿，如果缺乏这种爱心，光靠职权和权谋来支使员工，必然得不到别人诚心的帮助。所以，堤康次郎要求堤义明有一种悲天悯人的情怀，并教导他说："我一再提到悲天悯人的心胸，可能会被误解，由此联想到温和柔弱的形象。其实不然，温和柔弱固然也是悲天悯人的一种表达方式，但另一种方式却是肃穆庄严。比如佛教最强调慈悲，但是诸神中的天王却手持宝剑，一副凛然不可侵犯的法相。悲天悯人只是事情的一个方面。"

堤康次郎为了让堤义明更好地了解悲天悯人的真正含义，就给他讲了一个故事：

在日本幕府时期，日本有个很有名的武士，叫加藤正清，他一生叱咤风云，威震四海。他身怀绝技，但从不轻易动用武功。武人不动用武力，就像文人无半点酸气一样难能可贵。

有一天，加藤将军邀请同僚福岛正则将军品茶，在福岛将军未到之前，有一位家臣在忙乱中撞毁了加藤将军房间的纸墙，虽然立刻叫人来修理完工，但纸色新旧不同，依然留下明显的痕迹。

不一会福岛将军来了，一眼就看见墙上色彩的不调合，就问加藤，加藤把事情的原委告诉他，福岛脸色一变说："像那种粗手粗脚的家臣，留着干什么？还不如推出去斩掉算了。"

加藤将军听了，不以为然地说："你虽然武功显赫，受人敬重，但是太缺乏悲天悯人的胸襟了。"

堤康次郎告诉堤义明：这个故事流传了很多年，虽然我们不能肯定此事确实发生过，但是从这故事中，却表露出加藤将军是一个非常爱护属下的好长官，所以在他死后才能被人供奉成神明，尊称为"清正君"。他之所以能如此受人敬仰，正是因为他有悲天悯人的胸怀。

堤康次郎对当下很多唯利是图的老板很不满，他认为凡是身为经营者，都应该有像加藤将军一样悲天悯人的胸怀。当加藤将军批评福岛将军"你太缺乏悲天悯人心肠"时，正是基于领袖人物所应具备的胸怀，并充分表露他的慈悲心。

堤康次郎说：固然，武将在骠悍勇猛方面胜过一般人，可是如果长处仅止于勇猛骠悍的话，还是不够资格被称作德才兼备的名将。因为我们知道武力的目的并不在于砍杀威吓，而是为了维护天下的和平与幸福，如果身为将帅却缺乏这种认识，只凭仗武力伤害无辜的话，那就有些残暴的色彩了，想必加藤将军也明了这层道理，所以表现在外的，是悲天悯人的坦然胸襟，而不是暴戾之气。

堤义明牢牢铭记父亲的教诲，每每遇事一向以慈悲为怀，如果员工犯下了无心之错时，堤义明并不严厉批评，因为他知道，这时候员工的心里已经很不好受了，他只是很随意地提醒员工下次不要再犯类似的错误。对于这一点，员工们都很感激堤义明，所以很少有第二次犯错的。

如果堤义明发现员工的工作热情不高，情绪低落，对待这种情况很多老板往往发一通火，训斥一番。但堤义明不这样，他总是会耐心地开导员工，他说：作为一个员工不应该抱有“做一天和尚撞一天钟”的想法，应该积极地去适应那些不热爱、甚至厌恶的工作。改变对工作态度的方法，是要重新认识自己所从事工作的意义。

堤义明举了两个例子来说明这个问题。

他说，如果一个卖冰淇淋机的人老是想：“因为有许多人买冰淇淋吃，我才卖这种机器；要是万一有一天没有人吃了怎么办呢?”照这种思路想下去，他肯定不会对这种工作感兴趣，提不起精神来。如果能想到小朋友吃了冰淇淋高兴，家庭主妇吃了打发寂寞，工人吃了清暑，对工作的态度肯定就不一样了。打麻将牌赌博是令人不能容忍的，制造麻将牌的人对此不感兴趣，但又不易改换工作，那么，改换一下思路如何？如果想到正常的麻将娱乐给人们消遣休闲的快乐，不也就会觉得这件工作有意义了吗？堤义明常说：“同样一件事情，由于观察、思考的角度不同，就会产生不同的看法。不同的看法，会给当事人的心情以不同的影响。认识到工作的意义，兴趣和爱好也就随之而来。”

当然，悲天悯人的胸怀不只应以温和的方式来表现，对于做错事的人，更要求把是非善恶明白地表现出来。所以，具有悲天悯人胸怀的领导者和经营者，一旦发现某人有不法的举动时，也应断然地给予纠正。

如果为了悲天悯人而悲天悯人，故意地隐匿过错，不但是误解了悲天悯人的真谛，到头来反而害了部属。这就是滥用爱心的结果。因此，只有凡事以大局为前提，该处罚的处罚，该奖励的奖励，才能算是真正了解了悲天悯人的真义。

有一次，堤义明到中国来旅游，由于他对中国古文化有特殊的感情，所以他特意到河南嵩山少林寺去拜寺。在少林寺里他很有幸地遇到了一位得道高僧。

这位高僧一看堤义明就说：施主真乃不凡之相呀！于是，堤义明就和这位高僧攀谈了起来。

后来，高僧把堤义明请到禅房里和他对谈了一下午。当堤义明提及政治的时候，高僧含笑不语，最后他拿起手中的念珠说："政治就好比是一串念珠，串联念珠的丝带，就是佛教的精神，也正是悲天悯人的襟怀。试想，如果念珠缺少了这条丝带，珠子就会散落零乱。政治的运作过程中如果缺少悲天悯人的精神，就不能带给人民真正的幸福。

"堤义明先生，你大概明白宗教是多么能够影响人心了吧。现在各地方都有劳资纠纷一再发生。人事问题、思想问题，都使得人心惶惶。在如此的时代，要使精神有所寄托，然后再发展事业，而宗教教育是非常有力量的。

"宗教是一种很神奇的力量，这对指导员工的思想，也很有效果。常常闹劳资纠纷的某工厂经营者，自从信仰宗教以后，劳资纠纷便减少了很多。劳资关系也因而改善，现在事业很顺利地发展。像这样的例子有很多。堤义明先生，你现在的事业如日中天，所以，你从来没有担心过。希望你常怀一颗慈悲之心，事业会更顺利地发展。"

高僧非常热心地开导堤义明，因为他知道，堤义明是一个影响很大的人，如果他怀有慈悲之心，那将是很多人的福气。

听到高僧的这番话，堤义明就想起了父亲对他的教诲，他由此联想到经商，他认为经营企业的道理也如此。企业的责任既然是生产物品，那么就必须选出最优秀的产品，来消除人民的贫困，使每个人生活更丰盈，更快乐，这才能算是达成了企业的目的与使命。

最后，这位高僧把堤义明送到寺外，对他说：茫茫人海，我们能相逢，这就说明你我乃有缘之人。老衲最后送给施主一句话：希望施主能怀有一颗慈悲之心来对待这个社会，造福更多的人。

在回去的路上，堤义明一直在思考着这位高僧对他说过的话，想着想着，他突然说：经营并不是奸诈诡异之徒所能成功的。有一颗纯真无私的心，才能透过一切假象，看到事物的本来面目；才能自然、公平地作出正确的判断；才能获得多方的理解和援助……

四、界限分明

在堤义明的哲学里，朋友就是朋友，员工就是员工，他们两者之间是不能混为一谈的。

堤义明曾经劝告过一位当会长的人说："你最不对的地方就是叫你的朋友进你的公司。"他说，会长应该事先向他的朋友说："你来我的公司工作，是否能有当我员工的意识？如果你有这种意识，我是非常欢迎你的。但是如果你只是想来帮忙的话，你最好不要进我的公司，我希望你在公司外帮助我就好了。"如果会长不事先讲明的话，他就会成为一个在你公司内的"朋友"，而不是你的员工了。一旦产生这种结果，当彼此的意见对立时，因为你要顾虑到朋友之意，所以本来应该严正地批评他的事，就有所顾忌。甚至于你要想下决断时，也往往会发生不必要的对立。因此，对包括自己在内的人事调配，应当要用心考虑才可以。

他的这些观点来源于父亲堤康次郎的一个教训。

小原君和堤康次郎是从小玩到大的好朋友，他们在很小的时候就一直互相帮助，后来小原君也开始做生意了。起初是从小资本开始做，经过几年努力，生意兴隆，资产也增加，也到东京来开了一个修车铺，专门经销各种汽车的零配件。

因为和堤康次郎是好朋友，又同在东京，所以，他们两个人的交往很密切，时常交换有关做生意的意见。

小原君渐渐对零售修车件感到不满足，这种转变也是相当自然的。当他攒够了资金的时候，他就想开一个销售汽车的商店，问堤康次郎好不好；当时计程车愈来愈多，如果出资买车，雇司机来经营，可能是又有趣又新鲜的生意，他也想试试看，又跟堤康次郎商量。堤康次郎回答说："关于这两个方面我不太了解，但是，我觉得其中有一点投机的成分，不太稳妥，所以，你还是不要做了。这样吧，我最近想开一家樱花酒店，如果你对这个感兴趣的话，可以和我一起做。

小原君一听非常高兴，他说我一定好好干。

于是，在樱花酒店建好之后，小原君就担任酒店的社长了。可是，不到一年的工夫，樱花酒店就开始亏损了。

堤康次郎发现，小原君虽然对经营修车铺很有经验，但是他对酒店业根本就一窍不通，没有任何的经验。他在担任社长的这段时间里，一直把酒店当成修车铺来经营，当然会出现亏损了。

堤康次郎感到如此下去一定不可以了，他必须要找小原君谈谈了。

堤康次郎请小原君来，告诉他说："小原君，关于樱花酒店亏损的事，我做了一次检讨。发现我原来的想法错了。虽然我们既是好朋友又是合作者，可是由于我把经营权交给了并不擅长经营的你，导致了亏损。本来，樱花酒店既然是新酒店，我就应该多花些精力在这上面。再说，以你的性格，坦白说，是不适合做管理者的。我今天想跟你商量的事，对于亏损的事，我既往不咎，你还是回去专做修车铺好。事到如今，西武集团是不能停掉樱花酒店的，今后由我亲自来管理，请好好考虑一下。"

小原君听了之后说："我很抱歉，我也愿意退出经营。可是，我们这么多年的朋友，我也希望能与你一起战斗，现在被扫地出门，让我很是难堪。"

"你的心情，我很了解。但是，如果你要继续做下去，等于愈陷愈深，到时候更糟糕，更没有面子，所以，还是到此为止比较好。"

小原君默默地想着，堤康次郎继续说："酒店业的将来非常有希望。你对做修车铺感到不满足，所以我请你加入西武集团，你也努力地干到今天。双方的友情和诚意，一直都没有变。可是，我看到樱花酒店的经营才深深地感觉到，用单纯的想法来经营事业是不行的。所以我才劝你退出。如果你对西武集团有感情，对酒店界有志趣的话，我也很高兴，劝你干脆做松下电器的职员。你是堤康次郎的朋友，而且你在做生意方面已经有了一点成就，叫你做职员，对你是委屈，可是，除了请你从头做起以外，别无他法。请你再三考虑之后，再做决定吧。"

小原君回答说："我明白了。让我想想吧。到底做职员好呢，还是专心做修车铺，我明天来回话。"

第二天早晨5点钟，堤康次郎还在睡觉，有人来敲门。这个时间，到底谁来了？

堤康次郎没有出声，那人还在继续敲，注意一听，好像是小原君的声音。堤康次郎不由得站起来叫一声："小原君吗？"然后走到门口开门，一看，正是小原君站在那儿。

"这么一大早有什么事？"

"昨天的事情，我想了一整夜没睡觉，终于下了决心，所以赶快跑来。"

堤康次郎吃了一惊，同时觉得这也难怪。

"我经过再三考虑，断然下定决心，要做西武集团的职员，请多指教。"

"你是说真的吗？你可以做职员听我的指挥吗？"

"我是男子汉大丈夫，发誓的事，一定做到。"

堤康次郎看他的眼睛，真的没有睡，有一点红红的。不由得抓住他的手说："欢迎你。你真是了不起！小原君，我虽然失去很难得的朋友，可是我却得到了将来可靠的职员。"

五、管理路上

1961年，西武集团要在苗场修建国际滑雪场，这是一项非常浩大的工程，所以堤康次郎非常重视，任命堤义明担任这个项目的最高负责人。

堤义明得到命令之后马上到苗场上任了。他一到苗场，就和当地的工作人员投入到了紧张的工作之中。

有一天，苗场滑雪场的前期设计工作马上就要做完了，堤康次郎吩咐当日留下五六个人加班，干完该干的事情，一定要在当天完成这部分工作。同事们连着干了一下午都非常辛苦，于是，有人提议休息一会儿，堤义明就对他们说：那你们去休息一下吧。那些留下来加班的人都去打球了，堤义明准备自己独自把工作完成。这时，堤康次郎过来视察了，问道："大家都到哪里去了？那件工作完成了没有？"

知道工作没有完成，堤康次郎毫不客气地当面斥责了堤义明，说他“太不应该，怎么连你也干这种事情。”堤义明无言以对，再三点头道歉。

次日上午7点，堤义明还未开始工作，电话就响了，是堤康次郎，他说：“我没有什么特别的事找你，只想问你是否还介意昨晚的事。没有？那就好了。”说完，就挂了电话。接到这个电话后，堤义明昨晚被斥责的阴影一扫而光，心情顿时开朗起来，精神抖擞地投入了工作。

后来，堤康次郎和堤义明谈起这件事情的时候，堤康次郎说：虽然当时你没有出去玩而是准备自己独自把工作完成，但是，你是那些员工的上级，员工们犯了错误，自然要训斥你了。

接着，堤康次郎讲了这样一个故事：

日本的明历年间，江户发生了一场大火，连续烧了数天，把幕府首都几乎烧成一片灰烬，市民受到了非常惨重的损失。当大火不断蔓延，火势无法控制时，有些官员拼命地设法抢救，而有些人则慌张得手足失措。等到火势扑灭之后，检讨功过，一些朝中大臣纷纷主张，要来惩罚那些束手无策的庸官，认为他们应该为火灾的损失负起政治责任。

当时，幕府总管科保正之说：“这场火灾，是德川执政七十年来，最大的一次灾祸。为了防止类似事故的再发生，一定要严惩罪有应得的失职官员。但过去的法律条文中并没有明确指出，像这种灾祸的防范责任应由谁来承担，也没有教导大家处置的方法，因此难免有些官员会手忙脚乱的。所以我认为与其严惩那些官员，不如根据这次惨痛的教训，制定火灾处理的规章，明确划分职责，教导市民严加防范，使以后不再发生这种意外，如此才更有意义。”

由于科保正之的坚持，使得处罚失职官员的议案不了了之，同时，政府一面展开重建工作，一面也教育百姓，防止火灾再次重演，灾后的愁云惨雾，因此一扫而空，从江户大火的事件来看，科保正之认为，在责备部属的错误之前，领导者应首先考虑到是否因自己没有远见，而疏忽了规定处理的方针，或教育百姓进行防范。所以火灾的发生，领导者也有不可逃避的责任。因此，不能不先检讨自己，就随便惩罚部属。

堤康次郎说：在企业管理中，员工们只是听从领导的命令工作，工作如果没做好，那一定是管理者的责任，所以，不管发生什么，一定要先让管理者负责。

西武集团在下设的酒店部一次改组过程中，董事会破格从国土计划公司的技术部聘任了一位优秀的工程师川岛为酒店部的部门经理。大家都认为，川岛在计划实施和执行的方面有很强的能力，调到酒店部是很适合的。川岛上任三个月，工作积极、勤奋，带领员工刻苦钻研酒店业务。但他在怎么经营酒店和管理酒店方面缺乏经验，导致酒店部的经营陷于停滞不前的状态中。董事会决定将其撤换掉，但又担心处理方法不当会挫伤川岛，并对其各方面产生负面影响。

那么如何平衡，董事们提出了各自的想法。当时担任国土计划部会长的堤义明说：把他增选进董事会，然后兼任西武集团技术负责人，这样就把他的工作性质转化了。

但是，其他的董事们不同意这个办法，其中一个董事的看法是：让他做酒店部分管酒店建设的副经理，享受经理待遇。

可是，还有一个董事说：我们需要的是懂管理，能带领员工扩大经营规模、创造效益的经理，既然他不行，那就撤职让他专干业务，那不就行了吗？现在的企业对人的管理不必太顾虑，该怎么办就怎么办。

另一个董事说：这样不好，要不把他调回来，给他一些苦劳奖，开个离职欢送会，大家吃顿欢送饭。

这时一直沉默的董事长堤康次郎说话了：首先，川岛是一个有技术的优秀员工，是我们西武集团的财富，是我们没有给他摆好位置，这是我们的失误；其次，川岛正是公司最需要的专业人才，公司正要依靠这样一些技术尖子来发展，调走他会影响到公司技术工作；再次，目前我们选定的经理小村虽有经营管理经验，但技术业务不太熟，需要川岛帮助，增选川岛进董事会不合适，若他作为董事兼技术总负责，而不是董事的新任经理在领导工作中会有难度；而且，若简单地把他撤换掉，会产生很大的负面影响，这个问题不宜简单化；我的意见是设总经理，由我兼任。设两个总经理助理，由拟聘的经理小村任总经理助理负责公司日常的经营管理工作，川岛任总经理助理兼技术部经理。对年轻的优秀员工川岛我们应采取积极培养的方针，通过传、帮、带，使他既在业务上保持高水平，又在经营管理方面能有所突破。经过一段时间的运作，在适宜时我退出，那时必须建立一个稳定的、能力强的领导班子。

堤康次郎的这个方法大家都觉得很好，就按照他的意见立即实施。实施了一段时间后，酒店部的经营状况有了起色，川岛依然积极勤奋。半年后，堤康次郎退位，小村任总经理，川岛任副总经理分管技术，酒店依然运转良好，这一个难题就顺利解决了。

事后，堤康次郎对堤义明说：管理工作是一项需要多动脑子的工作，在考虑问题时需要面面俱到，切不可只看到事情的一个方面就轻易做决定。应一切以企业的发展、员工的合理利用为目标，考虑周全了，才能做出比较完善的决定。

不同的方法可以带来不同的效果，在任何情况下都一定要考虑周全，这样才能把事情做得圆满。

第三章

十年沉寂

一、痛失严父
二、子承父业
三、安内攘外
四、无为而治
五、中庸之道
六、围魏救赵
七、牛排哲学

一、痛失严父

堤康次郎生于1890年，是日本滋贺县八木桩人。他的父亲是一个经营杂货铺的小商人，家里不算富裕，但是，生活过得也还算顺利。

堤康次郎从小聪明好学，在很小的时候就展现出了做生意的天赋和过人的胆识。在他的家乡，至今还流传着这样一个故事：

有一天，父亲一早便去进货了。母亲忙过一阵子，看顾客渐稀，便忙忙叨叨地装好蔬菜，准备给一位腿脚不便的老婆婆送去。走时把小堤康次郎抱上小凳坐着，吩咐他说："你在这儿看店，妈妈一会儿就回来。"

可说来也巧，就在妈妈刚走的时候，突然就有客人来买东西了。来买东西的是邻居的一位大娘。见大人不在，就一边逗堤康次郎玩一边等大人回来。

玩了一会儿看天色不早了就要往回走，不料这时，小堤康次郎说话了："大娘，您来这是不是要买东西呀？"

大娘说："是呀。"

堤康次郎说："那为什么您还没买就要走呢？"

大娘说："你家大人不在家，我怎么买呀？"

堤康次郎说："可是我在家呀，我可以卖东西给你呀！"

然后，便一本正经地问她：

"大娘，你要买什么东西？"

那大娘见他一副认真的样子，便笑嘻嘻地逗他：

"我要买一包盐、一包味素，你会卖吗？"

小堤康次郎一言不发，跳下凳子，从货架上拿下大娘所要的盐和味素，用清脆的童音报出了盐和味素的价钱，而且，还准确地算出了要找给大娘的零钱。

那个大娘大吃一惊："你怎么知道是这个价钱？"

小堤康次郎一副满不在乎的神情："我天天看妈妈、爸爸这么卖的！"

那个大娘惊叹不已："这孩子太聪明了！堤家出了个经商的天才！"

消息不胫而走。后来到堤康次郎家来买东西的人，都要亲眼看看这个3岁的孩子。有些顾客还指名让堤康次郎给他们表演一番。堤康次郎素来头脑清晰，口齿伶俐，这些要求不过是小菜一碟，他轻而易举便可做到。末了，还是一副宠辱不惊的模样。

顾客们震惊了！他们一边啧啧称奇，一边难掩羡慕喜爱之情。一传十、十传百的，一时堤家的顾客盈门，营业额大增。

堤康次郎在10岁的时候，就显示出他超乎常人的沉稳和自信来。

一次强大的台风突然袭击了日本列岛，狂风夹着暴雨，一时飞沙走石，天昏地暗！

当时，堤康次郎的父母正巧在外地办事。暴风雨挡住了回家的路，他们只能等雨停了再走。

在途中人家避雨时，堤康次郎的父母忧心如焚！家中4个孩子不知怎样了？但愿他们平安、顺当，不要出意外才好！

当台风过去，堤康次郎的父母匆匆赶回家去的时候，已是晚上十一二点了。

母亲立即屋前屋后巡察了一番，发现店铺门窗紧闭，没有打湿任何东西。3个孩子已在床上酣然入睡，只有堤康次郎仍在煤油灯下读书等他们回来。

原来，当暴风雨来的时候，堤康次郎当机立断，立即把窗关上了。但门却因风力太大，关了几次仍闭不上。堤康次郎于是让两个大弟和他一起用力，喊着号子，"一二三！"合力把门关上了。

关上门后，堤康次郎又抱着最小的三弟，与两个弟弟围桌而坐，给他们讲故事。

后来总不见父母回来，他又不会煮饭，便灵机一动，从货架上给他们一人拿了一个苹果，削给他们吃了，然后让他们上床睡觉。

一天中午放学，同学们三个一帮两个一伙地走出校门。当路过一个很大很高的围墙时，有一个同学突然大声喊起来："瞧，桃子，又红又大的桃子！"

大家抬头看，看见高高的围墙上面伸出了一个桃枝，枝头上面挂满了红艳艳的大桃子，大家馋得口水都快流出来了。

“好大的桃子啊！”

“红通通的！”

“一定能把人甜死！”

这时候，一个稍大一些的同学从旁边走过，看到这群小孩子站在那里眼巴巴地望着桃子树，就是没人动手摘，于是就说：“哎，你们这群小傻瓜，站着有什么用，快摘下来尝尝啊！”

于是，他让一个小同学踩在他的肩膀上，爬上围墙，给每一个人都摘了一个桃子。大家都站在围墙旁边，津津有味地吃着桃子，还不时有人说“真甜”！

这时，堤康次郎从后面赶了上来。堤康次郎学习很好，在班里总是第一名，又经常帮助同学，所以孩子们都很喜欢他。看到堤康次郎来了，好几个同学都很慷慨地掰了一半桃子递给他，还说：“堤康次郎，桃子可甜了，你也吃一半吧！”

堤康次郎奇怪地问：“这桃子是哪儿来的？”

小同学指了指桃树自豪地说：“自己上去摘的呀！”

堤康次郎连忙把桃子退还给小同学，说：“你们偷人家的桃子，就不怕妈妈骂你吗？”

大一点儿的同学说：“不告诉妈妈，不就行了吗？”

堤康次郎的妈妈是一个很正直的普通农村妇女，为了教育好儿子，她隔几天就会问一问儿子：“这几天你都做了些什么事？哪些是好的，哪些是坏的？”堤康次郎总是如实回答，从没说过谎。

小堤康次郎以为，别人的妈妈也会经常问自己的孩子最近做了些什么事呢。于是就很生气地说：“你们不但偷东西，而且还不诚实，我再也不和你们玩了。”

回到家以后，堤康次郎把刚才发生的事情告诉了妈妈。妈妈听了很高兴，但还是试探着问：“难道你不想吃桃子吗？”

堤康次郎很干脆地回答：“我很想吃呀！”

妈妈又问：“那同学分给你，你怎么不要呢？”

堤康次郎说：“那是偷来的，我不能要。要是让您知道我吃了偷来的桃子，您会生气的。”

妈妈又问：“你不告诉我，我怎么知道呢？”

堤康次郎很认真地说：“可是我不能撒谎啊！”

妈妈很高兴地说：“我们是以做生意为生的。做生意成功的第一要诀就是诚实。诚实就像树木的根，如果没有根，树木就别想有生命了。你真是个诚实的好孩子，妈妈给你钱，你自己去买桃子吧！”

堤康次郎接过钱，说：“谢谢妈妈！”就蹦蹦跳跳地跑去买桃子了。

可是，好景不长，在堤康次郎十多岁的时候。他的父亲就去世了。

从此，堤康次郎就跟着母亲一起打理那个小杂货铺。每天早上堤康次郎很早就起来，帮着母亲打扫庭院，然后在母亲开店营业的时候，他又要背着弟弟去做早饭。当早饭做好后，他要送到铺子里给母亲吃。等家里人吃过早饭后，他就领着弟弟妹妹一起到店面里，帮母亲看店。就这样，还是个孩子的堤康次郎一天天地忙碌着，很少有出去玩的时候。

可是这一天，堤康次郎回到家中，情景却很是异样：只见他满面通红，气咻咻的，脸上有些青红的伤痕，身上也杂有泥痕草屑。母亲看他这副模样，又气恨又心疼，忙放下手中的活儿，持了个毛巾为他擦脸：

“次郎，你这么大了还不懂事，怎么搞成这副样子？”

不料母亲这么一问，小次郎的眼泪立刻“哗哗”地流了下来！他伏在母亲的怀里抽泣不已，边哭边哽咽着说：“妈妈，我们家为什么要卖杂货？”

母亲慈爱地为他擦着眼泪，说：“孩子，不卖杂货我们吃什么？这就是我们的工作呀！”

“那你为什么不能像别人的父母那样，当个受薪的职员？害得我在小伙伴面前都抬不起头！”

后来，母亲从次郎哽咽、断续的叙述中，总算弄明白了事情经过。原来次郎今天在和小伙伴们做游戏的时候，赢了其他的人。而有几个穿着体面、自以为有身份的职员的孩子，在回家的路上却讥笑他说：“杂货仔，神气啥！”这已不是第一次了，他们时不时都把“杂货仔”挂在嘴边，嘲弄一番，借此抒发嫉妒的愤懑。

次郎自幼才质过人，心高气傲，向来不甘矮人一头，因而对此类讥讽格外敏感：

“杂货仔又怎么了？有本事比比看!”

次郎的眼睛都气红了，也不管自己是否擅长打架，不管双方力量悬殊，母亲“不要惹是生非”的告诫也已丢到了脑后，一定要为捍卫自尊决一雌雄!

小次郎像一头暴怒的狮子，奋勇出击了！他飞身上前抱住最高的一个，扭打撕滚成一团！对方仗着人多势众，拉扯着次郎，揍了他几下。若是一个人，定然不是被激怒了的次郎的对手！双方撕扯了一番，他们无心恋战，留下几声咒骂，便扬长而去了。

母亲听了小次郎的哭诉，神情渐渐凝重起来。她捧起次郎的头，严肃地说道：

“孩子，你要记住，什么活儿都是人干的。卖杂货没什么不体面的！有没有出息，不在于你干的事是大还是小。卖杂货不见得就没有出息!”

母亲这番话真是意味深长！一生劳作的母亲以她坚强乐观的人生态度，给了小次郎多少有益的影响和教益呀!

堤康次郎对母亲说：“我长大了不但要开杂货店，而且要开个全国最大的百货公司!”

数十年后，当堤康次郎成为十几家大型百货公司的所有者的时候，他不由得想起了当年的往事。他想，自己终于实现了当时对母亲许下的诺言。

堤康次郎从早稻田大学毕业后，一直沉浮于商海之中。在二十几岁的时候，他就创建了西武百货公司，并把它做到了一定的规模。

随着西武的发展，堤康次郎对政治的兴趣也越来越浓厚。

在20世纪20年代，堤康次郎在家乡滋贺县的时候，就曾在竞选众议院的议员中获胜，当过一届众议院议员。

30年代初，他还在拓务大臣永井柳太郎手下做过拓务次官，后来因故辞去了职务。

战后，随着日本民主政治的发展，堤康次郎又一次走上了政治舞台。

1953年，堤康次郎在竞选中击败了对手，成为众议院议长，一下子成为权倾朝野的政界要人之一。

堤康次郎在商业界和政界都做出了不小的成绩。

在堤义明的整个童年、少年和青年时期，父亲一直扮演着人生导师的角色。可以说父亲堤康次郎塑造了堤义明的思想、言行甚至是性格。

在堤义明的心中，父亲不老，父亲长在！

1964 年的 4 月 26 日，堤义明的父亲堤康此郎在东京的家中溘然长逝。

守护在病榻前的堤义明泪流满面，嚎啕失声！

父亲已经是 78 岁的高龄，常年的操劳给他留下了病痛的隐患，他晚年疾病缠身，长久缠绵于病榻。虽然这是意料之中的事，但堤义明还是难以接受。

他不能想象那么坚毅刚强、性格达观的父亲从此便撒手人寰，绝尘西去。

29 年来，堤义明一直和小时候一样，依恃着父亲，视父亲为永远的精神守护神。

仿佛就在昨天，堤义明清晰地记得，当他成功开办了滑雪场的时候，父亲是那么高兴，那么慈祥地对他说："儿子，好样的！"

父亲的一生是辉煌的，他运用自己的才智和毅力创造了西武并使它发展到如此大的规模，在堤义明的心中父亲永远都是那么伟大！

一位在日本甚至整个亚洲深具影响的政商两界奇才，就这样走完了他的一生。

"安息吧，父亲！"他杰出的儿子默默祈祷，他的事业将在堤义明的手中发扬光大！

二、子承父业

临终前，父亲把堤义明叫到病榻前，语重心长地说："西武集团从创建至今已经形成了不小的规模了，从现在来看，我们的西武正是蒸蒸日上、迅速发展的时期。现在为父把它交给你，我也能安心了，以后西武集团就拜托你！但是，你一定要记住，在十年之内千万不可投资扩大规模，一定要忍十年，守十年。"

随后，堤康次郎又把堤清二叫到身边说："清二，我把西武交给义明来领导，你心里一定有话要说。但是，为父有为父的道理，我这么做也是为了我们整个家族的兴盛，不管你理解不理解，我都希望你能服从为父的安排。"

堤清二知道父亲这样对他说，是担心以后他和弟弟争夺继承权，因此，他十分诚恳地对父亲说："您放心吧，虽然继承堤家产业的人不是我，但是我一样还是堤家的后人，我不能为了个人的一己私利而影响西武的发展。既然父亲指定了继承人，我就会全心全意地帮助他，您就放心吧。”

最后，堤康次郎又向其他董事交待了一番才放心。

父亲的这些临终遗言是很多人都听到了的，可是真正明白其中含义的只有堤义明一个人。

堤义明理解父亲的意思，西武集团这么大的一份产业交给堤义明，堤康次郎不是没有顾虑的。但是，他坚信堤义明是最适合的人选。为了巩固堤义明在西武的地位，使他能够稳稳地掌握西武大权，父亲堤康次郎才想到了这么一个办法。

堤康次郎生前就认真地考虑过西武的发展，他以他超凡的眼光分析了多年以后日本的发展格局，为西武制定了宏大的发展战略。

第二天，日本的各大媒体上就公布了堤康次郎逝世的消息。可是，令大家奇怪的是：在堤康次郎的讣告上写的丧主却是堤义明，许多人都不理解：为什么丧主是堤义明呢？

按照日本的风俗，父亲死后的讣告上，儿子们哪一个是丧主，那就意味着谁将继承父亲的家业。

当时，堤清二 36 岁，他比堤义明大 7 岁，早几年就进入了商场，他协助父亲工作已经有好多年了，在外界也有不小的知名度了。

而堤义明才大学刚毕业不久，在很多人看来他还是一个初出茅庐的新手。很多人只知道堤义明是堤康次郎的儿子，对于他有多大本事根本就不了解。

所以，外界曾猜测，堤家的继承人非堤清二莫属。

因此，当外界知道继承堤家产业的是堤义明而不是那个早已名声在外的堤清二时，大家不免议论纷纷：这个名不见经传的堤义明，到底能不能把西武管理好呢？堤义明相貌极其平庸，西武集团的竞争对手们看到一个如此平凡长相的人上台，都心中暗喜。

办完父亲的丧事之后，堤义明开始把全部的精力放到如何管理父亲所留下来的产业上了。

在堤康次郎决定把社长位置传给堤义明时，曾交给堤义明两封信札，嘱咐他在上任当天拆阅第一封，10 年后的同一天拆阅第二封，并恪遵信中的指示无误。

这天，堤义明按父训阅读第一封信时发现，原来只有两行话：忍忍忍，忍十年；守守守，守十年。

堤义明明白了父亲的良苦用心，他不得不认同，在长兄与其他宗亲虎视眈眈之下，只有忍耐、守成，才能站稳足根、固守版图。

1964 年 5 月的一个星期二，堤义明开始了他接任以来第一次大型的“星期二会议”。

“星期二会议”是西武集团一种大规模的干部大会，所有的董事会成员，西武旗下各个分公司的社长、董事都要出席这个大会。

在这个大会上，堤义明向西武集团的高层领导人以书面形式下发了以下几点内容：

第一，关于今后西武集团发展经营的基本态势。

虽然现在由我来担任西武集团的领导人，但是，我将会坚持已故会长所坚持的各种原则和经营理念，因为这些原则和理念经过实践检验是可行的、适合西武发展的。

我们西武集团的方向不变，我会在原有事业的基础上继续发扬光大。

第二，关于西武集团的领导体制。

西武集团是以现代化的管理模式建立起来的股份制公司，在我们西武集团，所有的大事都是由董事会商讨决定的，以后我所做的决定都要经过董事会的讨论才能实施。

整个西武集团要以共同的经营理念为根基，但是各个企业有自己的自主权，可以根据实际情况自主制定发展战略，由各个公司的首脑承担最终责任。

从此以后，我们会在星期二会议上制定公司的发展方向，共同讨论发展策略。

希望在我的带领下，西武集团能够走向更大的成功。

第三，关于西武集团的经营理念。

我们西武集团的经营要秉承老会长在时的经营理念，以诚实为本，童叟无欺。

所谓的经营并不是奸诈诡异之徒所能成功的。我们要拥有一颗纯真无私的心，才能透过一切假象，看到事物的本来面目；才能自然、公平地做出正确的判断；才能获得多方的理解和援助……

“无商不奸”，古有遗训；而今人心不古，更是如此。因为，一些人以为做生意就是要耍心眼儿、斗技巧。但我以为，这只是看到了事物的局部，是只见皮毛、不见骨肉。作为经营者所应秉持的，正好与此相反，应是一颗纯真无私的心。

堤义明说：“经营者必须注意的事情很多，但最根本的，也是我期望自己能达到的，就是要有一颗纯真的心。经营者有了纯真的心，我所说的一切经营原则才会有效果；经营时若缺乏纯真的心，企业绝不可能会不断地成长。”

会议开完之后，西武集团召开记者招待会，在会上，堤义明接受了日本著名的财经专家、作家针木康雄的采访。

针木康雄向堤义明提出了一个尖锐的问题：

现在你已经是西武集团新的领导人了，你才二十多岁，刚刚进入商场没有多久就成为这么一个超大集团的领军人物，你有什么感想呢？你认为你的父亲看到了你哪些方面的能力才把你选作候选人，让你来管理这个超大企业群呢？

堤义明听完，微微一笑，他不紧不慢地说：

这个问题，我是这样想的。作为父亲，他要选择一个人来担任这个集团的接班人，不管选择谁都是勉为其难的。选择我是一样，我哥哥堤清二也是一样。因为他知道，这么大的一个集团要靠一个人来领导是完全不可能的。

之所以选择我来做接班人，并不意味着我的能力已经比别人强，而是觉得我更适合做这个领导人。因为坐在这个位置上的人代表的是会长的意志，他必须是会长精神的象征。

接着，堤义明又说：

父亲交给我这些工作已经有10年了，但在父亲的栽培下，我仿佛已经感到做了相当于其他人的30年、40年之久，这就好比打高尔夫球一样，挥球的姿势我已经学会了，现在让我来打也没有什么可怕的了。

三、安内攘外

堤义明在父亲的授权下当上了西武的接班人，要想坐稳江山全要靠自己了。

堤义明从小就对中国的孙子兵法很感兴趣，他在对中国古籍的阅读中深深地知道了一个道理：攘外必先安内。

如果，一个国家想在经济社会发展中有所作为，那么，就必须有一个和平安定的社会环境。

同样，如果堤义明想壮大西武集团的力量，就要团结西武上上下下的所有人，众志成城，齐心协力。

如果集团内部有不同的小团体，互相倾轧，互相牵制，那么任凭有再大的本事，也是无法使西武发扬光大的。

长久以来，堤义明就想他应该采取什么办法把大哥和小弟们都团结在自己的周围，让他们听从我的指挥呢？

堤义明根据亲疏远近，分不同的时期采取了不同的策略。

堤康次郎的一生中一共有三个公布于众的妻子，形成了结构复杂的家庭关系，处理这样复杂的家庭关系可是一件令人头疼的事。如果哪一方没有安抚好，就可能后院起火，殃及整个西武集团。

于是，堤义明首先想到了与自己关系最密切的两个弟弟。

堤义明的母亲石亘恒子和堤康次郎一共生了三个孩子：堤义明、堤康弘和堤犹二。

这两个弟弟平时都很尊敬堤义明，有什么事情也喜欢向堤义明请教。

堤义明把这两个弟弟叫到办公室里，对他们说："你们两个人是我看着长大的，你们的能力我都清楚，非常感谢你们这么多年来在我身边协助我管理西武，以后西武要靠我们兄弟管理了。现在集团内部要做一些人事上的调整，我希望你们俩能够独当一面，为哥哥守住一方疆土。我想知道你们有信心做好哪些职位呢？"

兄弟两个对视了一下，然后对堤义明说："我们还是做我们的老本行吧，做得久了也比较熟悉。"

堤义明想了一会儿，说："堤康弘以前是丰岛游乐场的会长，现在就升为社长吧。堤犹二一直在酒店里工作，对那里的情况比较熟悉，那么，你就做太子酒店集团的副社长吧。"

兄弟俩一听都很满意，就这样，堤义明取得了两个同胞兄弟的信任和支持，巩固了自己在西武集团的第一步。

堤义明心里很清楚，哥哥堤清二对他的态度对西武内部的团结很重要。堤清二也是堤义明最大的竞争对手。

堤义明知道，虽然哥哥对父亲的安排不至于公开反对，但是心底总是不服气的。堤义明花了很长的时间来思考怎样安抚堤清二，以减少他对自己的敌视。

堤清二一直都是西武百货公司的会长，堤康次郎去世后，堤清二升为社长。但堤义明知道，堤清二心里一直都不平静，他时时都能感受到堤清二对他的敌意。

堤义明考虑了很久之后，在堤康次郎去世七年后，终于做出了一个重大的决定：

把自己一部分的财产分给哥哥堤清二。

堤义明把西武百货公司的全部产业都划到了堤清二的名下，此外，他还分给哥哥一片土地和一个大型的游乐场，总资产在堤义明继承家产的三分之一。

堤义明主动分家产的消息一经传出，外界一片哗然。新闻媒体上连续报道了好多天。

按照日本的传统，分财产就属于分家，以后分开的兄弟就要各自经营自己的产业了，但是，堤义明不这么解释。

他说：我这么做是因为我知道哥哥有能力掌管更多的财产，我分给哥哥更多的财产，是想让哥哥有更大的空间和实力作更大的事业。我们兄弟两人是和而不分。

事后，有媒体采访堤清二：你对堤义明分家有什么想法？

堤清二说：兄弟们之间相互争夺财产是自古以来常有的事，如果处理不好，可能导致整个家族的毁灭。我这个同父异母的弟弟，能如此慷慨地把这么大的产业分给我，说明他对我很信任。作为哥哥，我除了更好地协助义明管理西武，更好地经营我名下的产业，我还能做什么呢？正如弟弟所说的，我们可以共同管理好西武，西武是永远不分家的。

对于堤义明的这个举动，堤清二由衷佩服，从此也化解了心底对他的不满。

安抚了哥哥堤清二之后，堤义明又明察暗访，寻找了其他没有名分的兄弟姐妹。找到他们后，堤义明都一一拜访，然后，给他们一笔钱，让他们都过上富裕的生活，但是，有一个条件，就是从此以后再也不能向外界说他们是堤家的后代。

后来，堤义明又对和父亲一起创业的功臣们进行了分封。

其中有八位主要的功臣，他们分别是：

川岛喜晴，出任国土计划公司监察董事。

远藤甚吉，出任国土计划公司常务董事。

浅野亮映，出任西武铁路集团常务董事。

中岛忠三郎，出任企业集团顾问。

石田正为，出任东京太子酒店社长。

渡边一郎，出任西武流通集团常务董事。

山岗小健，出任妙高国际滑雪场社长。

冈野关治，出任西武地产公司社长。

就这样，父亲堤康次郎手下的八名得力助手，立刻成为堤义明的左膀右臂。

经过这样的一番努力，堤义明真正掌握了西武集团的财政和人事大权，坐稳了江山。

1965 年，也就是在堤义明接管西武的第二年，西武内部出现了一些不良现象。

也许有很多员工认为堤义明是一个初出茅庐的新手，他刚刚担负如此大的重担，需要很长一段时间才能适应，所以，一些自律不强的员工逐渐放肆起来，以前明文禁止的一些事情又悄悄发生了。

但是，即使他们做得很隐秘，依然没有逃过堤义明的眼睛：堤义明在一次很偶然的机会中，发现在西武百货公司的内部有一些爱贪小便宜的员工，他们往往利用职位之便谋求私利。

有一次，堤义明不经意路过西武百货公司的一家分店，就顺便进去检查一下工作。他在商场里转了一圈后，发现店员都情绪高涨，工作认真热情，于是，他感到很满意。刚想走，突然想到商店的货仓去看看。

不过，堤义明没有通知店长，自己径直来到商场后面的货仓，这时候已经到晚上下班的时间了，货仓里的员工正在点货。

西武百货公司虽然是一家很大的公司，每天有庞大的客流量，许多需要在保质期内消费掉的食品一般都会提前售光，但是偶尔也会出现一些滞销的情况。为了保证每个来西武百货的顾客都能买到质量最好的东西，西武有个规定，每天都要对食品类的保质期进行核实，如果出现过期的产品，就要马上撤出货柜，不准流到市场。

这时，堤义明正好走到了那些检查人员身边，他发现在他们身边堆放着许多检查完淘汰的货物，堤义明感到很纳闷，他想：最近从这个店的财务报表上看这家店的销货量很大呀，怎么可能会有这么多的滞销品呢？

这么一想，他就不知不觉拿起了一种食品，这一看不要紧，他突然发现这种食品离保质期还有好几天呢！堤义明以为这可能是员工的一时马虎造成的，可是，他又拿起来几个一看，都是保质期内的。

堤义明悄悄地问旁边的检查人员：这些东西还没到保质期呢？那个检查人员没有抬眼看他就回答说：我知道，可是大家都不喜欢吃这种食品，所以，店长只能让它们提前淘汰了。

这一下，堤义明感到事情严重了，看来这种事情已经不是一个秘密，而是作为这家分店人所共知的事情了。虽然这些提前淘汰的食品没有多少损失，但是，这样发展下去危害可不小呀。

堤义明本想立刻把店长叫来训斥一顿，但是，他转念一想，训斥一顿也没有什么用啊，并不能保证以后这样的事情不再发生呀！我又不可能派人天天过来看着。应该想一个长久的办法。

这时候，他突然想起来小时候看到的一个中国故事：

春秋时期，楚国令尹孙叔敖在苟陂县一带修建了一条南北水渠。这条水渠又宽又长，足以灌溉沿渠的万顷农田，可是一到天旱的时候，沿堤的农民就在渠水退去的堤岸边种植庄稼，有的甚至还把农作物种到了堤中央。等到雨水一多，渠水上进，这些农民为了保住庄稼和渠田，便偷偷地在堤坝上挖开口子放水。这样的情况越来越严重，一条辛苦挖成的水渠，被弄得千疮百孔，因决口而经常发生水灾，变水利为水害了。

面对这种情形，苟陂县的历任行政官员都无可奈何。只能每当渠水暴涨成灾时，便调动军队去修筑堤坝、堵塞漏洞。

后来宋代李若谷出任知县时，也碰到了决堤修堤这个头疼的问题，他便贴出告示说，“今后凡是水渠决口，不再调动军队修堤，只抽调沿渠的百姓，让他们自己把决口的堤坝修好。”这布告贴出以后，再也没有人偷偷地去决堤放水了。

这是一个有趣的故事，但是故事背后的寓意却让堤义明想了很久。

为什么这个告示一贴出来，老百姓们就不再偷偷地损害河堤了呢？

最后，堤义明总结出来了，那是因为当初人们损害河堤可以给自己带来方便和好处，现在政策变了，再损害就是给自己添麻烦了，所以才从根本上杜绝了这种情况。

看来，如果在执行一项政策之前，就把这当中的利害关系对执行者讲清楚，他们也许就不会为自己的私利而做出损害团队利益的事情了，当然这只是对素质高的团队来说。

可能因为行业的原因，有的企业员工素质不太高，遇到这种情况，即使你说明了利害，他还是会为了自己的利益偷偷地去做一些损公肥私的事情，怎么办？那就需要建立严格有效的监督控制机制了。

堤义明想：企业由人管理，总是有漏洞可钻的，因为人都是有弱点、有感情的。猫和老鼠相处久了也会相安无事。所以，才会出现商场的这种现象，而制度呢？却能起到人所不能发挥的作用。

当制度都不能发挥作用的时候，就只有利用李若谷的办法，以子之矛攻子之盾，当他发现这样做得到的好处还不如他损失的多的话，他自然也就不会再去做这样的事情了。

所以说，不管具体用什么方法来执行，制定一套安全有效的内部控制制度是非常必要的。

按照这个故事提供的思路，堤义明很快就想出了一个好办法，他回到公司总部后，立即起草了一项规定，即：每家百货公司都对自己的货物负有完全的责任，如果货物出现不合格的残次品，那么，这个责任由店长和负责采购的人员来承担；而且，西武集团的每家分店都要对这种情况进行统计，然后评比，做得好的公司，全体奖励，做得不好的并且超过一定限度的公司，全体处罚。

这个制度一公布，果然很有效，所有的员工都为了年终的评比而努力，有很多公司产品质量可以保持到百分之百。如果出现了即将到期的食品，公司就会提前搞降价促销活动，使所有的食品都能在保质期内售完。

四、无为而治

商场如战场，一个商人在市场中拼搏，最讲究的就是决断。

所谓的决断，就是对情况的分析，对环境的把握，对事态发展的预见。

一个优秀的企业家，他能否在强手如林的对手中脱颖而出，能否在风云莫测的商场中有所作为，完全取决于他的决断能力。

当初，堤义明的父亲最担心的就是堤义明年轻气盛，忍受不了平凡的业绩，不顾现实条件而一味扩大规模。所以，在临终的时候，他郑重地对堤义明说：

千万要记住，在我死后的十年里，你一定要按照我的嘱咐去做：一定要忍，只能守住我留下的产业。即使你有一个绝对有把握的计划也不要去做。守十年，忍十年，坚持住，然后，你想怎么做就按照你的想法去做吧！

所有听到这句话的人都惊讶无比。十年，整整一个年代，社会在十年里可以发生翻天覆地的变化，一个人在十年中也可以成就一番伟业。十年里可以涌现出多少次机会啊！也许十年过后，这些机会再也不会出现，这个世界又是另一番天地了。让一个年轻人在整整十年里只在原地徘徊，这是多么令人不可思议的事啊！

可是，父亲的这句话只有堤义明听懂了，也只有堤义明才能听懂。

堤义明继承父业的时候只有 29 岁，还是一个刚刚踏足商界的毛头小伙子，这么年轻就成为庞大的西武企业群的最高领导者，使整个日本特别是企业界，纷纷把目光投向了这位年轻的接班人身上。

西武集团在堤康次郎去世前几年扩张迅速，到了 1964 年，西武旗下的产业已经有这么多了：

1956 年堤康次郎创建西武商店

1956 年底组建太子酒店股份有限公司

1957 年组建国土计划公司

1957 年底建成万座温泉滑雪场、伊吹山滑雪场

1958 年建成轻井泽滑雪场

1958 年底西武铁路公司成立

1959 年狭山、中里滑雪场开始营业，并开设高尔夫球场，建立池袋地下停车场

1961 年大矶、晴山、箱根园高尔夫球场动工，苗场国际滑雪场营业

1962 年品川滑冰场开始营业，函馆山滑雪场营业，八幡山索道开通

1964 年久逑郊外高尔夫俱乐部开始营业

1964 年夏天东京太子酒店开始营业

堤康次郎去世前的几年间，西武集团几乎每年都要上几个新项目，每个项目的规模、投资都非常庞大。经过几年的迅速发展，西武已经成为日本商业的一面大旗了，这面大旗的每一次哪怕是轻微的摆动，都会牵动无数人的心，影响着无数人的生活。所以，西武集团以后所走的每一步都要小心谨慎，都要步步为营。

就在这个时候一个初出茅庐的小伙子成为最高领导人，那么，他最应该做的已经不是如何去发展企业，而应该是怎样去巩固现有的产业了。

所以，在堤康次郎去世之前，给堤义明留下遗命，要求他无为而治。

所谓“无为”，只是要求堤义明在人力上的无所作为，但已经运行许多年而且日臻完善的西武的制度必须运行不违，这才是堤康次郎的真义。

深谙中国古典文化的堤义明自然明白这个道理，他在很小的时候就知道中国这个古老的故事：

传说中，中国古代最圣明的皇帝是尧和舜，所以“尧舜之世”被中国人当成太平盛世的代称。尧舜之世的社会情况到底是怎样呢？据说，有一次尧帝出外巡视，遇见一个老叟，一边耕田一边唱着歌：

“太阳出来就下田耕种，太阳下山就回家休息。自己挖井汲水喝，自己耕种来食用。天高皇帝远，哪里管得到我头上？”尧帝听见了这首歌，心里非常欢喜。因为他了解到自己的政治措施已经收到实际效果了。尧帝认为当政的人应该“无为而治”，换句话说，就是帝王要无所作为，放任百姓依着自然生态之道，过着幸福康乐的生活。只要天下安康，盗贼和作奸犯科的事自然会

平息，所以帝王虽是无为，但实际上却收到“无不为”的效果。

这个老叟能无忧无虑地专心耕种，安享自己的生活，实际上是因为政治清明，在上的人没有横加暴敛的缘故。可是这位老叟并没有意识到这点，反而说：“皇帝哪里管得到我头上？”像这样的政绩不是至高无上的成就吗？

堤康次郎曾经教导堤义明说：“无为”不是叫领导者完全撒手不去做任何事情，它有两个先决条件。一是制度的运行和个人礼义修养要到达某一个层次；二是百姓的衣食住行必须充裕供应。唯有天下一家的制度能自然运行，同时使个人礼义修养达到很高的水准，放任才不会变成放纵。同时百姓日常所需都有了充分供应，人们才不会被生活所逼，而做出互相残杀的事。

这种道理，堤康次郎知道，堤义明也知道，但是其他人却没有想到。

堤康次郎去世后，堤义明虽然成为西武的最高领导人，但是，由于堤清二一直都是西武百货公司的负责人，所以，在西武百货公司里，真正的实权人物还是堤清二。

这时的堤清二感到应该到了有所作为的时候了。一方面，堤义明继承了家业，让他这个做长兄的心里很不服气，他急于想证明自己不比堤义明差；另一方面，堤康次郎在世的时候，他一直没有实权，常常感到被压抑着，才华无法施展。现在，他觉得已经到了他大显身手的时候了。

1966 年的新年钟声刚一敲响，堤清二便紧锣密鼓地筹备起他的一个大动作——在伊东开设一间较有规模的西武百货分店。

堤清二雄心勃勃，不知困难为何物，视对手如虚无。他气势如虹地对家人说：“前面开的店，都规模太小，不足以称分店。这次要开设一间有规模的分店，这才真正是西武百货的第一间分店呢！”

堤义明听着他颇有些夸夸其谈的口气，忽然生出一种直觉上的不安。以他的处事观点来看，怀有这种心态的人常有不虞之灾。他忧心忡忡地说：“哥哥，还是要小心谨慎，不可冒险。”

堤清二倒是一百个放心的样子。他把堤义明那种敏感当成了他的胆小怕事，他摆摆手制止道：“弟弟你就放心吧。这么多年来我一直都负责这块市场，有经验，我准能行。”

新年一过，堤清二马上开始具体的准备工作。

虽然伊东距东京很远，但那里的居民也大都知道西武百货的名字。

堤清二因为这几年在生意上比较顺利，而且依仗着西武百货公司的实力和名号，所以很乐观。在这种乐观的估计中，成功就恍若一碟小菜，看你何时愿意去端而已。

日本人都非常推崇忧患意识。连不识字的老百姓都知道居安思危，要“饱带干粮热带衣”，“常将有时思无时”。

然而，一直理智地约束着自己的堤清二，却被一系列的胜利冲昏了头脑，轻率、自大的情绪占了上风，沉浸在乐观之中。

计划一开始便碰了钉子。

伊东市原有十字屋和长屋两家百货公司。这两家先有的商店都信誉颇佳，是名牌商场。伊东的市民，早已形成根深蒂固的观念，认为“买衣购物，必上两屋”。他们的思维定势是在伊东，没有第三家百货公司可以胜得过十字屋和长屋。

西武在没有舆论宣传、前期准备工作明显不足的情况下，挺进伊东，何来天时、地利与人和？

伊东市的西武百货公司分店，虽规模颇大，但开业以来，顾客一直冷冷清清，营业额达不到理想的程度，更谈不上与十字屋、长屋这两家规模小于西武百货公司的老店抗衡了。

现实的情景，如一盆冷水兜头泼在堤清二的头上，然而，由于这家分店的规模太大，前期投入过多，他现在就像泥牛入海，怎么也拔不出来了。

堤清二思量再三，得出了结论，痛悔不已：“忽略了人家的信用和知名度。过失，实在是大大的过失！”

展翅初翔的堤清二，遭此现实的打击，倍觉苦楚。

堤清二的部下也感慨万千地说：当初在没有充分准备的情况下就开如此大的分店真是失策了啊！

漏屋偏逢连阴雨。在伊东受挫后，堤清二还没有走出困境，恰恰又遇上了1968年的日本经济危机。在这场经济危机中，有不少知名的企业都以破产而告终。

此时的堤清二在经济上就面临着巨大的危机，如果没有援助，西武百货公司就要面临着破产的命运了。

一向心高气傲的堤清二不得不低声下气地向一直支持着西武集团的第一

商业银行总经理本田请求援助：这次经营不善我应该负全部责任，希望贵行能够出手解救我于困境之中。

第一商业银行的经理本田说：如果您破产了我们也很棘手。可是，如果没有担保我们是不能动用大笔资金援助您的。

堤清二说：那您看应该怎么办呢？

山本说：不如让你的弟弟堤义明来处理如何？

而堤清二的这次经济困窘是不想让堤义明知道的。

但是，由于银行方面的坚持，堤清二不得不答应了下来。

第二天，堤清二走投无路，不得已才走进了坐落在原宿的西武国土计划公司总社。

堤清二走进堤义明的办公室，向弟弟深深鞠了一躬，然后说：希望你能帮我一下。

堤义明连忙扶起哥哥说：我会尽力帮忙的，你的事就是我们西武家的事。

堤义明知道了事情的来龙去脉之后就开始行动了。

堤义明每天到西武百货公司里仔细巡察，发现有可以改进的地方，便记在随身带的笔记本上。能立即改进的便告知店员马上实施，如需商量研讨的，便带回家，晚上再与哥哥堤清二及其他助手反复切磋。

他还派人到十字屋、长屋两家信誉好的老店暗访，寻查他们的长处与短处，处心积虑地改进和改善，以期更出类拔萃。

经过充分的调查研究和思考，堤义明已选准了突破口，他决计还是从商业经营中最关键与最敏感的货物售价与种类入手。

组织最优质的货源，维持微利的低廉售价，打出“全市最低价”的招牌。

堤义明让助手进行了一项“市场商品需求情况”的调查，根据需要的情况排名次、定销量，拾遗补缺，人无我有，人有我优，组织适销对路的货品种类。

这一招，果然厉害！物美价廉与特色经营立马吸引了不少顾客，营业额直往上窜。

首战初捷，堤义明当然不肯就此止步，他十分清醒地知道现实的严峻，收支的赤字还没有根本的扭转，只有继续挖潜改造。

堤义明又想到了依靠店员们。

他召开店员茶话会。让他们在轻松的气氛中边吃边谈，同时指定专人进行记录，在店员的畅所欲言中寻找合理的意见、建议，作为下一步改进的目标。

茶话会后，伊东市西武百货公司分店的服务态度更佳，店员的精神面貌也焕然一新。

堤义明还从店员们的发言中筛选有益的意见。他觉得“改进店面气氛”这方面可以有所作为。

堤义明还有更进一步的设想，他打算更强调西武百货公司的品位，在洁净、优雅之中，增强特有的风格，给它赋予自己的特色。

改进后的西武百货店堂，果然更具特色，比起一般仅以洁净、明亮取胜的超市来，它独具品味，更显出了讲究购物氛围的特长，顾客中的新面孔明显增多了。

经过一系列艰苦、细致的努力，伊东市的分店终于走出了泥泞和险滩。

第三年年初，西武百货公司分店终于摆脱了长期赤字，走上了有利润的轨道。

堤清二长吁了一口气，他对堤义明深深地鞠了一躬，打心眼里钦佩起这个同父异母的弟弟来。

事后，堤义明说：“哥哥在自己的经验和实力还没有成熟的时候，盲目进行投资，这种危险是难免的，这个也就是父亲当初为什么一定要忍十年的原因。哥哥没有参透父亲的意思，所以才惹出了这样的麻烦。”

五、中庸之道

堤义明深受中国哲学的熏陶，他做事一直遵循一条原则：即，以诚、以宽、以礼待人；不偏听偏信，也不搞折中和放弃原则，而要以社会的利益为重，高瞻远瞩地、全面地观察和处理问题。

这就是中国所说的中庸之道。

堤康次郎从小就教育堤义明，在任何时候都不要张扬，做出判断时不要偏听偏信，要全面观察问题，做出最好的决定。

20世纪40年代末至50年代初，各种主义和思潮在日本的知识文化界翻卷、泛滥，各自拥有自己的信徒。大学校园历来是文化观念的敏感之地，是培植各类思想流派的优良土壤。校园的夜晚和周末，礼堂和大教室里总是挤满了热衷于各种学说的青年学子。

堤义明的很多同学都参加了激进组织，但是，他却从来不会在那样的场合露面。

他的大学同学、日本著名剧作家仓本聪、矢野诚一谈起堤义明，结论都是一样，他们说："学生时代的堤义明，是个貌不出众的沉默青年。"

但是，在堤义明平凡普通的外表下，却隐藏着一颗冷静的头脑，他时时刻刻关注环境的变化，不盲从，不激动，不会为了一个不能够实现的目标而冒险。

堤义明之所以这样，是因为他读懂了中庸之道的真谛是："不为拘泥，不为偏激，寻求适度、适当"；中庸之道"不是模棱两可，而是真理之道，中正之道"。

正像他所理解的：中者，无过无不及之名也；庸，平常也。就是要不偏不倚，无过无不及，控制好合适的程度。

在堤义明刚刚接管西武的时候，一次，他和几个朋友一起打高尔夫球，一个在某公司当中层干部的大学同学跟他说："有一家公司希望我去担任社长的职位，你认为如何呢?"

堤义明说："我不是很赞成，因为你在现在的位置上做得很好，以你的性格来看是适应这个位置的。坦白地说，做社长需要的能力你现在还没有具备。"

这个大学同学听了很不高兴。旁边的其他人一听，却说："你要当社长吗？太好了！社长的地位高啊，你可以得到更多的利益。"

于是，堤义明的那个大学同学就听从了其他人的意见，毅然赴任。

可是，经过一两年之后，事情愈来愈不对劲，同行的业绩不断上升，他的公司却到了非缩小营业规模不可的地步。追究责任时，他终于被迫辞职，遭到了完全失败的命运。仅仅两年时光，他便断送了社长的职位。

这个朋友现在才想起堤义明当初说的话，非常后悔当初为什么没有听他的。所以，就来找堤义明请教。

堤义明分析说："你之所以落得如此下场，是因为缺乏当社长的适应能力。假如你继续在原来的公司担任中层干部，会比当社长幸福多了。可是，当时你却认为自己可以胜任社长的工作，而其他的朋友也出于友情，不假思索地赞成你赶快上任。你本人及朋友都没有仔细考虑适应性的问题，所以造成了这种后果。”

社长具有独特的权责，在社会上具有较高的地位，收入也相当可观，可是自己要先考虑是否能胜任那种职责。假如他认为目前的工作非常适合自己，并且能抱着浓厚的兴趣拼命地工作，那必定不会遭致失败的命运。所以认识自己是相当重要的。

这就是中国所说的：‘尽人事而知天命’，任何人做一份工作，都会先想到薪资或待遇问题，但堤义明觉得此时更应该先仔细考虑最适合自己的是什么。还有毕业后选择工作单位时，进入大公司，不见得就幸运，这要因人而定。有的人在大公司很称职，有的人在中小企业反而会有更好的发挥，获得珍贵的经验，变成一个成熟的人。

该来的自然会来，不该来的，无论如何强求，恐怕也还是迟迟不肯到来。馒头蒸熟了，不妨放在旁边晾着，等等再动手，否则就“着急吃不了热馒头”。吃馒头是小事，等一会儿即可；一个人要想做成大事呢？堤义明说：他就要学会等待时机，等待天命。

现在，这个朋友才突然醒悟，现在的堤义明为什么拥有如此大的产业却按兵不动，原来，他在等待时机，等待天命！

想到这一点，这个朋友不由得对这个在大学期间学习和为人看起来都很一般的同学刮目相看了。

还有一次，一位客户非常苦恼地对堤义明说：“我们公司虽然各位都在努力工作，可是今年的前途却非常黯淡，我觉得这是很重要的问题。大前年赚钱了，前年赚到了，去年也赚钱了，如果今年还能赚钱，那就太好了！可是今年的经营却不是很理想，这真让我头疼呀！”

堤义明一听，笑着安慰他说：这个世界哪有那么一帆风顺的事呀。你赚了三年以后，第四年是不是还会赚呢？

“事实往往是相反，大家应该有赚了三年就退回一年的思想准备才好。如果有了这种心理准备，现在就不用惊慌了，就算退还一年的，还会剩下二年的。

“就像尺蠖虫，就是前进二寸又退回一寸，这是很值得学习的。赚了三年以后，第四年还想赚，那时尺蠖虫的身体完全伸直，以致无法后退，这也就是它要面临死亡的时候。

“死亡好，还是退回一年的继续生存好？当然是忍受眼下损失比较好。紧接着就是第二年再赚，下一年还要赚，现在就要有这种想法。”

堤义明认为，有了这种想法，就不会苦恼，也不会慌张。因为不慌张，所以能轻松地处理事物，说不定在第四年还会有赚钱的机会。不过，那仍是困难的。现在还是要以退回一年的，以尺蠖虫那种智慧做事才对。

为此，堤义明还举了一个水坝的例子来说明问题。

水坝是用来调节水源和提供动力的，其功能的核心就在于“蓄”“贮”。人们修筑水坝，目的主要是蓄水，一方面拦洪，一方面提供水源，后来，又发挥发电等提供能源的作用。

但是，水坝贮蓄是为了释放，收是为了放，也可以说是以退为进。如果第四年赚不到钱，那么，我们就应该利用这个机会，好好调整公司，为了更好的盈利而做准备。

公司的经营也是一样。公司的各部门能像水坝一样，即使外界环境有所变化，也能维持稳定和发展。设备、资金、人员、库存、技术、企划、新产品的开发等，都应该有“水坝”，这样就可以保持宽裕的运营弹性。

堤义明说：在公司的运营中，有很多这样的例子。

首先，公司设备的使用是这个道理。设备的使用不要达到100%，就是说，即使设备只运用到80%或90%，也应该是正常获利的。而如果设备到了100%的营运才能赢利，那是相当危险的。其一是疲劳，容易发生故障而不能运行；二是一旦市场需求增加，也无能为力。如果尚有10%或20%的设备能力剩余，一旦产品市场反应良好，即可提高产量，满足市场。

其次，在资金方面。经营10亿资金的事业，需要11亿至12亿资金的准备。如果不留余地，万一有新的情况发生，要增加资金，却无能为力，其结果不仅不能发展企业，而且连那10亿资金也发挥不了作用。

再次，在库存方面。产品要保持适量的库存，以应生产停滞或产量减少之急，也可以对市场需求的激增做出及时反应。

而且，我们在心理方面也要有这样的准备，也就是说，我们要有“忧患意识”“心理承受能力”等。

生意场上瞬息万变，风云难测，有此水坝，才能处变不惊，应付自如。

这就好比相扑比赛，最好是与自己级别相同的对手比赛；如果与高出级别许多的那一级比赛，即使怎样拼命，也只能以失败告终。

因此，任何一个公司，最好能认清自己的综合实力，做与此相符的工作。超过实力多元经营，结局往往是不好的。

堤义明说，明白了这个道理，企业员工也积极遵从以后，接下来的就是如何正确评断综合实力。

堤义明认为，公司首脑阵容的实力，是第一重要的项目，其他诸如设备、资金、员工等各个方面的综合力量，必须要在一个强有力的领导层统率之下才能发挥作用。综合实力，不是单一项目的实力所能代表的，比如，不是说一个公司的资金够雄厚，就是有综合实力了；综合实力也不是单一项目的简单相加，如果各个项目的实力配置不好，也不能发挥效力。

而且，堤义明特别强调了首脑阵容，因为这些企业的灵魂人物，对于企业的经营起着巨大的作用，他们的能力、精力如何，对企业经营的配置是大有关系的。适应性经营，就是要考虑到这个首脑阵容的力量，以此来决定经营的规模。

堤义明最后总结道：在这些方面我们都要保持一个适当的度，既不能过，也不能不及，这样才能够更好地经营公司。

六、围魏救赵

20世纪60年代末70年代初，正是日本零售业的兼并重组风起云涌的时期，日本国内的大百货公司，如松坂屋、田中屋、长崎屋等，先后到各地争夺市场。

而由堤清二领导的西武百货公司也加入到这次大型的并购浪潮之中。

1972年12月上旬的一天早晨，静冈县马依马特百货公司的社长开着丰田车，碾着薄薄的积雪，赶到东京的堤清二家，说有非常重要的事情求见。

堤清二在最近的几年不断扩大西武百货公司的规模，到处并购即将倒闭的百货公司，所以，当马依马特即将崩溃时，社长首先想到的就是西武这个大百货公司。

马依马特的社长来到堤清二家，神色严峻地说出马依马特已全线崩溃，无人愿意援手拯救。请求西武百货公司出手援救。

马依马特百货商场坐落在静冈县内，处于东京到大阪的国铁线上，加工业发达，再加上静冈县环境优美，人口众多，所以成为商家必争之地。

从60年代中期起，由于很多大百货公司进驻静冈县，静冈县内的商家惶惶不安，坐到一起寻求生存之策。与其让外来大商家来本市抢地盘、截客源，不如联合起来，合资建一座大型商场，使外来大公司不再独占“大而全”的优势。

于是，静冈县几十家大小商店共同出资建设了本市最大规模的购物中心——马依马特商场，于1969年开业。

但生意还未走上正轨，几十家股东因缺乏一致的经营思想，没有统一有效的管理，产生了内讧。有的认为权益分配不均，有的对执行董事的经营大为不满，有的互相猜疑。一部分股东要求退股，说：与其这般让大家捆在一起束手待毙，还不如分开来各自寻找出路。

这样一来，阵脚大乱。每次开董事会议和股东大会，都吵得乱乱哄哄。结果，一个个股东都不愿意合作下去，表示放弃。由于管理混乱，商场的货品门类、货品的摆设、货品的定价以及服务质量，都令顾客大失所望。

马依马特每况愈下，到1972年，马依马特的营业性亏损已接近6000万日元。

没有办法，马依马特的社长出面恳求本县各行业商会及主要的公司举行会议，一同设法挽救马依马特，但马依马特的累积债务已超过4亿日元。鉴于这种情况，会议决定邀请大型百货公司，如三越、高岛屋等，与银行界一同联手，挽救马依马特。

接下来就是组织大型公司的执行董事和银行家，到静冈县考察研究。

岂料，他们了解马依马特的实际困难后，都大摇其头，表示没有兴趣。

最后，马依马特的社长只好到东京来邀请热衷于收购企业的西武百货公司。

马依马特的社长抱怨道：“很多大公司都不愿意收购马依马特，他们关心的是自己是否有能力挽救马依马特，能否牟取厚利。最后他们放弃了，说明他们没有这个本事。西武百货公司可以说是全日本百货公司的领头羊，是一定有这个能力的。我恳求社长您出于正义、出于情理、出于同情，向我们伸出援手，如果西武再不出面的话，马依马特肯定是完啦！”说完，马依马特的社长向堤清二深深地鞠了一躬。

堤清二沉吟起来，他知道马依马特千疮百孔，挽救它不容易。

但由于当时堤清二建功心切，并且近来西武百货的实力也越来越大，正如马依马特社长所说，西武在全国也可以说是最成功的百货公司了，如果西武再不出面，可能就没有谁有能力援救他们了！

这样一想，堤清二就咬咬牙，答应了下来。

后来，堤义明知道了这件事，心里很担心，因为他知道，这个烂摊子是不好收拾的。但是，既然大哥已经答应了，也就只能尽力而为了。

可是，没想到，就是因为堤清二感情用事，对重大商业决定，未进行周密的调查研究就匆匆决断，结果，他的这个行动差点把西武拖下了深渊。

过了几天，西武的代表来静冈县考察，流露出浓厚的兴趣，于是就和马依马特正式签署协议，以8.7亿日元收购了马依马特购物中心。

与此同时，出于日后扩大商场的需要，西武百货公司把马依马特旁边的土地也买了下来。两项加起来，一共投资20亿日元。

由于这笔巨款数目太大，西武百货一时没有这么多的周转资金，所以，只能向银行借了20亿。

堤清二计算过，要如期偿还本息，马依马特的年营业额，就不能少于40亿日元。到现在为止，西武百货公司的大多数分店的年营业额达都能达到40亿日元。

马依马特购物中心正式改名为西武购物中心。

一切都按照西武的惯例进行，堤清二开始大张旗鼓地宣传：“西武将以笑颜和新貌，欢迎原属马依马特的顾客！”

转眼一年过去，年终结算，这家西武商场的年营业额满打满算，只有30亿日元，比预计的年营业额少10亿日元。

一时间，堤清二直冒冷汗，如此下去，静冈县这家西武分店将无法偿还贷款。

但是，堤清二商界的朋友说，有这个营业额十分了不起了，已比原先马依马特的年营业额翻了一番。他们说，贷款20亿日元，大部分是用于购买购物中心旁边的土地，若光以收购商场的钱计算，提前偿债绰绰有余。

然而，事实却不是这样，土地是用于购物中心日后的发展；既然这块土地未派上用途，成本就得由购物中心来承担。

后来，堤清二更是深深地懊悔，他既懊悔接下了马依马特这个烂摊子，更恨自己过于冒失买下土地。

到了1973年11月，突然爆发了世界性石油危机，这次危机造成日本整个经济衰退。为抑制通货膨胀，遏制社会总需求，官方利率从4.25%提高到9%，银行紧缩贷款。而银行不肯兑现诺言支持西武在地皮上再兴建物业；

而现在地价猛挫，如果抛出，就要蚀掉一大笔钱。

西武百货在静冈县商场的赤字，只有由整个西武百货公司来承担。

百货业本来就是薄利行业，再加上由于石油危机带来的零售业萧条，现在任凭怎样想办法，几乎无利润可言。

当时，有不少企业停业或倒闭，而西武百货公司也面临着危机。

堤清二必须履行如期偿还银行债务的协议，但西武最近几年先后开设了10间连锁分店，对外举债达80亿日元之巨。总公司已被这笔巨大的债务压得喘不过气来。

此时的堤清二也是回天乏力了。

没有办法，堤清二只能再次找到堤义明，请求他来帮助西武解决危机。

堤义明在接管西武之后，一直谨遵父亲遗命，没有增加任何不动产，耐心地守着堤家偌大的产业，而没有像这个同父异母的哥哥那样大肆扩张。

堤义明虽然平时对哥哥的做法不很满意，但是，在堤清二遇到困难求上门来的时候，他是不能不帮的。

但是，堤义明又不想直接从西武集团拿出一笔钱来资助西武百货，他想最好的办法是以店养店。怎么办呢？

有一天，堤义明驱车经过东京郊外时，突然发现在郊区有许多废弃的保龄球馆。

20世纪70年代初期，日本的经济全面兴旺，人们预言，高消费时代已经来到。保龄球原来只在美军基地及其附近的娱乐场、城市的高级酒店里才有，生意特别之好。这时就有商人开设针对本国人的保龄球馆，生意也非常火爆。富裕起来的日本人趋之若鹜，视为高尚和时髦的活动。

在刚刚兴起保龄球这项运动时，西武集团也拥有好多处球馆，后来，堤义明看到保龄球馆如雨后春笋般在各地建造起来，意识到保龄球馆的热潮即将过去。于是，堤义明便在获得高额利润后，趁其他商家纷纷向球馆投资的时候鸣金收兵了。

当时的这个决定，让西武上上下下都万分费解，但是，不久保龄球馆的黄昏就来临了。

保龄球馆终于出现了供大于求，加上石油危机的打击，全国有近万家保龄球馆倒闭。这些建筑普遍面积大，因为主要做有车族的生意，外面设有大型停车场。

看到这些保龄球馆，堤义明灵机一动，一个好主意就这样产生了，为了援救西武百货，这一次，堤义明要上演一出围魏救赵的好戏了。

堤义明在回家的路上，边开车边琢磨：把倒闭的保龄球馆接过来，业主会折价卖盘的。然后，再把他们改成中小型的郊外超级市场，它的停车场可以弥补市区超级市场缺乏足够的停车场地的缺陷。堤义明估算一下，大约每间保龄球馆 2 亿日元就可拿下，这比起在东京市内的投资比，便宜得令人惊讶。

说干就干。堤义明马上拿出私有资金，在一个名叫据野的郊外，买下一间破产了的保龄球馆，改成据野西武百货公司分店后，生意果然不错。

堤义明大量收购保龄球馆的消息一传出，一时间，东京附近的市镇有 30 多间破产的保龄球商或物业主人上门，要求卖盘或合作经营。

堤义明从中选择了 15 家保龄球馆作为西武超级市场。这 15 间分店先后开张，本钱少，生意好，盈利喜人。

堤义明这一招可谓“一石三鸟”。一是以小店的利润来缓解马依马特大店的财务危机；二是使得西武百货公司的实力大大增强，区域连锁化的网络更加紧密；三是拯救了一批破产的保龄球商和物业商。

保龄球馆改造的经验，为解救马依马特提供了实例。

堤义明马上意识到，停车场对超级市场兴旺至关重要。

于是，在 1978 年，堤义明又作出惊人之举，把西武百货公司静冈县店旁边原计划扩大商场面积的地皮，全部改成水泥地面的永久性停车场。这一项举措，竟使顾客数增加了一倍。

顾客数增加一倍后，营业额的增加远远超过了一倍，因为开车来的顾客，往往一次性购买许多货品，远比邻近步行来的顾客购物量大。

静冈县西武购物中心很快走上正轨，由亏损状态顺利地走向了盈利。

七、牛排哲学

西武是以西武百货公司为起点发家的，所以，在流通领域积累了很多经验，外界曾经一度把“流通大王”的美誉加在堤义明身上。

堤义明对流通领域的技巧是非常注重的。他总是想办法使员工在这方面学习更多的知识。其中有一项活动类似于进修班的性质，即每个月西武集团都会组织一次学习或培训，聘请有经验的营销专家或业绩突出的老员工来讲课，通过这种方式实现经验的传递。

百忙之中的堤义明也很关注这种训练的，他总是会不定期地抽时间来参加。

有一次，堤义明在对职工的培训中，提出了一个非常著名的理论：牛排哲学。

堤义明通过在流通销售领域的多年实践，提出了“不卖牛排，而卖牛排哲学”（简称“牛排哲学”）的思想。

堤义明认为所谓“牛排哲学”，并不是指烹调牛排的特殊秘诀，而是指牛排之所以能让食客们趋之若鹜的玄妙之处。

君不见那火辣辣的牛排一上桌，那嘶嘶作响的油爆声，着实让人恨不得立即大吃一顿。其实至于那牛排是否真的美不可言，反倒成了其次的了。我们只要细心观察，就会发现各类商品其实均有深得人心的“哲学”。

堤义明认为，只要细心观察，就会发现在生活中有很多商品都蕴含着这种有趣的哲学。

堤义明为了更清楚地表达这个理论，还举了身边的几个例子。

他说：香槟以夺瓶而出的泡沫取胜，咸菜以皱巴巴的外表为上品，咖啡则要求香郁迷人，奶酪却是越臭越好，而保险业是以赚取顾客的安全感为出发点的。甚至连市场上的肉贩，也会用“这块肉做牛排保证好吃”来作为说服顾客购买的实用广告词。

“牛排”与“牛排哲学”之间其实有着深刻的内在辩证关系，如同古人阴阳学说的有形与无形。有形的商品不过是消费者无形需求的载体，而无形的需求才是消费者自身真正想满足的欲望。因此，要想成为顶级的营销高手，必须明白商品营销其实不是出卖有形的实物，而是出卖无形的满足消费者意欲的深层次需求。

为了进一步让员工们明白“牛排”与“牛排哲学”之间的内在辩证关系，堤义明以吸尘器为例。

他说：一般来说，吸尘器有以下几个功能：

1. 自动显示垃圾已满的红灯装置；
2. 自动显示除尘已毕；
3. 清洁刷自动调节装置；
4. 自动手卷电源线装置；
5. 把手易拿，好控制；
6. 旋转刷清洁效果好；
7. 吸力特强；
8. 超大型容尘量；
9. 特殊吸口设计；
10. 操作简便。

以上十点是家电厂商促销吸尘器的宣传重点。

当然，价格和品质是不可忽视的重要因素。

不过，真正刺激顾客购买与否的关键，仍然是使用方便、清洁力强等条件。因此，吸尘器营销人员，必须有以下四点认识：

1. 不卖品牌，卖的是经久耐用；
2. 不卖构造，卖的是使用方便；
3. 不卖机器，卖的是省时省力；
4. 不卖吸力，卖的是洁净健康。

因此，“耐用方便，省时省力，洁净健康”，正可以说是吸尘器的哲学。

至于设计和构造等基本条件，不过是次要问题罢了。

堤义明说：明晰“牛排”与“牛排哲学”之间的内在辩证关系，对于把握一般商品营销的关键环节、采取正确的营销策略有重大的意义。

因为西武集团在国土计划部的员工比较多，所以，堤义明就以房子为例子，详细地说明牛排哲学的妙用。

他说：对于像房子这样的耐用消费品销售是否有指导作用呢？

房子作为耐用消费品，尽管有特质性、不可移动、价格昂贵等特点，但它和一般流通领域中的消费品仍有许多共同点，它们都是消费品，都能为消费者提供服务，都能满足消费者的需求，只不过房子提供的服务时间很长而已。因此，从这一点上看，“牛排哲学”的道理依然适用于像房子这样的耐用消费品的营销。

房子一般来说有以下两个功能：

一是可以提供一种房屋服务，满足消费者的居住需要；

二是由于房子的耐用性，房子无可置疑地被视为一种资产，既然是一种资产，购买房子不一定是消费，它可以是一种投资，有投资价值，可以对抗通货膨胀，有房以后可以分享社会进步的成果。因此房子成了普通人储存财富的主要形式，是一种重要的投资工具。

既然房子有满足消费者居住的功能和投资的功能，那么消费者在买房问题上到底是怎么想的？什么功能是消费者最需要的？虽然价格和品质是不可忽视的重要因素，但刺激顾客购买房子意愿的到底是什么？

堤义明说，作为一个营销人员，一定要像这样分析一下产品，才能更好地了解产品的性能，更好地把握营销中的每一个环节。

堤义明接着说：以我这么多年来自身的深刻体验来说，我认为刺激顾客购买房子欲望的关键，主要是通行便捷、生活方便、升值潜力、居住舒适、自然健康、人文优越六大方面。

根据“牛排哲学”的原理，这六大方面正是“卖房子的哲学”。

你想想看，从消费者的角度看，买房子就如同找女朋友，除了感情等其他因素外，大部分男人实际最看重的是这个女人能否“上得厅堂，下得厨房”，这就是“找女朋友的哲学”。

说到这里，很多员工悄悄地笑了起来，他们都为老板的幽默、和蔼可亲而感到高兴。

堤义明并不理会员工的笑声，接着说：如果一个女人有了“上得厅堂，下得厨房”的美誉，那么这个女人就会为众多男人所追求。同理，如果我们掌握了“房子销售的哲学”，我们在产品策划时就能够考虑消费者对房子的深层次消费意愿，我们就能够把握卖房子的“魂”和关键点，我们就能够采取正确的营销策略和手段，避免不着边际的稀奇古怪的广告，我们的房子就能够占领市场，就能够真正打动天下买房人之心，就能够真正实现“货如轮转”式的快速销售。

当今市场上取得成功的房地产公司无一不是深谙“卖房子的哲学”之道。

有的公司造的房子清新秀美，隽永耐看，具有一股浓浓的“女人味”，人见人爱，但本质上他们不是在卖房子，卖的是新兴的白领阶层所向往的一种“小资”情调，一种小白领们孜孜以求的“小资梦”。很多公司的成功之处就是，他们把握住了现代生活的脉搏，好多房产公司卖的不是房子，而是信息时代的一种新兴的生活方式。

同样奥林匹克花园在全国各地的成功不在于其清新亮丽，小巧玲珑的房子，而在于它卖的是年轻人对居家运动、自然健康、活力时尚的追求。

因此，我要求西武集团售楼人员在卖楼时必须弄懂“卖房子的哲学”，必须弄懂卖房子的“魂”。

为此，我们必须深刻认识下几点：

1. 不卖品牌，卖的是质优耐用，安全放心；

2. 不卖位置，卖的是出行便捷、人文优越和升值潜力；

3. 不卖户型，卖的是功能合理；

4. 不卖配套，卖的是生活方便；

5. 不卖环境，卖的是自然健康；

6. 不卖物管，卖的是居住舒适。

堤义明说：目前，日本的房地产公司竞争非常激烈，但同时也有很多机会，我们就是要做到在激烈的竞争中把握每一个机会，因此，我认为弄懂“牛排哲学”的道理，掌握“卖房子哲学”的真谛，对于我们西武房地产销售人员把握客户深层次的消费意欲和精神诉求，谋划准确的产品定位，采取正确的营销策略，控制营销的关键环节，形成独特的销售技巧和高超的营销手法，对于在激烈的竞争中完成销售任务具有重大而现实的意义。

堤义明强调说：其实，说到底“牛排哲学”最核心的东西还是知道如何抓住顾客的心。在这方面还要注意对待顾客的服务态度。

很多时候，吸引顾客的可能不是具体的商品，而是一种服务。所以，在对顾客的时候一定要耐心周到。

比如拿电器商店来说，不论是去顾客家送货或修理，事情办妥后，不要扭头就走，最好再顺便看看他家的电器用品是否有小毛病，同时做一点简单的服务，这样必然会培养顾客对你的信赖感。到客户家安装空调时，在安装过程中，一定要表现出亲切、仔细的态度。同时，问问客户，是否有认识的朋友要买空调，如果他对你有好感，觉得值得信赖，就会把生意介绍给你。

堤义明还说：现在市场很开放，商品种类繁多，卖同样东西的商店到处都是，要使顾客上门，非得有一些特点不可。

而商店的特征，好比每个人的特点。商店没有特色，就变得毫无品味。陈列的商品虽然相同，但若服务不同，则会使商品显得不同，这就是发挥商店特性的作用。

商店的特色，当然要配合顾客的需要。至于如何去发挥，则要个别考虑。除了要注意地域性和开店条件，还要考虑该地区的生活水准、文化水平等。

如果是在工薪阶层居住的地段，最好在礼拜天或假日，也能照常营业。必要时，还可将商店的营业时间延长。

但有时候，难免受到空间、人力、技能、资金等现实因素的限制，因此，应该先从可能事项着手，一步步去发挥特色。例如，把重点放在自己比较熟悉、较有竞争性的商品，由较内行的经理，亲自介绍上门的顾客，也是一种很好的办法。

其实，特色并不限于商品。其他如良好的服务、舒适的店面、诚恳的员工等，只要发挥其中一两项特点，就足以吸引顾客上门了。

堤义明还有一个著名的观点就是：卖东西就像嫁女儿。

他对这句话的解释是：产品卖出去，经销者是不是注意到能主动地替顾客效劳呢？

打个比方说：女孩子到了结婚年龄时，父母就得把女儿嫁出去。眼看着从小就费尽心血养育的可爱女儿，已经成年而将开始自立，在他们的内心，必有不愿女儿离开的失落感、有缘得到新姻亲的喜悦，以及但愿她永远幸福之类的感触交错着。

在女儿出嫁之后，父母都会随时关心她婚后的生活是否美满。他们担心：是否对方的家人都喜欢她？是否精神饱满地做事？这大概就是一般父母的心态。

对买卖来说也是一样。每天所经手的商品，就像自己多年来费尽心血养育的女儿。顾客购置商品，就等于娶个自己的女儿，因此商店与顾客之间，就有了姻亲。

如果能这样想，那么自然就会关心顾客的需要，会重视商品是否合顾客的心意。如此必然会对出售的商品质量关心，例如会想到："顾客使用后是否觉得满意?""到底有没有发生故障?"甚至"我既然到了这附近，干脆就去听听他们的意见吧。"这种心情跟嫁了女儿还依依不舍的心情是一样的。如果每天都能抱着这种态度做买卖，就能跟顾客建立起超买卖关系的相互信赖感。一旦到了这种程度，必然会受到顾客的欢迎，从而使生意日益兴隆。

堤义明对听课员工们说：希望大家能重新思考，反省自己，平时做买卖时，有没有抱着把商品当做自己的女儿，而把顾客视同姻亲的观念。主动地询问顾客的想法和需要，是赢得信赖、取得意见的好方法。

在任何时代，从事商业活动必须要注重服务。尤其是新的同类产品陆续出现，应该更重视服务。

一般来说，生意兴隆的商店在销售上用尽心思，在服务上也给予更多的关心。而在产品不足或发生故障时所做的服务，更是重要。例如，天气开始炎热而需用电扇时，不妨问问顾客："去年出品的电扇有没有什么毛病?"或"我们的商品是否令您满意?"

这种完全属于问候性质的服务，虽然不可能马上就有什么结果，但对于需要的人来说，听起来会比什么都高兴，且会觉得这家公司值得信赖。从这一点来说，便可以考验出一个商人的荣誉与责任心。但如果只是抱着不负责任的态度，那是很难有服务的热诚。

老板不仅本身需要有这种强烈的负责意识，而且需要随时向职员强调其重要性。这里不但是指拥有许多店员的商店，哪怕即使只有一位职员的商店，也应该强调并要求实行。这样一来，就不怕顾客不光临。因为有这种观念的商店，会全心全意地为顾客着想。不但在交货时会亲切说明使用的方法，也会热心地为顾客保养，以防止发生故障。这样不但会减少顾客的怨言，商品也会更受欢迎。

堤义明掌管西武这几年来，一直就想把西武打造成一种品牌，一种不管是在服务、设施、信誉、还是员工在公司的忠诚度上，都要成为最一流的品牌。

堤义明希望经营的最高境界就是：不管哪里的人，不管说到公司的哪个方面，只要一提起西武，就没有人不竖大拇指的。

但同时，堤义明也知道：培育一个自己品牌的粉丝，比开发一个新项目还要困难。

要想打造出一个知名品牌，最重要的是要抓住顾客的心，促使堤义明产生这个想法是缘于和大山的一次对话。

数年前，堤义明曾经和将棋（类似中国象棋）高手大山名人畅谈过。

大山是日本的名人，年纪很轻时就荣获第十五代的名人。数年来，以炉火纯青的棋艺，拥有许多头衔，独占日本将棋界鳌头。

堤义明第一次和他见面时，就很怀疑这位先生比赛时怎么会有那么激昂的气魄，因为他看起来是那么瘦小，那么随和，完全没有对弈时的那种威严。但是，当堤义明在跟他多次畅谈之后，对他善于比赛的原因逐渐有所了解，那就是他有一颗正直之心。

大山名人是一位能充分发挥实力的人，好像有一种超越胜负的悠然气度，也就是对胜负已有觉悟似的。局面有利时不松懈，形势不利时也不急躁，始终以坦然的心情判断应对。这可能就是大山名人胜利的秘诀。

那天，堤义明和大山名人正在聊天，大山名人突然对堤义明说：

“堤义明先生，赠送你‘将棋二段’的资格吧。”

堤义明刚听到时不太懂这句话的意思。可是听完他种种说明以后，最后决定接受那二段的段位。

大山名人说：“将棋二段”这个资格不是所有人都能有的，只有那些真正懂得将棋的人才有资格获得这个称号。”

堤义明一听连忙说：“那不行呀，我只在孩童时期跟朋友下了几次而已。这30年来，我就没有拿过一颗棋子，竟然赠我二段……”

“不，这并不是要正式赠送你二段段位，而是‘名誉二段’，当然有真本事是再好不过，但只要符合下列三个条件，就是没有实力也是可以赠送的。”大山名人说。

堤义明就更加奇怪了：“那三个条件是?”

大山名人说：“第一，要懂得走棋。第二，要有将棋盘。第三，要有接受段位的意志。只要齐备这三个条件就可以赠送名誉段位给你。”

于是堤义明就说：“那我就恭敬不如从命了。”

可是，堤义明又产生了一个疑问：为什么要制定这种“名誉段位”的制度呢?

大山名人笑着说：“通过这种办法，可以使将棋更为普及啊。如果是职业棋士，不论实力多高，必须在正式比赛中得到足够的胜利局数才能取得段位。可是业余的棋手，只是把将棋当做趣味的玩赏、决胜，所以不能、也没有必要严格审查。何况授予名誉段位时就更不用说了。因此把段位赠送给像堤义明先生您这种对将棋稍有兴趣的实业人，借以普及将棋，制造将棋迷，就是将棋联盟的想法吧。

“说来也奇怪，像堤义明先生您这样已经很久没有下过将棋的人，一旦成为名誉二段，就会产生举办一次将棋会的念头。在这些人的带动下，了解将棋的人就越来越多了啊。”

堤义明一听，觉得非常有道理，他不由得沿着这个思路想了下去：无论是做生意或者做什么，抓住顾客是非常重要的。

像将棋联盟想出来的“名誉段位”授予法，一边授给人欣喜，一边又能达到目的。可见考虑到彼此利益时，可能就会产生出爱好者来。

堤义明不觉产生了一种新的奇想：何不把西武制造成一个品牌呢?

堤义明从这件事不由得想到：一个企业就生存在一个关系圈中，这个关系圈有企业和员工之间、企业和顾客之间、企业和社会之间，他们是彼此交叉的。如果能在这几种关系相互作用的时候，使双方都得到好处，处于同一个利益共同体之中，那么，西武这个品牌也就树立成功了。

多少年来，堤义明一直按照这个思路不断发展西武，后来，他听到了这样一个故事：

一位日本小伙子，大学毕业后进入西武集团公司服务，对公司的环境和各项制度非常满意，在西武他结交了很多新朋友，他觉得西武就是一个大家庭，在这个家庭里充满了温暖。而且，他的工作也做得很顺利，他对公司非常满意，便向他父亲和朋友们说："我的公司真的很好，很有前途，所以我每天都会全心全意地工作，请您放心。"他父亲和朋友们听了当然也很高兴，就对他们的朋友说："我儿子服务的公司，一定是一家很好的公司，所以我儿子每天在那儿工作得很有劲。"

"是哪家公司呢?"听到的人一定会这样问，并且连带地想到："以后就买那家公司的产品吧。"

同样，如果一个西武的顾客在接受西武服务的时候，对他们非常满意，那么，他们在和自己的朋友和家人聊天的时候，就会说：西武那个公司真不错，以后还要到那里去。

可能，在听到这句话的人们当中也有接受过西武的服务的，这时候就会说：是呀，我也知道，那里可以说是最棒的。

就这样一传世十传百，人们就会对西武的评价越来越高，西武就会在大家心里占据牢不可破的位置。

20世纪60年代中期起，由于超级市场引发零售业经营观念、管理方式的巨大嬗变，零售业进入了一个全面改革的时代。激烈的市场竞争，促使百货超市零售业出现大分化、大改组、大兼并、大联合。有的欲称霸全国，有的欲在地方上称雄。走全国路线风头最劲，最后大获成功的，以伊藤洋华堂、大荣、西武等为代表。而在这次大混战当中，西武与大荣短兵相接，打了一次硬仗，最后两家都以赢家的身份鳌居日本零售业市场榜首。

1956年，在堤义明主持下，西武百货公司与东京兴业合并。1963年，西武百货公司分公司——西武的社址在东京都丰岛区，势力范围在以东京为中心的关东地区，60年代中期向全国扩张。

70年代的两次收购行动，使得西武的实力大增，成为日本零售业中的佼佼者。1973年兼并了较大型的马依马特公司，1974年又兼并了8家关联公司。

而堤义明的对手大荣的发展却并不如西武那么顺利。

大荣公司的中内功是日本零售业最杰出的俊才之一。早在1957年，日本的零售商还不知超级市场为何物时，中内功就在他的第一间家庭小店"主妇之店大荣"，推出"自选"的经营方式。

中内功处事低调，是个经商鬼才，他无论在重大决策，还是店堂经营某个细微处，都几乎未出现过失误。

中内功的货架排列、货品摆设、入货、定价、出售等，都有独到之处。外人学得了中内功的皮毛，但学不到他的精明善变。

大荣不像三越、伊藤洋华堂、西武、高岛屋等历史悠久、资金雄厚、信誉卓越，大荣是中内功兄弟白手起家创立。大荣的超级市场归本通常要比别的商家短一年多，快快盈利，有利于积累资金，也有利于获得银行的信用贷款。

中内功还有一招，他知道，大型的超级市场建立后，会带旺旁边的房地产价格。中内功在计划开设分店之初，在财团和银行的支持下，尽可能买下旁边的地皮或物业。等地价房价上涨后，或高价抛出，或高价出租。因此，在某些分店的开设中，中内功靠地产物业的进项，等于开店未花一分钱。

人们相信中内功做地产商也会十分成功，但他专注于超级市场。

大荣的势力范围最初在以神户、大阪为中心的关西地区。20 世纪 60 年代开始，稳扎稳打，逐步朝外扩展。到 1969 年，大荣在全国拥有 40 间分店，这个数目虽然不能与西武相比，但已经远远超过其他的零售商店了。正是从这年起，中内功实施他的正式进军东京的“长虹战”。他以东京为中心，以相隔 30 ~ 50 公里半径的大东京区为设店范围，使大荣分店如彩虹一样环绕东京市。

他的第一号超级市场建在东京郊外的原町田，地上五层，地下一层，总建筑面积 3600 坪（一坪约折 3. 3 平方米），另设大型停车场。

中内功以他的实绩获得商业界的巨大声誉。凭心而论，中内功的韬略与手腕外均不在堤义明之下，堤义明虽不逊于中内功，但要想取胜也非易事。

20 世纪 60 年代的残酷竞争，使得合并成为时代潮流。

这种合并有别于前面提到的西武的扩张性的兼并行为。合并建立在各方自愿的基础上，目的主要是增强实力、抵御大公司的入侵。如 NICHll 集团和 UNY 集团都是地理上接近的县市地方中小商店，联合起来成为集团公司，统一店名，共同对付打进集团公司势力范围的外来大公司。

这种联合集团，最后成大气候的要数日井集团。1963 年 11 月，大阪地区的鸠屋自选商场公司、冈本商店、大和小林商店、埃尔皮斯公司等 4 家商号合并成立“日井株式会社”。1969 年日井株式会社合并 6 家企业，1972 年合并 8 家，次年又合并 1 家，1976 年竟合并了 10 家，1986 年又有 8 家加盟。合并后的企业，都有各自的权益，各分公司之间是平行的关系。1993 年日井集团在日本零售业中排第 7 位，如不是走合并的路子，他们中的许多商店，或许早已成为强敌的美餐。

佳思客集团又属另一种合并路子。佳思客的前身是 1926 年在东京成立的冈田屋和服店，资本金 25 万日元，在当时是一笔雄厚的资本。1962 年 2 月建立佳思客株式会社，是一间实力较强的百货公司，同年开设超级市场。佳思客在 1970 年也走上合并之路，与福塔基、冈田屋连锁店、川村等合并。由于佳思客资产最大，品牌最响，合并后的集团仍叫“佳思客株式会社”。但被合并的原商号并未丧失，仍可以分公司的名义出现，如“佳思客之福塔基”。到 1970 年代末，与佳思客合并的企业有 16 家之多。佳思客集团的架构比较复杂，有垂直关系，也有横向关系。佳思客得益于合并，跻身日本五大超级市场集团之列。

1964 年，东京举办奥运会。为迎接奥运会的召开，日本掀起前所未有的投资热。奥运会圣火熄灭后，东京空置了大批物业，全国商品房过剩。日本陷入经济复苏后的第一次经济低迷。

经济萧条加剧了超级市场引发的商业界竞争，大部分商家的竞争手段似乎只有降价再降价。大公司虽然资本雄厚，但也是在打持久战；中小公司就更是捉襟见肘、窘态百出。

在这场激烈的竞争中，东京商业界最有实力的两个对手是西武和大荣，两家的竞争愈演愈烈，最后发展成激烈的恶性竞争，原来价值 10 元的东西，甚至削减到 8 元出售。

这样竞争的结果，不但使大家得不到正当的利润，甚至卖得愈多，赔得愈多。于是，当时很多人都认为这样的恶性竞争应该停止了。

在这种情况下，谁的资金雄厚，谁就能够成为最后的胜利者。从总体来说，西武的实力要比大荣强的多，所以，堤义明在这场竞争中无疑会是最后的赢家。

也许商场上的战争，使人容易钻牛角尖，许多厂商虽然已经一再地赔钱，却仍在持续着这样的恶性竞争。因此，市场上一片意气用事、争攘不休的状况，又持续了将近一年。

不过，这种恶性竞争是无法永远持续下去的，因为厂商能承受的亏损毕竟有限。这次的削价，实在是一种浪费，使得大家都损失惨重。渐渐地，大荣显出了实力不支的势态，如果再拖下去，可能就会元气大伤。

这时候，突然有消息传来，大荣公司背后的银行实施财政紧缩政策，准备停止向大荣贷款，这样一来，大荣的流动资金就大大减少，可以用来与西武抗衡的资金也就更少了。

此时的大荣面临着一场财政危机，处境岌岌可危。这时候，西武集团的一些高层领导都纷纷提议要把这场竞争进行到底，因为只要再拖几个月，大荣势必惨败，这样就会出现西武独霸市场的局面。

但是，堤义明听完这个提议后，沉思了片刻，立即否定了这个提议，并且，宣布与大荣的削价竞争到此结束。

堤义明的这个决定一宣布，西武上下一片哗然。大家都说：社长是不是疯了，明明马上就要大获全胜了，为什么要主动撤退呢？

堤义明面对大家的一致反对仍然不改变主意，最后他对全公司发表了一次演讲，在这次演讲时，他是这样说的：

在这次与大荣的竞争中，我也和大家一样，非常想取胜，但是，我希望我能够正当地取胜。

大荣的社长中内功是一个很出色的人，他的成功大家都有目共睹，我十分佩服他的才能，他能够白手起家把大荣发展成如此大的规模，已经说明他的过人之处了。

的确，大荣是我们西武的一个强劲对手，现在，中内功遇到了财政上的危机，的确是个打败他的好机会，但是，我不想趁火打劫，我希望能和他通过公平的角逐取胜。

最后，堤义明还给大家讲了这样一个故事：

日本战国时代，上山千信和武田信玄是死对头，他们在川岛会战之后，又打了好几次激烈的战争。有一天，一向供应食盐给信玄的今川氏和北条氏两个部落，都和信玄发生了冲突，因此中止了食盐的供应。而信玄的属地申州和信州又都是离海很远的内陆，不生产食盐，因此使这两州的人都陷入了无盐的困境。

千信听到这个消息后，马上写信给信玄说："现在今川氏和北条氏都中止了对你食盐的供应，使你陷入困境，我不愿趁火打劫，因为那是武将最卑鄙的做法。我还是希望在战场上和你分个胜败，所以食盐的问题，我来帮你解决。"而千信也果然遵守诺言，派人运了大批的食盐到申州和信州，替信玄解决了问题。所以信玄以及两州的人民都很感激千信。

堤义明说：千信是当时最骠悍善战的武将。但在另一方面他又非常重义气。从这个故事中我们可以看出，千信实在是一位具有深厚同情心的人。也正因他的武功高强，为人光明磊落，重义气而富有同情心，所以很受后人的敬仰。

以人之常情来说，会因敌人陷入困境而幸灾乐祸；也会认为，可利用这种难得的机会打败敌人。可是千信并不这么想，虽然他和信玄是死对头，不断交战，但目的只是在争个高低，而不是要陷百姓于绝境。所以千信认为，虽然两国正在战争，但面对敌人因为没有食盐而陷入困境时，绝不能落井下石，趁火打劫。理应先设法拯救，至于争夺胜负，那是战场上的事，千信有这种气度，正是他伟大的地方。

堤义明接着说：虽说商场如战场，但是，我认为商人首先应该是一个人，做人就要做一个有气度的伟大的人，行事光明磊落，这样他才会在商场中立于不败之地。

听完堤义明的这番话，大家都佩服起他的为人来。后来，中功内知道了这件事，还亲自登门向堤义明道谢，最后，他们化敌为友，共同成为零售业的大亨。

这场价格战持续到最后，只剩下一小部分实力雄厚的商场了，最后大家都认为，应该将价格调整到一个合理的数字。

所以，各公司、工厂的负责人都聚在一起，商量是否恢复原来的价格。

当时，堤义明是以西武百货公司负责人的身份出席的。

谈论的结果，大家一致决议：不正当竞争已经持续太久了，应尽快恢复原来的价格，最后决定，就是当天开始施行。堤义明也照着这项约定去做，但是，实际上和堤义明想象的并不一样。过了一个多月，堤义明去参加一个经销商会议，这时，有人说：

"堤义明先生，你做得实在是不像话。"

“为什么呢?”

“上次你不是提高货物的价格吗？这虽然是大家商量过的，但是只有你一家，当天就涨价……”

“那是因为过去价格太乱了，所以决定即日起恢复正常的价格，我是依约定这样做的。”

“但是其他商场，却都依照原价一个月来优待客户。我的货品是向你购买的，你当天就涨价了，实在是很可恶。”

堤义明吓了一跳。这是怎么一回事，他自己也搞不清楚，但是也不能一直保持沉默，于是堤义明说：

“对于你们的指责，我认为，以各位和我之间的交易关系来看，说我当天就涨价很过分，我接受。但是，我请各位想一想：那次会议是男子汉与男子汉之间的约定。我到现在才知道，原来其他的厂家都没有执行。如果各位要信赖那些不遵守约定的厂商，那我也没有办法，你们干脆就去向他们买好了。我认为这是男子汉间正当的约定，为的是纠正错误的恶性竞争，所以我认真地去遵守。如果各位认为这样不好，那我愿意向大家道歉；如果各位因此以后不再与我交易，那我也没有办法了。”

堤义明把心里的话，很直率地说了出来。这时，本来满腹牢骚的人，一个人都不再说话。

堤义明又问：“到底怎么样？难道是我错了？”

这时刚才责骂堤义明的人，开口说：“堤义明先生你没有错，你是了不起的，我们以后还是向你购买商品。”所以，这些经销商仍然向堤义明大量采购各种物品。结果，堤义明的信用反而增加。

大家都说，堤义明的作风是：一旦约定，就一定会认真去遵守，堤义明是可以信赖的。就这样，堤义明的信用度提高了，而且由于信用好，西武的生意做得比以前更顺利。

事后，堤义明总结道：无论什么时候，企业都在激烈竞争的漩涡中，为了不在竞争中落后，必须将对方经营者的想法、动向摸得一清二楚。

“遇到这种情形的时候，这个公司一定会采取这样的对策，那个经营者的想法一定是这样……”如能料事如神，才能够做到“我们公司应该用这个办法应付；他们那样我们就这样。”事先有心理准备，公司就有应变的措施。如果等对方采取行动才来研究对策，在这个变化多端、竞争激烈的时代，是注定要落伍的。要事事抢先一步，制敌于先机。

把企业的竞争当做真刀真枪的决斗也是必要的；决斗，只许赢，不许输，输了脑袋就没有了。这个要求，虽然苛刻了一点，但是要做一个成功的经营者，就必须往这个目标努力。同时，也要在激烈的竞争中找出乐趣，好象玩赌博的游戏，越紧张、越刺激，就越乐趣无穷。

但是，我的原则是正当地赢得竞争，这样，我不仅成为竞争中的赢家，同时也赢得了人心。

堤义明掌管西武几年来，就有人私下里评价他说：我们的社长有时候很专断，他往往不顾很多人的反对，一意孤行，这样让我们很不放心，一个领导不听取别人的意见怎么行呢？

大家有这样的评价并不是空穴来风，而是起源于这样一件事：

在堤义明刚刚主持西武大局不久，有一次他将董事会成员召集在一起开会。堤义明提出了一个重要方案，而董事们的看法并不统一，于是董事们便热烈地争论起来。

堤义明在仔细听取其他董事会成员的意见后，仍感到自己是正确的。在最后决策的时候，所有董事会成员一致反对堤义明的意见，但堤义明仍固执己见，他说：“虽然只有我一个人赞成，但我仍要宣布，这个方案通过了。”

表面上看，堤义明这种忽视多数人意见的做法似乎过于独断专行。其实，堤义明是在仔细地了解了大家的看法后，还是坚持认为自己的想法最有道理。

而其他六个人持反对意见，只是一种条件反射，有的人甚至是人云亦云，根本就没有认真考虑过这个方案。既然如此，自然应该力排众议，坚持己见。

因为，所谓讨论，无非就是从各种不同的意见中选择出一个最合理的。既然自己是对的，那还有什么犹豫的呢？

堤义明认为，在企业，经常会遇到这种情况：新的意见和想法一经提出，必定会有反对者。反对者有很多种，其中有对新意见不甚了解的人，也有为反对而反对的人。一片反对声中，领导者犹如鹤立鸡群，限于孤立之境。

这种时候，领导者不要害怕孤立。对于不了解的人，要怀着热忱，耐心地向他说明道理，使反对者变成赞成者。对于为反对而反对的人，任你怎么说，恐怕他们也不会接受，那么，就干脆不要寄希望于他们的赞同。

堤义明说：独断有很多种，有的是真的独断，不去听任何人的意见，有的听了别人的意见，虽然觉得有道理，但仍然不采取，这才是真正的独断。我这种做法虽然看起来像很独断的样子，但是，我每次都认真听取了别人的意见，而且认真地思考，但他们的意见都不可行，我必须按照正确的做法来做。所以，我只能给别人留下独断的印象了。重要的是你的提议和决策是对的，只要真理在握，就应坚决地贯彻下去。

而堤义明的一个朋友则与他相反，常常给人留下民主的印象，但实际上却错失了很多机会。

堤义明有一次和一位担任饮料公司董事长的朋友一起聊天，这位朋友在当地是个小有名气的企业家、他的那个饮料公司就是他一手创办的。

那天，堤义明的这位董事长朋友正坐在办公室生闷气。原来，上午在董事会上他再次提出上果汁生产项目，又被否决了。

堤义明和他聊起企业的管理问题的时候，他连连抱怨：现在的企业越来越难管了。他说："企业刚创立的时候，虽然规模小，员工文化素质也不高，但干什么都比较顺心，我指东，没有人往西。现在倒好，规模上去了，效益也翻了几番，又招进了大批高学历的人才，按说，工作应该更得心应手了，可实际上呢，我的话现在不灵了，常常有人唱反调。就说生产果汁这件事吧，你知道，一瓶果汁在酒店卖十几、二十元。我们这个地方有的是果子，要是上了果汁生产线，你想想那利润该是多么的可观！可几个副老总愣是不同意，说果汁眼下走俏，但从长远来看却……"

两年后，这位董事长朋友在东京又与堤义明见面了。

闲聊时，堤义明问他那个果汁加工项目后来是否上了，他长嘘一口气，说："嗨，别提这件事了，这件事让我头疼着呢！当初如果我坚持我的主意就好了！只可惜当初没上，如果上了的话，现在我们这个公司可就不是这个规模了。就在我们放弃了这个项目之后，我们的对手开发了这个项目，现在生意特别好，等到我们醒悟过来，再想重新开始这个项目的时候，市场已经都被他们占领了。"

堤义明的这位董事长朋友感慨地说，虽说企业里有人说"不"，并不见得是坏事，但是作为老板还是要有自己的主见！

堤义明对他的这位朋友说：一个成功的企业背后，都有一个能人。创业伊始，这些能人凭个人的胆识和敏锐的市场洞察力，为企业赢得了市场份额。但随着事业越做越大，公司体制日趋完善、经营环境发生了重大变化，新知识、新技术大量应用，竞争日趋激烈，经营风险也进一步加大。现实就逼迫企业向高层次转换，高层次的企业需要高层次的人才相匹配。企业若想要继续驰骋商场，靠单打独斗显然不行了。企业家首先要战胜自我、超越自我，从知识结构到经营理念进行全面更新。战胜自我的一个很重要的方面就是摒弃自我中心，察纳雅言，博采众长，但在该坚持原则的时候还是要坚持原则的。

堤义明说，在20年前，一个创业者是最强的，带着大家往前冲，20年后，他就应该站在后边运筹帷幄，看着大家往前冲。

作为老总，员工在你面前唯唯诺诺，并不一定就是好事。当有人向你说“不”时，你要看清楚“不”后面的意见是否正确。

在堤义明掌管西武的这么多年来，这种大家一起反对堤义明提出的方案的情况出现过很多次，比如在退出房地产市场的时候、出售保龄球馆的时候，但以后的形势变化总是证明堤义明当时的决断是对的，大家虽然在当时不理解堤义明为什么一意孤行，但是，事后他们都会发现他是对的。

堤义明说：我的决定都是在认真的考察和预测之后做出的，所以，对那些没有考察而只是按照自己的想法或大众的选择来判断的人来说，我的方法是不可行的，但是，如果他们像我一样做过调查之后，他们就会明白怎么做才更好。

而让他们明白我的判断无疑是很费时费力的，所以，我只能坚持我的做法了。他说：决断，是不能由多数人来作出的。多数人的意见是要听的；但做出决断的，只能是一个人。

第四章

商人哲学

一、防微杜渐

二、透明管理

三、西武工会

四、用人眼光

五、感恩奉献

六、隆礼重法

七、人性测试

八、入社仪式

一、防微杜渐

堤义明刚刚毕业，就到国土计划部担任会长。国土计划部的大多数同仁都很兴奋，因为大家都说这个社长的小儿子是一个非常厉害的人物，对管理公司很有一手，所以堤康次郎才把他派到这么重要的岗位上。

可是，日子一天天过去，堤义明却毫无作为，每天彬彬有礼地进办公室后，便躲在里面很少出门。那些紧张得要死的不负责任的员工，现在反而更猖獗了。大家都说，堤义明哪里是个能人，根本就是个老好人，比以前的主管更容易唬。

四个月过去后，堤义明却“发威”了，不负责任的员工一律开革，能者则获得提升。下手之快，断事之准，与四个月前表现保守的他，简直像换了一个人。

年终聚餐时，堤义明在酒后致辞：“也许大家对我这一年的举动感到不解，我给你们讲个故事吧。

我有位朋友，买了栋带着大院的房子，他一搬进去，就对院子全面整顿，杂草杂树一律清除，改种自己新买的花卉。某日，原先的房主回访，进门大吃一惊地问，那株名贵的牡丹哪里去了？我这位朋友才发现，他居然把牡丹当草给割了。后来他又买了一栋房子，虽然院子更是杂乱，他却是按兵不动，果然冬天以为是杂树的植物，春天里开了繁花；春天以为是野草的，夏天却是锦簇；半年都没有动静的小树，秋天居然长满红叶。直到暮秋，他才认清哪些是无用的植物而大力铲除，并使所有珍贵的草木得以保存。

说到这儿，堤义明举起杯来，“让我敬在座的每一位！如果这个办公室是个花园，你们就是其间的珍木，珍木不可能一年到头开花结果，只有经过长期的观察才认得出啊！”

堤义明深信“路遥知马力，日久见人心”，他说：一个员工的价值高低绝不能凭我们管理者一时的观察或是只看他的表面现象。要想真正了解一个人，需要长时间的、持续的观察。只有经过细致彻底的观察，才能正确评估出一个人的价值，并给他合适的工作。

管理者应该就像花匠一样，勤于给花草施肥浇水，如果它们茁壮成长，就会有一个美丽的花园，如果它们不成材，则把它们剪掉。

与这件事相反，堤义明在另一件事上的处理却完全不同。

有一段时间，堤义明发现公司里的一些员工因为在工作中表现突出，就产生了骄傲自满的情绪，工作不如以前勤奋了，一些老员工还凭借着自己的资格老，而时不时地指使新员工为他们做事。

这虽然是一些小事，原本大可不必放在心上，但是，堤义明深深懂得一个道理，那就是，很多的小问题如果不及时处理，日积月累就会积累成大的问题，那时候，再开始解决就要伤筋动骨了。

他的这个关于企业经营方面的启示，来源于小时候看过的一本书。

堤义明从小就读过很多中国古籍，在这些书中，扁鹊见齐桓公的故事给他的印象最深刻。

中国古代战国时期，齐国的大王曾经征战南北，打下了江山。

有一天，他觉得很不舒服，就派人把当时的名医扁鹊传来了。

扁鹊拜见齐桓公，为他检查了身体，然后，就站在一边等待答话。

齐桓公问：“我的病怎么样呀?”

扁鹊说：“君王，在您的皮肤表面有病，但如果不治，恐怕会深入体内。”

齐桓公说：“皮肤表面的病不要紧，我没有病。”

扁鹊无奈就出去了，齐桓公说：“医生就喜欢治没有病的人用来邀功。”

过了十天，扁鹊又拜见桓公说：“大王，您的病在肌肤里了，如果再不治恐怕会深入体内。”

齐桓公不理他。扁鹊出去了，桓公又因为扁鹊而不高兴。

过了十天，扁鹊又拜见桓公说：“您的病在肠胃里了，如果不治恐怕会深入。”

齐桓公还是不理他。扁鹊出去了，桓公又因为扁鹊而不高兴。

又过了十天，扁鹊望见桓公就回头避开。

桓公特地派人去问他回避的原因，扁鹊说："病在皮肤表面的时候，汤剂和熨敷就可以治疗它；在肌肤里的时候，用银针和石针就可以治疗它；在肠胃的时候，用火齐（汤药）就可以治疗它；在骨髓的时候，是掌管命的神所管辖的地方，就无可奈何了。现在齐桓公的病在骨髓了，所以我就不再请求拜见了。"

一晃又过了五天，桓公身体疼痛，派人去找扁鹊，扁鹊已经逃往秦国去了，齐桓公很快就死了。

父亲堤康次郎也时常对堤义明说，人们都有一个弱点，就是在工作中发现问题时，只要没有到不可救药的地步，往往就会对此视而不见，不采取解决措施。但是，你作为一个公司的领导，一定要记住这个故事，吸取齐桓公的教训，不能忽视工作中的任何小问题。

所以良医对病的治疗，它在皮肤表面就消除它，这个时候的争斗就是小规模的了。凡是事情的祸福，都有萌芽阶段，所以说："圣人是在早期就解决事情（的问题）的。"

人们之所以不去重视这些小问题，就是因为他们对问题的严重性以及解决的紧迫性还缺乏清醒的认识。因此，堤义明常常告诫自己，在平时一定不能不把小问题当成问题，一旦发现有不对的地方，要立刻纠正，以免铸成大错。

所以，当堤义明发现在员工当中滋生了骄傲自满的情绪时，他就一再提醒大家，希望他们保持清醒的头脑，同时勉励大家在各自的岗位上振作精神，谋求更大的进步。

但是，尽管堤义明在公司里反复提出这些忠告，可是，过了四个月，公司上下竟然一点反应也没有。

公司里这种集体的麻木不仁使得堤义明异常震惊。

如果说一个月的时间短促，公司内部对他的忠告来不及作出反应还可以原谅的话，可是，过了四个月还没有改观，那就是一个很大的问题了。

于是，堤义明非常生气，他决定向全体员工再一次强调他的观点。

堤义明面对全体职工，先是讲了扁鹊见齐桓公的故事，然后，表情严肃地说：

我认为，大家之所以对我的忠告无动于衷，是因为你们还没有看到齐桓公的危险。虽然，现在来说，一些员工的骄傲自满没有什么大的危害，可是任其发展下去，就会产生更多的问题。

首先，对于老员工来说，他们的这种态度，严重影响了新老员工之间的关系，使得新员工心里不满，这样久而久之新员工就会产生厌倦的情绪，这种消极的情绪一旦蔓延，那么整个公司的6000多名新员工就不愿意工作，从而导致厌倦公司。

其次，这样的情况会让新员工产生不平等的想法，合作中的双方一旦有一方心中有不满，就会严重影响工作效率。在这种情况之下，如果有摩擦，就会不断扩大，最后成为人际交往上的死结。

再次，老员工抱着倚老卖老的态度，在工作中就不能谦虚地学习，这样就不能不断进步。如果一个人不去学习任何新东西，就会停滞不前，这是多么可怕的事情呀！

除了这些弊端之外，还有很多我们没有想到的危害，如果我们不及时调整自己的心态，不早日发现潜在的危机，等到像齐桓公那样发现自己身体有病时才去找扁鹊，就已经太晚了。

堤义明还强调说：公司的每一个员工都要仔细查找经营中的隐患。一旦大家都能以这种姿态投入工作的话，公司的前景便很乐观了。

堤义明又说：我四个月前就提醒过大家，也许大家认为只不过是针对个别问题的老生常谈而已，其实不然。我所指的不是个别现象，目前公司上上下下都出现了类似的征兆，我认为这种情况必须改变。

现在着手对公司进行治疗还不算晚。如果这种情绪继续扩散，那么就无法挽救了。

就这样，在堤义明的督促下，公司的这种不良情绪得到了纠正。西武集团国土计划公司又回到了从前那种良好的氛围之中。

二、透明管理

在西武集团的产业里，有一个专门生产化工原料的西武化学公司，这个化学公司是当初由堤康次郎亲自指挥成立的，主要生产一些重要的工业原料，在当时的日本，这家化工厂的技术可以说是处于领先地位。

在堤义明接管西武之后，他对这个化工厂进行了一系列的改革，使其更加富有活力。

首先，因为西武集团的产业核心是以休闲观光、酒店等第三产业为主，而在经营工业方面的经验较少，在技术方面也没有专门的研究机构，所以这个化工厂的每一个新项目几乎都是从国外引进的最先进的技术。

有一次，这个化工厂新招了一批工人，在对这批工人进行入职培训时，车间主任竟然把一项新的技术和盘托给了刚刚来这里工作几天的新员工们。

这件事被西武化学公司的一位高层主管知道了，非常生气，立即找到车间主任，对他说：我命令你马上停止授课。难道你不知道，这项技术是我们从美国引进的么？为了这项技术，我们可是投资了一大笔钱呢！这属于我们公司的机密，怎么可以让所有的员工都知道呢？

车间主任被这突如其来的训斥吓了一跳，很长时间都没有反应过来。

“可是，可是……”

这位高层领导怒不可遏，大声训斥道：可是什么？你还有什么话要说！你知不知道，你这种行为是对西武公司的背叛？我命令你立即停止授课，你本人也要停职反省。

车间主任感到很委屈，但是，在西武有一个铁的规定，就是在任何情况下都不能顶撞领导，所以，他只能按照领导的吩咐去做了。

不久，这件事就被西武的最高决策者堤义明知道了，他亲自来到西武化学公司，找到这个高层领导谈话。

堤义明说：其实，把全部的技术都教给新工人是我的命令。

那位高层领导由于是从其他部门刚刚调过来的，所以对化学公司的情况还不是很了解，在这个工厂里，毫无保留地教给新工人一些世界前沿的技术，是由来已久的传统。

这位高层领导张了张嘴，半天没说出话来，他好像在怀疑自己是不是听错了，但是，堤义明分明是那么说的！

堤义明向他含笑解释说：

如果我们把这些秘密保留，只让少数的高层领导知道，我们就必须花更多的时间去向工人们解释，还要花很多时间去控制他们。而且，由于工人们不知道真实的配方，所以，他们只能按照领导的指示去做。而在这个化工厂里，高层领导所掌握的专业知识还不如这些在一线工作的工人们多，所以在传达的过程中就会出现误差。而那些经验丰富的工人，由于不知道整个配方，又必须听从领导的安排，一旦出现误差就不容易被发现了。

你想一想这样做是不是得不偿失呢？与其这样，我们不如把这些技术毫无保留地告诉每一个工人，让他们自己去掌握，我们就不需要更多地插手生产中的事情，可以把精力放到其他更重要的工作中去，这样就可以更经济，更能节约人力，提高工作效率。

"社长先生，您说的有道理，可是，我认为，把如此机密的技术教给那些才进西武几天的新人，这不就相当于把我们用重金买来的技术拱手让给别人了么？如果哪一个人向我们的竞争对手透漏了这些技术，那我们岂不是损失很大么？"

堤义明说："我认为，你的这个担心是没有必要的。你想想看，只要我们告诉新员工，这是我们公司赖以生存的机密，不能够向外界透漏，他们就不会说了吧！大家都知道我们西武的一贯作风，我们西武的员工从来都是把西武当成自己的家的，如果我们西武利益受到损害，那么员工的利益也会直接受损的。如果他们中的哪一个要想通过出卖这些技术而获得什么好处的话，付出的代价是很大的。首先，他出卖了公司的机密，他的信誉就消失了，在日本是没有哪一家公司愿意聘用这样的员工的，因为谁都不想被出卖。他就会因此而永久失业。所以，不管是从哪个角度去考虑，这样的事情都是不可能发生的。"

堤义明敢于把秘密公开，这是与他的经营管理方式和育人、用人的理念有关的。

他说：在一个公司里，最重要的是员工之间要互相信任，要想做到这一点，在员工之间就不能有什么隐瞒，同时，要让大家知道，我们的利益是连在一起的。一荣俱荣，一损俱损。这样，所有的人都有一个共同的目标，就可以一起努力，一起向前发展了。

所以，在西武集团，堤义明采用的是像玻璃一样透明的管理方法。

堤义明举了个例子说：如果一个工厂规模很小，小到只有五六个人的时候，那么，应该每月都和公司的会计作公开的结算，把结算的结果向大家公布。这种方法可以激发员工的进取热情。大家听到这种结果，都兴奋地认为，这个月如此，下个月应该更加努力。

但是，如果公司发展壮大了，这种玻璃式的管理就要有所变化了。

首先，要做到明确目标，公司的领导要向部下和员工公开目标，并详细地阐明目标，让每一个工人知道他们要干什么。这样就可以使群情振奋，志气高昂。公开目标是可以唤起员工的责任感和工作热情的。

其次，要公开经营实况，这个也是玻璃式经营法的重要内容。有些经营者总是把经营实况掩盖起来，不论好坏，都是如此，这样不好。

而如果把喜讯带给员工，请大家分享成功的欢乐，大家就会更加振奋，投入更多的精力和热情；当公司的经营状况坏的时候，也如实地把所有的一切都讲出来，依靠大家的力量共渡难关。

这样，大家就会把公司当成自己的家，认为公司的繁荣是和自己分不开的，从而增强他们的责任感。

那位高层管理者听到这些话，陷入了沉思之中。

堤义明看他似乎还有疑问，就进一步解释说：这种玻璃式经营法的目的何在?

其实，这是为了使员工能保持开朗的心情和喜悦的工作态度而采取的开放式的经营方式。我在实践中发现这样做确实比较理想。

开放的内容不只是财务，甚至技术、管理、经营方针和经营实况，都尽量让公司员工了解。

开放式经营法的另一重要作用，是唤起和加强员工的责任感，消除他们的依赖思想。

堤义明说："企业的经营者应该采取民主作风，不可以让部下存有依赖上司的心理而盲目服从。

每个人都应以自主的精神，在负责的前提下独立工作。

所以，企业家更有义务让公司职员了解经营上的所有实况。总之，我相信一个现代的经营者必须做到"宁可让每个人都知道，不可让任何人心存依赖"的认识，才能在同事之间激起一股蓬勃的朝气，推动整个业务的发展。

最后，那个高层管理者心悦诚服，向堤义明深深地鞠了一躬，说：感谢社长，又给我上了一课!

堤义明在接任父亲的工作不久，就大胆采取了一系列举措，来更好地发展公司。

其中一项就是，在西武的所有分公司——每一家商店、酒店、滑雪场、游乐园、地铁站等，凡是属于西武的产业，都要悬挂一个意见箱，这个意见箱有统一的规格，每一个意见箱上都有一行红色的小字：

“堤义明感谢您中肯的意见!”

这样，不论是西武的任何一个员工，还是任何一个接受西武服务的人，都可以把自己的想法写成一封信，投到意见箱里，直接反馈到堤义明那里。

堤义明就可以随时掌握公司内部员工的心理和其他的一些情况。

堤义明的这种做法很独特，在日本还没有一个公司的老板有过这样的创举。

对于堤义明的这个独特的意见箱，大家的看法也非常不同。

有些人认为：堤义明身为一个大集团的老板，还能想办法虚心听取员工的想法，这是一种虚怀若谷的心态，有中国儒家的风范。

而有些人则不这么认为，他们说：这个没有吃过苦的、运气好的家伙，从父亲那里继承了一大笔财产，肯定是想用这种方法来收买人心。

也有人说：身为一个大公司的总裁，竟然向小员工们请教经营的方法，这也太让人震惊了！这么说，我们的首相也应该向我们来请教治国的策略了?

但堤义明却根本不把外面的这些风言风语放在心上，他知道，别人是不可能理解他的做法的。

但凡做领导的一般都会认为，自己的部下比自己的经历浅，视野窄，知识少，见识短，因此，在经营管理中，他们只认为自己的决策才是最稳妥的，不会虚心听取别人的意见。

但是，堤义明认为：每一个人都有不同的天分，正如梅花、樱花、桃花各有不同的姿容、不同的香气一样；只有当这些花都发挥各自的特质，争奇斗艳的时候，大自然才显得更美、更丰润，更何况是人。有多少人，就有多少种不同的天分，若都能一一得以发挥，再互相融合起来，就能达到真正的和谐。

他的这种观点也来源于他的父亲堤康次郎。在堤义明很小的时候，堤康次郎就给他讲日本的很多传说：

其中一个就是“八百万神”的传说：

据说日本有很多的神，而这些神一旦碰到什么事情，就会聚集在一起讨论作决定。现存最古老的日本史书“古事记”上，就描写八百万神聚集在天安河的河原，以天照大神为中心，交换众议的情形。

这虽然只是一则神话，但已经充分反映了日本民族能集合众智，解决问题。

堤康次郎还举例说：在我们国家，集合众智以做决定是一种古老的传统思想，在很早的时候人们就把这个方法规定成一种必须遵守的规则。

日本著名的圣德太子的“十七条宪法”当中的最后一条，就明确记载了“不可独断大事，必众人讨论之”。

另外像明治天皇的“五条誓文”的第一条也说“要大兴会议，以公论决定万机”。

还有一个传说：日本在很久以前，在各地设有很多镇守地方的神社。当人们有事时，就到这里来谒见神，或者定期去祭拜。这些神社当中，大都以天照大神为首，并供奉各种神明和历代天皇。此外，也有供奉菅原道真的天满宫，及供奉上山千信的上山神社，还有供奉丰臣秀吉的丰国神社、二宫尊德的二宫神社、佐仓宗五郎的佐仓神社以及吉田松荫的松荫神社等。把对当代有特殊贡献的人以及爱国志士，当做神来祭拜的例子很多。不只是神社，祭祀各种佛或各行各业的祖师爷的佛寺，也不在少数。日本人民常藉着祭拜神佛，来提高自己的心性、端正自己的品性、丰富自己的情操，或者缅怀、感谢杰出先人的功德和遗迹，以作为自己的典范。

最后，堤康次郎说：我们日本民族之所以这么强大就是源于这种习惯，我们总喜欢本着自己的传统和民族性，来集合外来的智慧。很多事物是由海外引进来的。例如佛教、儒家思想和道德观，以及汉字、政治结构、社会制度、美术工艺、科技文明等，都是在两千五百年的历史过程中，陆续引进日本，藉以提高日本人民生活，并发展日本的文化。

这种习惯在不知不觉当中自然而然地演变成一个风俗，代代相传，成了我们大和民族的优良传统。

堤义明牢牢记住了父亲的教诲，然后身体力行地实践着这种观念。经过长时间的思考之后，他认为这样的方法是最好的。

堤义明认为，作为一个企业领导，要始终给人一种和蔼可亲、平易近人的印象，这样才能使部下毫无顾忌地说出自己的想法。

每次堤义明在给西武集团的高级领导开会的时候，都要强调：应该努力营造一种环境，使人们能够自由地发表见解，提出合理化建议，能做到这一点，我们西武就掌握了一笔不小的财富。这种财富是无形的，我们虽然不能具体计算出它的价值，但是，它会在我们没有发觉的时候发挥巨大的作用。

对于这些意见和建议，堤义明会命令有关部门分门别类地做出总结和归纳，然后送给他审读。对于那些可行的意见，他会在董事会上提出来，让大家讨论，通过后立即实施。凡是有被采纳的员工建议，提出者的名字会被记录在公司的光荣档案里，成为永久的纪念。

后来，堤义明的这种方法被很多公司所效仿，并流传到了国外。现在我们在哪里都可以看见这样的意见箱了。

来看一件很有意思很有人情味的事情。

在大多数企业，都有个不成文的规矩，即禁止内部员工恋爱。其实，这种做法是不合法，也不可取的。“棒打鸳鸯”只能导致军心涣散，让员工对组织感到寒心。获得如此“待遇”的员工即便留下，也会“身在曹营心在汉”！

但是，西武集团有一名叫田中的工程师，他为西武集团公司工作近 12 年了，对他来说，西武就是他的家，因为甚至连他美满的婚姻都是公司为他解决的。

原来，西武集团内设了一个专门为职员架设“鹊桥”的“婚姻介绍所”。对于这个问题，堤义明说：婚姻是一个人一生中最重要的大事，如果一个人的婚姻问题解决不了，那就会直接影响他生活的各个方面，甚至影响他的工作。我们西武集团设立鹊桥的目的，就是解决公司员工的婚恋问题，这样做还能起到稳定员工、增强企业凝聚力的作用。

西武集团“鹊桥”总部设在东京西武集团国土计划公司大厦八楼。田中刚进公司，便在同事的鼓动下，把学历、爱好、家庭背景、身高、体重等资料输入“鹊桥”电脑网络，在西武集团公司，当某名员工递上求偶申请书后，他们便有权调阅电脑档案，申请者往往利用休息日坐在沙发上慢慢地、仔细地翻阅这些档案，直到找到满意的对象为止，一旦他们被选中，联系人会将挑选方的一切资料寄给被选方，被选方如果同意见面，公司就安排双方约会，约会后双方都必须向联系人报告对对方的看法。

终于有一天，同在西武集团公司工作的富泽惠子从电脑上走下来，走进了田中的生活，他俩的第一次约会，是在离办公室不远的一家餐厅里共进午餐，这一顿饭吃了大约 4 个小时，不到一年，他们便结婚了，婚礼是由公司“月下老”操办的，而来宾大多数都是田中夫妇的同事。

西武集团有了家庭的温暖，员工自然就能一心一意扑在工作上，由于这个家是公司“玉成”的，员工对公司就不仅是感恩了，而是油然而生出一种“鱼水之情”。这样的管理成效是一般意义的奖金、晋升所无法比拟的。

堤义明还说：如果一个人能在公司中体味到如家庭般的气氛，他便会安心工作，士气在无形中自然也就提高了。

堤义明有一次和他的一个朋友聊天，谈到公司管理的时候，堤义明说：“采取了一系列的措施之后，奇怪的事情发生了！从前若对员工有什么要求，都会因为‘又要麻烦他们’而有所顾虑。可是现在在这种氛围中，就能毫不客气地要求大家合作，公司的面貌全然改观！”在堤义明的经营管理中，从来不轻易解雇员工，不因企业经营的困境裁员，虽说企业的负担暂时加重，但堤义明认为由此却能培养出热爱企业、和企业一体的员工，这种收获远远大过了那些小损失。

有一次，有一个记者去西武集团属下的一家工厂参观，见有一位工人在车间作业时，热得满头大汗，便问他：“为什么电风扇不朝人吹而朝着机械吹？”这位工人回答说：“机械要保持清洁，避免蒙上灰尘而弄坏，所以要朝机械吹。”

记者听完之后大为感叹，第二天他就在报纸上写到：从这一件小事上就可以看出，这位员工已经与公司心心相印、人企一体。

“公司就是你，你就是公司”，这可以说是西武公司经营哲学最成功、最动人之处。

每个人都想证明自己，尤其希望通过施展才干去证明自己。西武集团正是把握住员工的这个心理，把每个人的能动作用都提到“你就是公司”这样一个最高境界，这样，它的员工做出了超越其职责所需要的更多努力。

事实上，西武集团的每一个发展，每一步成长也正是凝聚了每一位员工的点滴汗水，才使得西武集团获得如此大的成功。也正是堤义明的透明管理方式，才让整个西武集团有如一个大家庭团结向前。

三、西武工会

劳资关系是很多企业家都很头疼的事情，因为这个问题处理不好，除了不时地会发生劳资纠纷外，还会发生一些示威游行，甚至是罢工。有很多西方的企业家说过，最害怕的事情有两件，一个是爆发经济危机，另一个就是发生劳资纠纷。

但是，西武集团在老板和工人之间从来没有发生过纠纷，他们一直以一种很和谐的关系相处着。

与西方的企业家正好相反，堤义明认为，工会一类劳工组织的存在是必要的，也是有价值的。劳资双方都是企业前进的车轮，要均衡、协力，车子才能平稳、快速前进。

劳资双方的对立，是古已有之的。在资本主义初期，这种对立导致了保护劳工利益的劳工组织，即工会的产生。这样，劳资的对立也就表现为经营者和工会的对立。这种对立时至今日都未能很好地解决，而且恶性的事件此起彼伏。由此，许多经营者都把工会视作“令人头痛的组织”。

但是，劳工组织当初有它存在的合理性，这是毋庸置疑的。即使现在，它的存在也是必要的。

可以说，有劳资关系，就必然有劳工组织相应存在。因此，问题的关键就不是希望这个“令人头痛的组织”消失，而是如何处理好双方关系。

西武集团也在20世纪40年代初成立了为数几万人，拥有几十个支部的西武集团工会。

虽然有很多企业的工会采取过破坏性行为，但是西武工会却是一个特例。因为西武集团公司的劳资关系从未失去相互的了解与协调，所以能一方面提高劳动条件，一方面为西武集团的发展合作无间。

这些都得益于堤义明对工会以及对劳资关系有一个清晰的看法。

首先，堤义明认为，对劳工组织和双方关系要有一个正确的认识。工会与公司有对立的一面，但从根本上来说是统一的，那就是企业发展、利润增加，使得劳工生活乃至全体国民的生活都有所提高。

具体来说，双方又是互相促进的。只有公司发展了，才能给劳工提供较高的工资和丰富的福利待遇、优美的工作环境；也只有给劳工提供了充分的生活保障等等，才能调动员工的热情和干劲，促进企业发展。

因此，无论哪一方面，首先应该采取合作协调方法，而不是对立的态度。堤义明说："公司和劳工组织的目标毕竟是一致的，只是重点的选择不同而已。即使存在对立，也要尽量向一致的方向互相协调，这样对双方才有利。因此，经营者不仅要认识到双方'和谐相对关系'的意义，也要诚心诚意地向员工说明，以建立良好的劳资关系。"

关于协调劳资关系，堤义明根据自己的经验，总结出了一条秘诀，那就是力量均衡。他认为任何一方过强，都可能产生强烈的优越感，行动上蛮横、专制。这样也就会引起对方的不满和对立，进而采取消极行为，最终伤害到双方的利益。对于劳资的力量均衡，堤义明有过形象的比喻：

"劳资双方就像车子的两轮一样，一边大而另一边小，车子就无法顺利向前行进，所以两边的轮子必须同样大小。当一方较强的时候，最好去帮助较弱的一方，使其成长。力量相当的劳资，彼此和谐地相处，可以培养出良好的劳资关系，公司得到发展，从业人员的福利也获得改善。"

堤义明提倡自由发言，鼓励毫不保留的建议，创造自由豁达的风气，以造就公司内部的和谐氛围，捕捉到有利于公司发展的建议、设想，达到事业的成功。

西武集团在制度上有很多创新都是由员工提出来，经过试验可行之后，才在公司上下运行的。堤义明为此还专门设立了"西武意见箱"，让每一个职工都能够把自己的想法直接反映到他那里来。堤义明还设立了"建议奖金制度"，如果哪个员工的建议在公司得到了实施，那么这个员工就可以得到一部分奖励。

堤义明在公司倡导自由的风气。堤义明以为，自由发言是其经营的秘诀之一。堤义明庆幸自己是一个自主的、坦诚直率的人，因此他也希望自己的员工同样有自主性，同样坦诚、直率，从而在公司形成一种自由豁达的风气。在堤义明的倡导下，西武集团形成了自主自由的传统。

西武集团的传统是包括许多方面的，首先是不唯命是从。当然，这是相对的，因为堤义明公司对自己员工必须遵守公司经营理念的要求，近乎苛刻。在这一点上，堤义明是丝毫也不让步的。但在此基础上，每一个员工都可以自由发挥自己的判断力作出反应，而不是采取消极的、但求无过的态度。堤义明说："员工不应该因为上级命令或希望大家如何做，就盲目附和，唯命是从。"他认为，下属或员工完全这样做了，就会使公司的经营失去弹性。

其次，堤义明允许员工当面发表不平和不满。如果有员工对自己的待遇不满意，他直截了当地对堤义明说："我已经在公司服务很久，自认为对公司有了足够的贡献，早已具备了做更好员工的资格。可直到现在，我也没有接到升级令。是不是我的努力还不够？如果真是如此，我倒愿意多接受一些指导。但其实，恐怕是公司忘了我的升级了吧？"

堤义明对此很重视，责成人事部门查处，原来还真是漏办了升级手续。接着，除了立即发布升级令外，堤义明明确表示，他很赞赏这种坦白的请求。堤义明鼓励大家把不满表达出来，而不是闷在心里，那样只能增加自己的内心痛苦，对公司也是不会有多少好处的。

再次，堤义明要求部属和员工如实坦白地报告外界对于公司的不满。尽管这些事情听起来是会让经营者伤心的，但堤义明还是如此要求。

据传，有一次一个员工被顾客狠狠骂了一顿，说西武的服务质量不好，员工如实地向堤义明报告了。接着，堤义明就亲自拜访了这位顾客，表示歉意。顾客因为一时的怒气而发了一通牢骚，不想引得社长亲自拜访，很不好意思。自此以后，堤义明公司与这家批发商的关系密切多了。

最后，堤义明主张在公司招聘的时候应该采取双向选择的原则，而不是强硬关系。

无论何种自由举措，全都是为了公司的发展，说到底也是为了员工和社会的福祉。堤义明说，公司既然是大家的共同体，就应该由大家来维护。只有毫不保留地建议，才能获得人和。而提案，充分的来自不同方面的提案，正是事业成功的途径。

堤义明认为，现代社会是个越来越多地要求民主而否定权威的社会，但同时也是一个客观上更需要权威的社会。经营者要充分利用权威的说服力、号召力，统一思想，统一行动，消除疑惧，突破难关。

正是因为如此，在其他公司工人闹罢工的时候，西武集团却从来没有闹过，在西武工作的老员工都知道，堤义明是一个很好的老板。所以，西武的工会对堤义明来说是一个很好的合作伙伴。

1969 年，堤义明在妙高建造的国际滑雪场正式开始营业。在这之前，西武集团在妙高招进了一批新的员工。

由于当时已经是深秋了，冬天的时候西武集团要在妙高滑雪场举行一次大型的国际比赛。时间紧迫，堤义明在新员工见面会上向他们宣布了公司的规章制度后，新员工们马上就投入了紧张的工作当中。

但谁也没想到，正是这些新工人的到来，却引发了西武集团的首次劳资纠纷。由此而产生的冲击波，如水面的涟漪，小圈套着大圈，层层扩展，其影响延及堤义明的后半生，触及堤义明的思想内核！

有一天，堤义明刚坐到他那个在国土计划部的办公室的椅子上，就发现在他的办公桌上，放了一封新职员给他的联名信，内容是：强烈要求改善劳动条件！强烈要求加薪！

与此同时，他们突然实施了一项罢工计划。

这个突如其来的行动，令堤义明及弟弟堤康弘极为震惊。他们知道这个事情一定要妥善解决。在西武还从来没有出现过这种情况呢，如果这个惯例打破了，有人开了先河，那么以后就不好办了。

堤义明在办公室里焦虑不安地踱着步，一筹莫展。

弟弟堤康弘及其他助手们都默默地坐了许久，还是想不出令人满意的解决办法。

面对这如此紧急的情况，作为一个公司的领导人所想到的就是如何能够平息风波而又不能耽误工作的进程呢？堤义明的头脑飞快地旋转着，他想如果满足这些工人的要求，那么就要拿出一大笔钱，这样大大提高了成本，而且一定会耽误工期，这样的办法行不通。但是，如果不答应这些新员工的要求，他们一定会继续罢工，双方就这样僵持下去，损失将会更大。如果辞掉这些员工再重新聘用新的员工呢？不好。一是因为这批员工已经工作一段时间，对工作已经熟悉了，如果再招聘新员工，让他们适应工作又需要时间。而且，新的员工就一定不会罢工么？不行，这是个治标不治本的办法。这些员工的行为已经造成了很大的影响，如果不想个办法解决，那么类似的情况就有可能重演。

这时候，有个助手试探地说：

“我们要不要召集资深职员商量一下解决办法?”

这句话一下子点醒了困境中的堤义明，他突然停下来，大手一挥说：

走，跟我到职工宿舍去！

当时已经是晚上9点钟了，在日本这个时间还不算晚。

堤义明没有召集全体员工共同商量，而是单独走访了几个一直跟随着西武的老员工。

堤义明拿出这些新员工的信读给老员工们听。

老职员听了联名信后，纷纷表态说：“他们刚来西武才多久？就要提高待遇。他们还没有为西武创造一点利润呢，他们有什么资格说提高待遇?”

“他们不为公司的长远利益着想，不愿努力工作，由他们去好了。他们的工作由我们分摊就是了！我们最多也就是下班之后再加几个小时的班，一定能够准时完成任务，不会耽误这次比赛的，请您放心好了！”

听完老员工们的话，堤义明非常感动。这场劳资风波算是摆平了。

堤义明并不知晓“走群众路线”这一说，但他却凭着直觉，充分依靠老职员，集思广益，于山穷水尽之处走出一条路来，这不能不归功于信任了，是信任开发出了老职工巨大的潜能！

事情至此，并没有完结。智者与凡人的区别在于：凡人只能见一知一，智者却能见微知著、一叶知秋！

堤义明善于思考，每个问题都要从多角度、多侧面反复衡量。罢工问题虽已顺利解决，但他并不因此而心存侥幸，麻痹大意。他反复思考事情的种种因素，从中悟出了对他一生都极富教益的思想：必须关心职工利益。

做生意，在为顾客着想的同时，不能忽略职工的应享利益。因为正是西武集团的所有职工，促成了西武的事业！

堤义明反复细读了新职工的要求书，每读一次，都有新的感受。后来，他设身处地从职工的角度出发，思考这一问题，渐渐豁然开朗：原来很反感的无理要求，现在看来，显得合乎情理，并不过分呀！

他把这一发现说给其他董事们听，又和他们反复讨论了这个问题。他的“换角度”思维也启发了其他董事们。最后，大家都赞同按照信中所提的要求，给全体职员提高了薪金待遇！

由此事得到启发，堤义明未雨绸缪，从长远的目标着眼，为将来事业的发展做更多的准备。

自此以后，关心职工利益始终是堤义明处理企业事务的一大原则，原先所忽略的职员内心感受，成为他的一条敏感神经！

后来，堤义明又在很多地方建造了大型的滑雪场，大量开发休闲产业，虽然他仅派一个管理人员去管理一个大型的滑雪场，但仍能管理得卓有成效。奥秘何在？堤义明不无骄傲地回答："因为他关心职工的利益，为职工着想，职工当然支持他了！"

堤义明还不满足于这项收获。在反复的思考后，他发现了一个饶有趣味的现象。

为什么老职员能与公司同甘共苦，而新职员却不能够如此？

仅仅是因为老职员忍耐性好，对公司有感情？

应该说这个说法有些道理。老职员与公司共过患难，了解公司的过去与未来，当然明白以公司为重的道理。新职员缺少这份经历，故而凡事免不了只从自己的角度去考虑问题。

"归根结底，还是职员教育抓得不够！"堤义明高兴地一拍大腿，恍然大悟！

此后，职工教育就成了西武集团的首要任务。堤义明将此内容衍生拓展成了极富个性的教义。

管理者不只是要指导员工工作，还要做教育训练，那么，作为老师的管理者，要有什么样的心态才行呢？

管理者必须做的"指导"与"教育训练"的内容如下：指导，要让每一个员工知道内部所有的方针、目标、计划，并使他们能够做到，而且要努力去做才行。

如果对某一部分，有"不知道""不会做"或"不想做"的情形时，光是分配工作是不够的，必须要充分教育他们，使他们了解，纠正他们的错误等，这就是"指导"。

教育训练对某些事，有"完全不知道""完全不会做"的情形时，应该事先充分地用基本知识、基本技能以及有关的知识教导他，这就是"教育训练"。

实际上，指导和教育训练并不一定要分开来讨论，只要在日常的工作上，能使员工的能力增强，就可以了。

为此，堤义明还起草了一份员工手册，具体内容如下：

1. 公司应该本着为全体职工的幸福生活着想的原则制定各项规章制度。

2. 公司应该在尽一切努力增加公司的收益的同时，增加职工的工资待遇。

3. 公司应该给职工充分的自由度，在安排工作时尽量考虑到充分发挥职工积极性。

4. 使公司成为职工的家，使职工成为公司的主人，让职工参与管理。

5. 公司应该保证职工安定的生活。

6. 职工在任何条件下都要以工作为导向，以完成任务作为第一目标。

7. 在公司领导与职工之间建立有效的沟通渠道。

8. 每年各部门负责人都到职工中间度过两个工作日，体验职工的生活。

9. 发挥团结一致的精神，公司上下同心协力为公司的发展贡献自己的力量。

10. 公司中的任何工作人员，如果能够提出一条建议，使公司的生产效率在原有的基础上有所提高，即使是很小的一点提高，公司也将给予高额奖金，并予以形式多样的表扬。

一次小小的风波虽然没有造成多大的影响，但是，却使堤义明再一次地意识到劳资关系的重要性，通过这次事件，他开始通过制度的完善关心员工，这样即使有时候自己很忙而有所疏忽，也不会再出现类似的事情了。

四、用人眼光

堤义明在长期的商场实战中总结出了独特的用人之道。他的这套理论被世人所称道。

堤康次郎在世时，在企业界留下不少名言，其中有一句是说：“聪明人常犯自大自私的毛病。”

很多人一听到这句话，就表示不同意，而且也觉得堤康次郎是个思想极端的人。

但是，堤康次郎的这句话，却深深地影响了他的儿子堤义明。

所以，堤义明在掌握大权之后，继续他父亲的用人态度，不轻易起用一般认为是绝顶聪明的人。这种堤康次郎式的管理概念，很不易获得别人的理解。

堤义明接管西武之后，也把西武集团的用人哲学定义为“不用聪明人”。

并且，堤义明在沿袭父亲教诲的基础上，逐渐形成一套独特的用人哲学和方法，不轻易用一般认为是聪明绝顶的人。

在堤义明的脑子里，他坚持不用聪明人，有他的一番道理。西武集团连同他间接控制的西武百货公司在内，共有职员 10 万多人，单是靠这个企业的薪金过日子的人，职员加上家属，就超过 40 万人。

如果把几千家西武集团的关联中小型企业算进来，靠西武集团生活的人，就超过七八十万之多。

堤义明作为一个这么庞大的巨型企业的舵手，根本没有犯错的机会。

换句话说，他在管理上只要稍有差错，都可能折损整个集团的正常运作，成千上万的人连吃饭都会有问题。

堤义明在接任堤家产业那一天开始，就明白他的责任，除了看管巨大家业之外，他同时不能忘记那么多的职员，他们在西武的名字下生活。他们的家人，间接依靠西武集团过日子。

很多人对堤义明“不用聪明人”的想法觉得不可思议，可是，如果他们能够理解一个大企业当家人的内心感受，他们就会了解，堤义明这句话的背后大有学问。

不用聪明人，在堤义明的用人哲学里，如果分成两部分来解释，会比较容易明白。

堤义明的理由有三：

第一，聪明人常犯的毛病，是自己看不起身边的人。堤义明认为，让自大的人做高层领导，会造成员工的不安情绪，从而破坏员工信心，降低整体效率，最后形成一股影响公司发展的阻力。聪明人尽管在才智方面超过常人，但很少长期保持谦逊反省的态度。

第二，聪明人的欲望较常人强烈。因此在群体中常成为麻烦的来源，堤义明认为聪明人欲望心重，而荣誉、地位、利益常会腐蚀一个人的内心，这就会在群体中造成矛盾，破坏团结。

第三，堤义明认为，聪明人的欲望、野心是常人的十倍甚至百倍，一旦大权在握，很可能私心压过良心，开始为自己的权力欲找出路，不只压制别人工作，还可能以权谋私。所以，堤义明认为，那些中等人才比较容易满足，他们注重公司给予他们的职位，会踏踏实实地工作，也易于出成绩。

这套理论是和其他公司的用人理念完全不同的。在一般的公司，最优先考虑的是减少风险、尊重各级指标、支持老板和作业预算，而在那些最受推崇与赞赏的公司里，最优先考虑的却是协作精神、以顾客为中心、公平对待雇员、主动性和创新精神。

堤义明认为，协作精神是一个企业得以生存发展壮大的一个核心内容，在这个核心的指导下，一个企业应制定自己的用人政策，从而达到以下目标：

1. 招聘到适合本企业的优秀人才；
2. 组织、培养本企业现有人才，使之创造最大效益；
3. 留住本企业培养出来的优秀人才。

根本上讲，当代企业的竞争已经超越了产品的竞争，而演变成为人才的竞争，谁能吸引、培养和留住人才，谁才有可能在竞争中获胜。

作为日本西武企业集团总裁的堤义明，他的用人之道开辟了企业在人事管理理念上的一个先河。

堤义明有一次与哥哥堤清二谈论企业怎样用人时，有这样一段对话：

义明：我不喜欢采用所谓的聪明人。

清二：我倒不这样想。

义明：哈哈。你是东京大学出身的人，我是早稻田大学毕业的，我们的用人观点因此不同。

清二：不过，东京大学出身的人，也有不入流的水货份子。

义明：我倒用了很多没有大学学历的年轻人，他们的才干表现得都不坏。

清二：我的五万名职员中，头脑比我好的，照我的计算，就不止10个。

义明：你时常有经营管理上的麻烦，可能就是因为你用了太多自以为聪明的年轻人。我的公司，一概不用这种人。我觉得，所谓的聪明人，时常是为公司制造麻烦的问题分子。

清二：的确，自以为聪明过人的职员，常犯的毛病，就是不肯努力。

义明：所以，我讨厌随便聘用天才人物，就是这个道理。

堤义明手下有一个得力的助手，他就是中尾一郎。从他的谈话中我们可以看到堤义明的用人哲学。

在一个经营恳谈会上，中尾先生谈到他受命于太子酒店管理时的情形：

从那时候起，会长（指堤义明）就说过，西武集团除了发展生意以外，同时也要培育人才。

关于这个问题，通过“时间隧道”来说明的话，那是会长下决心，要在西武集团筹建札幌太子酒店的时候的事情。

会长征求我的意见说：“西武集团想在札幌开办太子酒店分店，你认为怎样?”

会长开设分店的宗旨是很有趣的。他说：“我想让太子酒店遍布日本的大街小巷，更想让太子酒店成为日本的一张脸，让所有的人走到日本的任何一个角落都能看到太子酒店，让每一个人时时刻刻地想起西武集团。你愿意试试看吗?”

我回答说：“这是非常好的构想，也是很有意义的工作。可是，我完全不懂得酒店管理呀。当然，我对酒店的建造之类多少有些经验，可是，关于酒店管理的知识，可以说等于零。”会长却对我说：“你能做，你一定能做到，试试看吧。”

就这样，会长从那时候起就能做到：使人了解自己的社会意义，信任人，给予人适当的责任与权限。

我听了他的话后，就回答说：“我的能力有限，不过，我愿意全力以赴。”我立即答应了下来。但是我实在是完全不懂，所以先到书店去买“酒店管理”的书。可是，当时有关酒店管理方面较具体的书，连一本也没有。结果，我找到了一本石川芒次郎先生所写的“旅游管理”的书，于是我就买下来自己研读一番，总算知道了管理到底是什么东西。然后，我就开始夜以继日刻苦钻研地去计划与准备。当然，一开始有过两三次的失败记录，但失败是成功之母，我并没有气馁，仍以坚强的毅力工作，最后总算获得了会长所期望的成果。

“要培养人才，必须让每一个人大胆地工作，充分发挥其才能，然后才能发挥出公司全体的力量来。”这样的想法，通过一段时间我才想起来，但会长从那时候起就已经做到了。

任何人都有长处和短处。如果我们光是担心那个人的缺点，我们就不能痛快用人。如果尽可能看到那个人的长处，岗位是很多的。

堤义明认为，纠正缺点虽然也很重要，但是，最主要是用七分的工夫去看优点，用三分的工夫去看缺点，较为妥当。像这样，不管年纪多轻、有没有经验，总是大胆地把任务交给部属去自己发挥——这就是堤义明的作风。

可是把工作交给员工以后就不管了吗？失败的时候，要如何处理呢？

堤义明认为，虽然把工作委任给下属，但是，工作进行的情况，还是要时刻注意监督才行。

他说，把工作抛出去而不管，那是不负责任，也是懈怠的行为。

当然，有时候把任务交给了下属，才发现了那个人的缺点，在这种情况下，对于这种缺点，堤义明认为应该由经营者把它纠正过来才行。如果纠正不过来的话，只好换人。

换句话说，也就是“交给他”，就是让他单独去做；“不交给他”，就是上司不能放手不管。

堤义明说：经营者在任何情况之下，都要有“最后的责任要由我自己担当”的觉悟才行。这样想的话，才会时刻关心工作进展的情况。虽然已经交给员工了，可是心里始终牵挂，所以要求员工提出报告，遇到困难的时候，要勉励或引导员工，这是经营者应有的态度。

当然，既然交给了他，对细节不要过分介入，在某种范围内，要睁一眼闭一眼，把握大方向才能培养出人才。可是，当那个人即将脱离正轨的时候，就得明明白白地告诉他才行。如果不加以注意的话，那就等于自己否定了“原先自己认为这个人是必能胜任的人选”。作为经营者，这是一种很不负责的行为。在另一方面，被信任的人，如果知道这种身受重任的微妙关系，他就懂得，该报告的事情要规规矩矩地报告。

可是，其中也有人自以为“既然交给我，我就可以任意去做”，于是不写报告，独断专行。在这种情况之下，经营者就得承认自己的判断错误，选错了人，赶快换人了。

经营在人为，所以在用人方面，可不能有“马马虎虎”或“客气同情”的态度。用人和被用人，双方都要很认真才行。尤其是经营者，任何时候都要认真检讨，有没有把人才用在适当的地方。

作为一个超级大企业家，堤义明不可能把他的用人奥秘不加保留地和盘托出，但他这段话已经尖锐地触及了一个世界性的难题，那就是企业家究竟如何使用那些能力超常的人才。

堤义明常常在公司管理的实际工作中去思考，企业到底该用什么样的人？该怎样用这些人？

第一，聪明人的确可以打开局面，但他们容易出麻烦，一旦出麻烦带来的负面影响也大。这就需要建立一种约束机制，依靠体制的力量对这些聪明人进行制约。同时，企业要形成稳定的、充足的后备人才群体，这样才能使聪明人可能造成的负面影响降到最低。

第二，企业要用有培养前景的人。企业家发现一个现成的优秀人才并把他挖过来，固然是他的用人本领；企业家把一群有潜质的人才最终塑成优秀人才，更是企业家的本领。企业界的人才，往往并不像那些艺术天才一样能一眼看出。实际情况是，一个人具有成为企业界优秀人才的潜质，经过培养、磨炼，最终成长为能创造效益的优秀人才。这类人不是特别锋芒外露，但经过培养，可以成为独当一面的人才。

第三，对于基层员工和中层员工来说，需要的是踏实、忠诚、肯干，一个企业的基本员工队伍具有这样的特征，才会具有协作精神。

这三点用人原则的核心，是一种协作精神，这种协作精神涵盖了人才与企业的协作，人才与人才之间的协作。具备了这种协作精神，任何人才就不会是企业的麻烦制造者，而是效益创造者。

堤义明知道，西武集团不能接受自大的人出掌领导的高层职务。不然，自大的态度，会令下属产生不满和失望，这种普遍的不安情绪，直接破坏员工的工作信心，挫磨整体效率，到了某个时候便会形成一股伤害集团发展的力量。

很多企业内部时常发生的问题，都跟所谓的聪明人直接有关，这是个不容否认的事实。

被社会称为了不起的聪明人物，他们在个人才智方面，的确胜出平常人。

不过，受大家推崇为出众人才的人，能长期保持谦逊反省态度的人，其实少之又少。虚荣时常会腐蚀一个人的内心。这就是聪明人常常会轻视身边人的原因。

而大企业是一个大家庭，如果容纳了一个自大又看不起他人的高层职员，首先便会妨碍正常业务的操作，背地里又逐渐形成内部分裂的暗疾。

很多所谓的企业界英才，几年之间便由一块好材料，变成了社会公众利益的破坏者。

企业家在选用人才的时候，必须经常注意到这种由好变坏的转变。

堤义明是个十分细心的企业管理者，他明白小小的人为错误，都可能成为拖垮大企业的祸源。

他不用聪明人的第二个担忧是，这一类人的欲望野心是常人的十倍甚至百倍。一旦掌握企业大权，很可能私心盖过了良心，他开始为自己的权力欲望找出路，不仅压制了别人的工作，还会损公肥私。

日本的集团企业，经常出现这种不健康症状，如果能及时阻止，并不毁坏整体元气。如果处理不得当，不仅公司的正常业务受挫，甚至落到倒闭的下场。

堤义明敢开口讲明他对聪明人没有信心，这是他有勇气的表现，其他企业界人士，也有不少人对聪明人不信任，却不敢开口承认。

堤义明说出了一个事实，很多聪明人以为自己永远聪明，便不再自我进取，成为落伍者，还以为自己胜人一筹。这种聪明人的毛病，在企业界到处可见。

因此，堤义明宁可从平常人中，起用自量诚实又肯不断努力充实自己的人出任上层职务。

一个新员工能很快上手工作，反应敏锐，举止得体，在一般公司可能会因此而快速提升。

而在西武，这种人却绝不会被安置在重要的岗位上。

堤义明认为，少数“聪明人”头一年表现出色，第二年起常常就开始动脑筋偷懒，倒是起初成绩平平的人，一旦进入角色，便能坚持长久地埋头苦干。

公司职员一般从事的是重复性的工作，较少创造性；那些才华横溢、喜欢挑战、不安于现状的人是不适合在公司里干的。

故此，西武虽有大量的建筑业务，需要一流的设计人才，但总是以高报酬临时聘用，而从未将他们网罗门下。堤义明阅人无数，从不相信第一印象和迷信自己的判断力，而是相信时间的评判。太多欲望的陷阱迫使再自负的老板也开始对堤义明的哲学另眼相看。

堤义明把他的经验总结为“看人看三年”。因为，他发现，干工作，一时干好并不难，难的是长期干好。

在堤义明的观念里，职员进公司三年以后才能做出评价，否则就不知道他真正的价值。有的人开始时工作很得要领，第二年起就开始动脑筋偷懒，而把不愿做的事推给别人去做。头脑灵活的人，总有这种倾向，爱耍小聪明，想逃避艰苦的工作。

堤义明的这一主张源自他对公司职员的工作性质的独到见解：他们应做马拉松运动员，而非短跑选手。因此，他总结为“企业需要马拉松运动员”。如今，堤义明在用人上的这些观点早已经为众多公司所效法。

五、感恩奉献

在堤义明管理哲学中，有很多是别人无法理解，但在西武却行之有效的方法。这些方法的神奇令人瞠目结舌。

由于西武集团独特的用人哲学，提拔新员工的方法也别具一格。

在一般的大公司里，能言善辩，聪明机智，思维敏捷的人大多会得到重用，但是在西武这样的人是不会安排到重要的岗位上的。

一般大公司都会热衷于在一流大学网罗最优秀的人才，学校出身可能是公司人事部门最看重的因素之一。但是在西武不这样，因为西武向来奉行一种“感恩与奉献”的原则。

“感恩与奉献”的原则是堤义明从父亲那里继承来的。

在堤义明看来，毕业于名牌大学的职员，假如提升他当科长，他会认为是理所当然的，少有感恩之情；要是当不上，则会牢骚满腹，或者看到同学在其他公司当上了科长而迁怒于本企业；而“出身较低”的人往往能较踏实地投入工作。如果让高中毕业生或者三流大学毕业的人做科长，被提拔者便会由衷地感到高兴，更加恪守职责。

堤义明特别看重激发每一个西武人的“感恩与奉献”之心。

西武集团拥有庞大的企业群，在这些分公司中，大多数的社长、经理都是从一个普通的员工提拔上来的。如果在其他的公司里，他们根本就没有机会升到这样的位置上，所以，他们深深感激堤义明的栽培，时时刻刻地把这份感激装在心里。他们对工作任劳任怨，不允许工作出现一点差错，如果出现问题，他们就会非常自责，认为是由于自己的疏忽而辜负了老板的提携之恩。

西武集团在涩谷有一个西武百货公司分公司，这家分公司的社长林津三郎就是这样的一个例子。

林津三郎是从小学徒出身的，他家境贫寒，十几岁的时候辍学到蛋糕店里当学徒了。后来，他又有机会到西武百货公司做小职员。

在这样一个大公司里作小职员，林津三郎感到很幸运，于是，他卖力地干活，常常加班加点而毫无怨言。

林津三郎兢兢业业地干了10年以后，他已经成为一名懂业务管理的常务了。虽然已经高升到了百货公司的管理层，但他对工作依然像从前一样认真，毫不马马虎虎。

林津三郎10年来一直保持着他当年初进公司时的心态，所以每个周末，他总是要到西武百货公司的营业大厅里巡视一番。

一天下午，他正在百货公司里巡视的时候，正巧遇到了从此经过的堤义明，堤义明对他这种工作态度大加赞赏，还在年终总结大会上提出表扬。

又过了几年，这个分公司发生了一件偶然事件，社长突然英年早逝。在选新社长的时候，堤义明就提议让林津三郎来当。可是，这个公司的传统一直是由专务来接任的。该公司有两个专务，一个负责事务，一个负责经营。两个人都很有一套工作方法，做出了不少成绩，而且在工作中也有一些独到的见解。

而相比之下，林津三郎的才干不在他们之上。但他有一个他们两个人都没有的优点：诚实可靠。

当任职公告公布的时候，全体职员都大吃一惊，那两个专务更是愤愤不平。

按照老规矩，在任职之前，堤义明把林津三郎叫来谈话。哪知，这位三郎先生一口拒绝："这么重要的工作，我恐怕担当不起啊！还请会长体谅啊！"

堤义明说："你说担当不起，可是经过我的调查，却认为只有你是最合适的人选，所以才决定由你来担任新社长的。"

林津三郎说："在我上面有两个老上级，他们的工作时间比我长，而且比我有才能，您不提拔他们，却让我来当社长，恐怕不行呀！"

堤义明说："你是担心他们不服从你的差遣吧？"

林津三郎说："真是这样的，我一直以来都是服从他们的命令而开展工作的，现在反过来要指挥他们，这是万万不可能的。"

堤义明说："你拒绝的理由就只有这些么？"

林津三郎说："是的，这令我很不安。"

于是，堤义明对林津三郎说："你放心，以后你就是社长了，公司的大事我只和你讲，绝对不和其他人讲。如果他们两个人有意见，我会找他们谈话的。"

堤义明认为，把某人提升为社长时，不能忽视该社内还有曾经照顾过这个人的许多前辈。如果只是把委派令交给社长并予公布，就显得不够慎重了。应该让社内资格最老的人，代表全体职员向新任社长宣誓。

所以，堤义明打算让那林津三郎的两个老上级来宣布这个规定。林津三郎接受社长的委派令后，他致辞："我现在奉命接任社长，请大家以后多多指教及协助。"然后，由社内资格最老的两个老上级，代表全体致贺辞，并说："我们誓言服从社长的命令，勤奋地工作。"这么做，立刻提高新任社长的威严。

或许有人认为，堤义明的这种做法未免故意为难别人。但如果不切实地这样做，难免有些莫名奇妙的芥蒂，社长林津三郎难以大胆地处理事情，结果会给社内甚至公司带来意想不到的麻烦。

堤义明知道提拔年轻人时，不可只提升职位并激励一下而已，必须好好地从旁支持。如果作为董事长的他不注意这点，公司的业务将无法顺利地推动。

同时，堤义明还认为：一个组织倘若职权划分不清的话，这个组织必然会分崩离析。他在用人方面的最大特色，就是采取一线到底的权力划分方式，从不采用迂回路线。

堤义明认为，公司里的人际关系错综复杂，一个领导人即使有三头六臂，也不可能在公司管理中面面俱到。所以，作为一个高明的领导者，其高明之处就在明确了下级必须承担的各项责任之后，授予其相应权力，用权力来保证他对其他人的管理，从而使每一个层次的人员都能司其职，尽其责。领导者除了对直接下属作出必要的示范外，一般对其他下属无需太多干预。

既然堤义明如此地器重他，林津三郎也就不能再推辞了。他当上社长之后，每次开展工作的时候，他就说："这是堤老板也赞成的，希望你们按照我说的去做。"

林津三郎时时不忘老板的器重，多少年来，他一直都是最忠诚最勤奋的员工。

堤义明常常说，"感激和奉献"不仅是员工对顾客的心境，同时也应该是员工对公司的一种感情。

在日本人的观念中，受了某人的恩，就对某人负有了义务，"负恩"是一种极大的耻辱。

堤义明常常讲起以下两个故事：

一个故事发生在中国的春秋战国时期。

春秋时期，楚庄王平越椒之乱得胜，大宴群臣，命爱姬姜氏敬酒。忽然风过烛灭，对面不辨容貌。座中一人乘机无礼于姜氏，姜氏遂拔其冠缨，耳语庄王，请庄王速速掌灯，察无缨者治罪。

庄王急命群臣皆去其缨，尽兴而饮，竟不知无礼者为谁。

在日后的讨郑战争中，健将唐狡率百人勇为先锋，一路血战，锐不可挡。庄王问其故，唐狡答到："报君主'绝缨会'不杀之恩。"在这个故事里，庄王采用的是不加惩戒的惩戒方法，因为唐狡自知失礼，无须加以具体指责；而不予惩戒则使他感激自己，心存报恩的决心。

庄王这样做是带有明确的目的性的，他对姜氏说过："酒后狂态，人情之常，若察而罪之，显妇人之节，而伤国士之心，使群臣俱不欢。"

堤义明从故事中读出了"感激和奉献"的真理，他知道如果让一个人心存感激，那么他就会无私地奉献自己的一切来报答。

堤义明在人生和经营实践中，常常以古代的英雄豪杰为榜样。古代伟人、名将的精神充满他的头脑，也充满他的生活。

在古代文学著作里，堤义明最喜欢读的是历史小说《太阁记》和武侠小说《猿飞佐助》。后者的主人公猿飞佐助会忍术，本领高强，行侠仗义。前者的主人公丰臣秀吉，则是日本历史上极有影响力的人物，是位著名的贤者、伟人。他的品格、作风等等，对堤义明的一生产生了巨大的影响。在堤义明的文稿和讲演中，他可能是被提及最多的人物。

堤义明常常以丰臣秀吉的事迹自勉，也以此勉励别人。

据说，丰臣秀吉在做织田信长的仆人时，起初只负责看管鞋子。每逢冬凉时节，他总是把鞋子放入怀中，以自己的体温温暖，以备主人随时穿用。

后来，织田信长又让他照顾马匹，当马夫。

当时的丰臣秀吉已有妻室。两人只靠他微薄的薪水，勉强度日。

可是，他非常疼爱他负责饲养的信长坐骑，除日常的饲草之外，还自掏腰包，买马最喜欢吃的胡萝卜喂它。

结果，拿回去的钱自然很少，他的妻子为此非常不满。她厉声喝问："为什么只有这么一点钱?"

丰臣秀吉只好老实把事情说给妻子听。他的妻子生气地说："老板的马要吃胡萝卜，为什么要用你的钱？那不是应该由老板来付？我要的衣服都不买给我，却为马买那些胡萝卜，你还爱不爱我?"

由此，他的妻子离他而去。尽管如此，秀吉不改初衷。

堤义明对丰臣秀吉的这种忠诚和敬业精神十分赞赏，常讲出来给别人听，既自勉又鼓励他人。

丰臣秀吉不仅在品格方面受到堤义明的称道，在才能方面也令堤义明折服。秀吉的某些做法对堤义明影响很大。

他曾举了一个秀吉修墙的故事：当时秀吉的主人织田信长带兵驻扎在青州，城墙倒塌了一大段，二十多天未能修复。信长对此很为不满，担心敌人乘机进袭。

秀吉奉命去帮工程官修墙。他首先把杂乱无章的工程步骤重新规划，然后把塌墙分为十段，把工人分成十组，每组派一人带领，采用竞赛的方式分头抢修，不到三天就竣工了。

秀吉的这种做法，对于堤义明日后在经营中分权设想的形成和制度的建立，显然有着一定的影响。

堤义明每次谈到“感激和奉献”时，都要以这两个故事为例子。

在堤义明的倡导下，“感激和奉献”已经成为了西武集团企业文化中的精神内核。

堤义明说：“感恩图报”是最高的道德表现。有这种精神意念的人，就会提升自己的价值。

堤义明有一次在给职员演讲时说：“释迦牟尼、耶稣基督之所以令人尊敬，乃因为他们比别人更具有感恩图报的精神。他们觉得，能够出生在世上，是一件很快乐、很令人感念的事。”

我们这些虽然赶不上释迦牟尼、耶稣基督，但是看看从古至今对社会人类有所贡献的人，都是存有感谢报恩念头者。我认为有了感谢报恩之心，会带来无限的光明和温馨，也能成为我们进步和幸福的源泉。年轻人若有此观念我认为他一定有前途。因此，我必须对西武集团全体员工特别强调这一项——“感恩图报的精神”。

这种精神就是西武成功的原因，是员工不愿离开的原因，就是西武精神。

“感激和奉献”这种教化近来已经被中外的许多大公司所借鉴，成为中外大公司内部教育的主题。

六、隆礼重法

堤义明在用人方面深得父亲的真传，形成了一套独特的考评人才的方法。

堤义明有许多与众不同的地方，已经引起了日本乃至全世界企业家的重视。

堤义明是个不主张搬用西欧管理方法的企业家。

他的非凡成就，是因为他从中国古代圣贤的哲理中，探索到新的智慧，然后加以灵活运用，把巨型企业搞得有声有色，把利润跟职员分享，还把利润反哺社会造福大众。

堤义明又深受荀子思想的熏陶，非常注重人的后天自我修养，形成谨慎自律的态度，约束自己的一举一动。他认为通过这些修养，才能摆脱人类丑恶的本性。

在人事管理方面，最重要的是公平。换句话说，要公正地评价每一个职工的成果。如果感情用事，就会产生偏心，大家就不会一呼百应。所提拔的员工必须是个众人推崇的人物。提拔时必须公正地评价被选拔人的实际成绩，否则职工们就有意见："怎能提拔这种人呢?"从而开始不信任领导，渐渐不听指挥。领导自己要严以律己、不断进取，否则难以担负领导的责任。企业领导的责任举足轻重，所有事情往往根据领导的意志发生变化，领导之变化会带动整个企业发生变化。

对于领导来说，最重要的是自身各方面要过硬。只有自己在各方面过硬了，下面的职工才会过硬。因此，自我培养乃是领导面临的重要课题。领导本身必须不断蜕变、进取成长，否则也不会有企业的发展。

堤义明的管理思想里，最强调的是人与人之间的相互依赖和合作的重要性，强调人与人之间要有相互依存、协力合作的精神。

在一般大公司里，老板常常害怕在关键位置上的高层管理人员会建立起自己的势力范围，形成自己的小团体，这样不利于贯彻统一的意志，最终使命令得不到很好地贯彻，而使公司有分裂的危险，所以经常做岗位轮换。

一般的公司里，往往提拔那些在地域公司表现优秀者荣升到总部坐高管。大多数人都希望得到这种调动，因为这种调动说明自己的业绩好，得到了老板的赏识，以后前途无量。

可是，在西武，调动本身可以视为失职。因为堤义明一直主张：做企业就是积累。

堤义明认为：做企业需要有形和无形多方面的积累。

有形的积累是指在经济实力方面，在领导体制方面的积累。如果一个公司在经济方面没有一定的积累，那么，它就很难有长足的进步。在市场竞争中如果没有经济作后盾，一切发展都成了无根之水、无本之木。而且，一个企业的领导体制也很关键。领导是企业的核心，是率领企业披荆斩棘的原动力，一个企业发展的好坏，直接受到领导体制的影响。如果领导体制不健全，那么，企业的发展就危险了。

这一点堤义明很清楚，这也就是当初堤康次郎在临终时为什么一再叮嘱堤义明一定要忍十年的原因。

堤义明常说："一项工作如果不做上 20 年，就不会成为真正的行家。所以，西武体系的旅馆和高尔夫球场的经理，多半在同一职位上持续待了 10 年、15 年。”

在西武有一个不同于其他公司的奇怪的现象。

在一般的公司里，如果一个管理人员对工作尽职尽责，忠心耿耿，当他做出一些成绩后，一定就会得到提升。但是在西武却不一样。在西武如果一名管理人员对分配给他的工作忠心耿耿，知难亦进，那么他就绝对不会轻易地被调动到的其他的工作岗位上去。而他一旦被调回总社，更不是飞黄腾达的迹象，身价反而下降。所以，在西武，只有那些工作做得不好的人才会从地方分公司调回总部去。

堤义明的“做企业就是积累”的理念，近些年来被推广到广泛的领域之中。许多著名公司引入这种思想，花重金强化自己前瞻性的研究和开发，意图凭借长期积累占领市场的制高点。

人所共知的索尼公司的老板盛田昭夫就吸纳了堤义明的这个观点，在公司的发展方面不断地积累新的经验和技术，以不断地开发新产品来带动企业的不断发展。

堤义明还有一个被许多人效仿的观点，即：做企业就是做细节。

一般的公司都会强调公司的职责分明，各司其职。每一个部门，每个部门的每个员工都有自己明确的分工，相互之间在指责和任务上没有交叉。

但是，在西武却恰恰相反。

在西武的高档酒店和一些会所，如果看见有人正在扫地，在检查卫生，或者正站在门口向客人点头鞠躬，那么，你一定不要以为这些人是保洁员或者司仪。在西武这个独特的王国里，这样的人往往不是所长，就是经理。

堤义明认为：那些不深入一线的高管，不对一线管理保持密切关注的经理，不掌握一线动态的当家人，是不合格的。如果他不想关注第一线的细节的话，那么，不管他有多大的才能，都会被弃置不用。

在堤义明的哲学里，一个出色的老板，一个有效的经营家应该是一个有自己独特的渠道可以获取第一手资料的老板。

他认为，以自己的方式保持与一线员工的亲近与交流，这样不但能催生好多鲜活的创造，而且会形成强大的压力，迫使中高层管理人员更多深入实际，涤荡官僚习气，从而保持团队的竞争力。

大老板只有对一线的细节分外在行并且乐意参与，才会有公司正常的秩序和效率。

而这一点从他的父亲堤康次郎身上也有很好地体现。

在堤义明小的时候，某年除夕，西武为了迎接新年，要求员工从一大早就开始大扫除。堤康次郎带着小堤义明从早晨就开车去公司巡回。中午11点多，他们开车来到了东京郊区的一个化工厂，堤康次郎看到到处扫得很干净，只是员工厕所没打扫。为什么不打扫厕所呢？

堤康次郎巡回完工厂后又去看了一次，仍然没有人去。主任没有下命令，老职员也不管，两个年轻的员工都呆在工厂的实验室里，好像在商量什么事情的样子。

当时，虽然是除夕，大多数的员工都放假回家了，现在来上厕所不是很多，但即便是这样，大过年的也应该打扫干净呀。

这里的厕所是员工们自己的场所，不会交代扫厕所吗？或是故意不交代？不管怎样，不打扫很肮脏，这样怎么能迎接新年呢？

“去叫他们两个人打扫？可是他们还在那儿说得正来劲呢。”想来想去，堤康次郎决定自己来打扫。

于是堤康次郎和堤义明拿起扫把，用水桶提水，打开了两个厕所的门，用水冲踏板。踏板上有污物，堤康次郎用扫把扫。扫完了冲，冲好了再扫，就干净了。

这时候，有个工人从旁边经过时过意不去，主动帮堤康次郎提水。而其他的工人都站在那儿发呆。他们不知道，到底是帮忙好呢，还是多管闲事反而不好？

这时堤康次郎想：“这样不行，一般常识都不懂，应该狠狠地训他们一次。”但这个想法只是一闪而过，他想，员工不知道打扫厕所，看着一个老人在打扫还是无动于衷，这是老板的错呀；平常没有教育好员工，是老板的责任。一个管理上百名员工的老板，亲自动手打扫员工厕所，员工却站在那发呆，不会判断这是好事或坏事，就是会判断的人，也因为大家都袖手旁观，不好意思挺身而出。像这样的员工能做什么？虽然是工作以外的事，最起码的礼仪常识都没有的话，怎么行呢。这个非教不可，就是全体员工都反对也得教。总不能因为怕事再雇一个专门扫厕所的人来吧？

堤康次郎当时没对主任和老职员说什么，可是，为了全体员工的教育，一定要建立一个精神辅导方案才好。这完全是堤康次郎一个人的责任。不管他们高兴或不高兴，堤康次郎一定要全力以赴。

打扫完了之后，堤康次郎对他们两个人说："没有人要打扫厕所，所以我去扫好了。以后要好好保持清洁，时常打扫。"他们两个听了堤康次郎的话，都很惭愧。堤康次郎说，过去的事情不必再提，以后能做好就行。堤康次郎下决心要好好教育员工。

堤康次郎借用这件事教育堤义明说：做企业就是做细节，在细节中发现问题，以小见大，这样才能及时抓住公司的脉搏。

堤义明深深地记住了父亲的话，并且把这个观点运用到了具体的管理实践中去。

堤义明常说：西武就是一个大家庭，我是你们的家长。在我们这个大家庭里，家庭成员之间都要互敬互爱，互相帮助。

但是，在执行公司的规章制度方面，堤义明却是异常的严格。

他的这种观点也来源于荀子的哲学思想。

荀子认为人的本能是生存——饿了，找吃的；冷了，要取暖；倦了，想休息。从先天的本能上看，人的主观行为是自私的，这便是人性恶的根据。

荀子因此主张"性恶说"，认为"人之性恶，其善者伪也"，人的本性是恶的，而善是后天人为的。

人的本性生来就是喜好私利的，顺着这本性，于是人与人之间的争夺就发生了，谦让便消失了；人生来就有嫉妒，顺着这本性，于是残害忠良的事就发生了，忠诚信用便消失了。

既然如此，放纵人的本性，顺从人的情欲，必然会发生争夺，出现违反名分、破坏社会礼义秩序的事来，从而导致暴乱的发生。

荀子的思想虽然主张"性恶说"，其实是在很积极地督促世人，要注重后天的自我修养，形成谨慎自律的态度，约束自己的一举一动，通过这些修养和实行这样的修养，才能摆脱人类丑恶的本性。

荀子思想里最强调的其实是人与人之间相互依赖和合作的重要性，强调人与人之间要有相互依存、协力合作的精神。

那么如何形成人与人之间的相互依存、协力合作的精神呢？荀子提出了

"隆礼"与"重法"两大思想：因为人的本性是恶的，所以只有通过"师法之化、理义之道"，通过后天人为的学习，努力地追求礼仪，才能出现推辞礼让，达到社会安定；也由于人的本性是恶的，所以圣人"起法正以治之，重刑罚以禁之"，从而使天下安定而有秩序。

堤义明从荀子的学说中汲取了丰富的营养，把荀子的这"两大法宝"运用到企业管理中。

他认为，在社会这个复杂的大团体中，培养人与人之间互助团结、协力合作的精神，是非常重要的。企业作为社会的一部分，社会的细胞，是创造社会物质财富和精神财富、引导社会成员奋发向上的特殊团体。在这样的团体中形成人与人之间的互助团结、协力合作的精神，即现代企业人常说的团队精神也就更重要了。

堤义明知道，在当今高度竞争的商业社会中，团队比个人更容易取得成功，团队精神是当代社会影响企业本身业绩的深层次的原因。任何一家想取得成功的企业都必须认识到团队精神对企业经营有不可估量的作用，在市场竞争中依靠团队精神推动生产力，从而提高整体企业的竞争力。

因此，能不能理解团队精神，能不能培养团队精神，能不能坚持团队精神，是一个企业能不能获得持续稳定长期发展、能不能在竞争中克敌制胜的核心因素。

根据荀子的性恶说，由于人生来就喜好私利，在一个企业里每个人就有各自不同的利益追求，顺着人的本性，人与人之间就会为追逐自己的利益发生争夺，谦让便会消失，企业就会因形不成合力而发生混乱，企业就没有任何的竞争力可言。如何才能形成企业的整体合力呢?

堤义明认为，按荀子的思想就应"隆礼"与"重法"。

"隆礼"在企业中就是要建立优秀的企业文化。应该以人为本，以顾客为中心，努力服务社会，同时平等对待员工，平衡相关者的利益，并鼓励创新。

不论公司的经营战略和实践活动是如何不断地适应着变化的外部世界，却始终保持着恒定不变的核心价值观和基本目标，这些是企业用以规范客户与员工、员工与员工、员工与公司关系的基本行为准则。

在西武集团里有这样规定：公司中的任何工作人员，如果能够提出一条建议，使公司的生产效率在原有的基础上有所提高，即使是很小的一点提高，公司也将给予高额奖金，并予以形式多样的表扬。

以日本当代的生活水平，物质的需求自然不是最主要的激励方式，单纯以奖金作为激励手段未必能够奏效；而日本这种求实精神极强的民族，类似奖章之类的空头赞美，却在很大程度上能够起到激励作用。

而“重法”就是要从制度上形成、保障、提倡公司的恒定不变的核心价值观和基本目标，应从用人制度、激励机制、客户关系以及管理体制等方面进行创新。

团队精神对于西武集团来说，是企业精神的重要内涵，是西武集团不懈追求的永恒理念。

然而，从反思和总结教训的角度上看，堤义明对团队精神的认识和实践又有了进一步的提高。

堤义明认为，西武集团要想成为全国乃至全世界最大最优秀的企业，就必须建立起最优秀的企业文化，尽快形成自身恒定不变的核心价值观；同时要大力提倡核心价值观，使其在不知不觉中融入到每个员工的心灵深处。

此外，堤义明非常注重加强用人、绩效管理、组织架构等一系列公司制度上的创新，从制度上保证核心价值观的实现，以此培养西武集团强大的团队精神，形成永恒发展的动力。

七、人性测试

身为一个超大型公司的最高领导者，堤义明知道一个公司要想不断地发展，必须具备完善的人事制度。公司必须以“人”为中心来营运。

在日本，人事的更替往往会引起议论。因为日本企业职工一般都是终身制“铁饭碗”。因此就需要干部有很高的积极性。

在日本，企业对于职工，尤其是对于干部的考察、挑选是非常严格的。因为一旦任命某个人某个职位后就很少变动了。那么，如何来选一个恰当的人来担任某个职务呢？

对于这个问题，不同的公司有不同的答案。但是，西武集团的选人方法却是独一无二的。

堤义明认为：人性的细根末梢可以在家庭关系中得到最大的呈现。

一般的公司虽然有建立家庭般氛围的愿望，却不屑于花精力梳理员工的家庭关系。

而堤义明则把高层管理者的家庭关系当做一个重要筹码。

每当要提升一个职员出任高级经理的时候，他必定先见见这个人的夫人。

如果把一个经理晋升为公司董事，就得连家里的孩子都得叫来见一见。他认为一个不能让父母双亲、妻子儿女感到安心满足的人是不可能承担企业的重托的。

在西武有个约定俗成的规定，每年都要不定期地举行几次酒会。在这种酒会上，公司中高级以上的经理必须携带全家一起参加。

堤义明这样做，是希望给西武营造一个大家庭的气氛。他想如果能让公司的家属们知道他们的亲人在一个什么样的公司里上班，知道他们的领导是谁，他们的同事是谁，那么，当公司的员工在家里谈论公司的事情的时候，他们也不会感到陌生。他们会很认真地去听，去讨论，这样，员工们就会更爱公司，关注公司的事情，他们在这样的公司工作，家属也会很放心。

堤义明常说：家庭和公司是同等重要的，你们无论如何都要记住我的一句话，我不会重用那些忽略或是漠视家庭生活的人。

家庭是人们生活的最基本的场所，如果一个人连家庭关系都处理不好，就算他再有天分我也不会重用他的。

堤义明的人才选用方法，曾经引起企业界的长期争论。他说：

“我在提升一名主管人员出任高级部门经理的时候，一定要见见他的太太。当我把一名高级经理擢升为公司董事时，除了他太太，我还要叫他把孩子带来，我要跟他的妻子儿女谈话，认识他的家庭状况。我坚持这是必要的程序，试想，一个不能让妻子儿女感到安心满足的人，他怎么可能承担企业的重大寄托，怎么能够让无数的职员安心地追随他做事？”

堤义明就是通过观察员工家属来全面测试一个人的品质，并挖掘了很多优秀的人。

在一个人家庭关系的细根末梢，发现那不容易展现的个性，是堤义明的独到功夫。

无可否认，许多企业家都认为商业胜负在于对人性的观察和判断。很多大有作为的企业家在选人方面都有一套自己独特的理论。

同样，堤义明选人也有一套自己的理论，他的这套理论来源于中国先哲的思想，即：知人善任。

知人，就是要了解人，指的是对人的考察、识别、选择。

善任，就是要善于用人，指的是对人要使用得当。

知人善任，就是要认真地考察干部、确切地了解干部，把每个干部都安排到适当的岗位上去，让他们充分地发挥自己的特长、施展才干。

堤义明认为，选择正确的员工安排到恰当的岗位上，这是做好领导工作的根本任务之一。

在西武集团里，为了招聘一个部门经理，往往会挑选二十多名候选人，有领导先后和他们谈话，反复考察、测评、比较，选定以后，又分配去科技科、供销科以及第一线试用，再进一步观察，认为合格后，才最后聘任。可见西武集团考察、选定一个人是十分下工夫的。也正因为如此，选定一个合格人才以后，企业自然要十分爱护、放手使用、格外待遇了。

虽然日本企业实行“铁饭碗”，但是他们不吃“大锅饭”，所以对职工的升迁也就成为激励人才和鼓励积极性的一种重要杠杆了。

堤义明在和其他公司的董事们谈论选用人才的时候，常常提起他那套独特的理论，它称之为“来自中国的用人哲学”，即：“穷之以辞辩，而观其变”。就是要求领导者就工作中某些现实问题的处理意见同下级干部进行辩论，提出质疑，以此来考察他的智慧与应变能力。

“咨之以计谋，而观其识”。就是向下级干部提出咨询，请他们对一些重大问题提出谋略和决策方案，以考察他是否有能力和见识。

“告之以祸难，而观其勇”。即告诉下级可能面临的灾祸和困难，来识别他是否能临危受命，奋勇争先。

“醉之以酒，而观其性”。就是领导在与下级同宴时可以劝他饮酒，以观察他是否贪杯、酒后能否自制以及表露出来的本来性格如何、是否表里如一。

“临之以利，而观其廉”。就是把下级干部放在有利可图或者可以得到非分利益的工作岗位上，看他是廉洁奉公，还是贪图私利或者只顾小集团的利益，见利忘义。

“期之以事，而观其信”。就是委托下级干部独立自主地去完成某种工作，看他是否恪尽职责、克服困难，想办法去把事情办好，还是欺上瞒下、应付了事，来考察下级是否忠于职守、恪守信用。

此外，堤义明选人的标准是：德才兼备，选人唯贤。

“才者，德之资也；德者，才之帅也”，二者不可偏废。

也就是说“大德之行，天下为公”，考核“德”的关键在于“公心”如何，即看他是否为企业大局而着想。

所谓“才”，是指处理问题、解决矛盾、取得工作成绩和效果的能力和办法。德、才兼备，是为贤者。

具体就某个人来看，德才的发展可能会出现不平衡。有些人德行较好，但才能差些；有些人虽然有才，但德行却稍逊一筹。德才相比，一般更应注意德。德优才弱，通过努力可以提高自己的才，从而达到德才统一。

借用中国的一句古话来说：“良古昔以来，国之乱臣，家之败子，才有余而德不足，以至于颠覆者多矣。”

堤义明解释说：人的品德与正直，其本身并不一定能成什么事，但是一个人在品德与正直方面如果有缺点，则足以败事。所以人在这一方面的缺点，不能仅视为绩效的限制而已，有这种缺点的人，没有资格做管理者。”

所以，不同的公司在选人的时候标准或许不同，但在“选人应以德为首”这一点上却是一致的。大家一致认为“德”是基本的要求。

堤义明认为，职员充满信心地上班，是从一个小家到一个大家，去追寻自己和全家人长期的温饱和安全，这样的幸福感和使命感才会促使人成为模范的员工。

堤义明对人性的观察非常细致也非常严格，它往往能从一个细微的言行中来判断这个人做事是否认真，是否可能玩忽职守。

多少年来，堤义明始终采用这样的手法，选用适当的人出任西武集团企业的数以千计的重要职位。

多少年来，事业的经营依照计划顺利发展，堤义明守业十年，然后全面出击十多年，已经把西武这个集团，扩大到成为日本三大集团企业之一的规模。

不过还是有人批评，说堤义明是个对别人持有很深的怀疑态度的人，说他是个企业界的暴君。

但是，跟随他做事的人，个个忠于职守，而且表现了对公司的忠诚，献出自己的才干力量，使西武事业壮大成为健全稳定的巨型企业。

这就足以证明，就企业的总体利益来看，堤义明选用人才的方法是没有错的。

堤义明就是有这种独特的能力，他就仿佛能够在悬崖上低下头看清谷底的丘壑脉络而不会头晕一样。

堤义明从小就生长在一个富裕的家庭里，他的父亲堤康次郎在很年轻的时候就成就了一番事业。堤义明从童年到青年都生活在优越的家庭环境中，享受着丰富的物质生活。可是，他却有着一种和那些从白手起家发展起来的大企业家一样的品质：勤俭节约。

可以说，堤义明富可敌国，据估计他的个人资产在 1987 年曾经达到 148 亿英镑。在 1990 年，堤义明被《福布斯》评为世界首富，但他却依然保持着节俭的习惯，并以这种标准来要求身边的人。

在堤义明身边工作很多年的常务松田木子说：会长是一个极其节俭的人，他常说，一个不懂得节约的人是不会有大出息的。

用中国的一句古话来说就是：勤由俭，败由奢。财富是一点一滴的积累起来的，如果一个人连勤俭节约的道理都不懂，那么也同样不会注重细节，而细节往往对事情有着至关重要的影响。

堤义明的勤俭节约是很出名的，很多人都知道他的很多轶事。

一个在堤家服务了好多年的雇工在接受记者采访时讲了这样一个故事：有一天，他清理仓库里的旧物品，有一些常年不用的东西，他准备拿去扔掉。这时，正巧堤义明从他身边走过，看到他拎着一个箱子往外走，便把他叫住，问他里面装的是什么东西。

他停下来回答说：是一些旧鞋子，很久不穿了，打算拿去扔掉。

堤义明马上说：东西不要坏了就扔，补补还能穿么！如果觉得穿着补过的鞋子不体面的话，还可以捐出去么。总之，我希望鞋子能实现他们最大的价值。

还有一次，他去自己的一家酒店，在看到免费赠送客人的糖都是 8 克一袋后，他命令酒店经理将糖量减为 6 克。

堤义明自己也曾经说过：“如果有人不是很饿，却盛了满满一碗米饭，只要最后碗里剩下一颗米粒，一旦让我看到，他就该卷起行李走人了。”

对于堤义明这种节俭的嗜好，大家褒贬不一。

有人说他知道劳动的辛苦，懂得珍惜东西的价值，是一个能够守业的人。

有人说他节俭成僻，是个守财奴。

对于外界的这些评价，堤义明都一笑了之。

来看看他是这么对记者解释的：如果你看到一分钱在地上，你是捡还是不捡？

堤义明说：我会捡起来。因为作为一分钱，它的价值只有在流通的过程中才能实现。当它退出流通领域的时候，它作为钱的价值就消失了，那么，曾经那些把它铸造成钱的劳动也就毫无意义了。我觉得这是一种浪费，是一种价值的浪费。我为自己的勤俭节约而高兴，是因为我觉得因为我，它们实现了它们的价值，而不是守财奴似的那种对东西的占有。

堤义明从来都缺乏光鲜的外表，他没有时髦的服饰、昂贵的手表和豪华的轿车，出门旅行总是坐经济舱。如果公司为他预订了昂贵的东西，他会非常恼火。在西武总部吃工作午餐，他会从自己的钱包里掏出钞票付账。他喜欢喝酒，但不一定要贵重，一瓶廉价的酒就能让他很愉快。他会开着老式的汽车到处视察工作，或坐着公交车去菜场淘便宜蔬菜。

以堤义明的观点来看：浪费一张纸，也会使商品价格上涨。勤俭节约是自古以来商人信守的铁律之一。在这种竞争激烈的环境下，一定要避免任何无谓的浪费。

堤义明本人毕业于日本著名的早稻田大学，但是他却提出一个令人不可思议的观点："文凭无用"。

他对职员的管理有一套独特的用人哲学和方法。

堤义明在用人的过程中始终坚持一个原则，那就是：能力比学历、资历更重要。

当他想聘用一个人的时候，堤义明不会像其他公司那样把文凭看成最重要的因素，相反，他根本就不关心对方的文凭如何。

而且，堤义明还曾经说过他不愿意聘用名牌大学毕业的学生。他这样说自有他的道理。

因为在现代化的大生产中，团体间的合作是非常重要的，没有一个人可以把一项工作的所有环节都做完，即使有这样的人，那么他的工作效率比起流水作业来也差得很远。所以，对工作人员来说，具有团结合作的精神远远比他的才能重要。

在实际的工作中，堤义明发现那些名牌大学毕业的人，也许具有别人所没有的素质，但是他们往往自视甚高，总希望自己能够成为大众中的佼佼者，对于其他人的意见根本听不进去。他们常把自己的利益看得比团体的利益还重要，不会为了团体的进步而放弃自己的偏好。

因此，在堤义明的管理中，他不会轻易用一般被认为是聪明绝顶的人。

而“忠诚第一，才能第二”，是堤义明最为强调的原则；而且他心目中的“忠诚”，指的是几年、几十年如一日忠心耿耿、勤勤恳恳的工作态度。

所以，西武集团一般不招一流大学的毕业生，这同其他日本企业拼命网罗最优秀人才的做法形成了鲜明的对比。

这种作风，使西武集团内部出现一个很特殊的现象，就是在西武集团里没有人会拿自己读过什么大学来炫耀，甚至谁也不提自己过去的学历。至于谁的能力最好或是普通，就取决于进入公司之后的工作表现。

许多人曾经这样认为，没有高学历的人，成功的希望不是很大。但是西武集团却打破了这种“获取文凭——谋求好职业”的传统成功之路。

在堤义明所领导的西武集团里有这样一个分公司，它现在西武房地产公司中最大的一家，这个公司的老板是个优雅的女士——和田木子，在她身上我们就可以看到西武的独特之处。

和田木子常说：“我花不起这些时间。”和田木子在东京大学只读了一年就退学了。她认为四年大学好像是中学和进入现实社会生活之间的一段间歇。她不愿花这么长时间休息，而决心进入商界挣100万日元。

她先进入一家缝纫厂做服装熨烫工人。每当有人离开这个艰苦的岗位时，她便对老板说：“我能把活接过来吗?”

后来，她开始从事销售工作，仍是以好学和拼命的精神投入工作，三年内工资由每年8000日元提高到5万日元。

此时，她意识到在这里已干得差不多了，于是辞去工厂的工作。

她的父母和朋友都劝她回大学读书：“你别发疯了，你再也挣不到那么多钱了。”

但和田木子不听劝告，她对从宝石到保险业的销售行情进行了调查，最后加入贝奇房地产公司。

第一年对彻尼来说很不顺利，她做的几笔买卖都失败了，几乎没挣到什么钱。她白天东奔西跑，晚上到夜校读房地产经营的课程，第二年夜校的课程上完后，她的生意开始兴隆起来。那年她拿到100万日元的佣金。

但当她刚做完一笔最大的交易后，就被老板解雇了。和田木子认为这是由于老板嫉妒她。

和田木子没有被打垮，她痛哭了一场后，接着又加入了西武房地产公司，仅仅一个星期，公司的成交额就增加了一倍。

和田木子终于获得了巨大的成功。这就说明：没有高的学历，在西武人们照样能够获得成功，在这个充满竞争也充满机会的社会里立于不败之地。

堤义明是荀子思想的实践者，他要求一个出任重要职位的人具备实用的才学、谦虚的做人态度和高尚的品德。

“我并不是要天才人物为我做事，天才，是不会为职业尽责的，我要用的是有责任感的诚恳的人，他们会在自己的工作岗位上感到满足，从职业中取得快乐，这样的人，才是企业界最需要的人才。”

堤义明没有介意外来的批评，他每年都招聘数以千计的年轻人，进入他的集团做事，仍然采取一贯的平等政策，不管你是一流大学、二、三流大学或高中程度的人，只要通过他的特定测验，就可以成为西武的一分子。

日本人本来就不会在别人面前随便说自己的学历背景，在堤义明的“学历无用”观念影响下，西武集团的职员，一进入公司做事，学历文凭随即就成为一张废纸。

追究起来，堤义明并非不用学历高的人才，在他的10万职员之中，大学以上学历的人有1万，这比率在各大企业之中，都不算低。

主张不盲目相信学历，其实是堤义明用人哲学的要点。

第一，他让没有机会接受大学教育的年轻人，可以通过西武集团自定的检定考试，就可以成为西武的一分子，在今后的工作中，通过不断地学习及再接受，只要诚恳努力，一样有机会成为公司的上层主管。

第二，他用大学或更高学历资格的人，希望他们不要以自己的学历来显示自己与众不同，他要求大学和高中资格的新职员，一律从低层做起。

当然，薪酬的决定，还是会参考个人学历来衡量。

经过一段时间的低层工作，再由管理部门决定把新职员分配到不同的组里去担任工作。他对别人谈到自己的人才培训制度时很感自豪。

堤义明说："今天的大学教育，并不是为企业训练有用的人才。所以，我自己定了一套再教育的方法，让大学毕业生进来做事之后，再接受恰当的训练。只有这样，才能应付职业上的需要。"

对于只有高中学历的新职员，可以免费参加公司方面内部的资格制度，经过这种公司之后的再培训教育，使高中程度的人有机会享受跟大学出身的职员同等的薪酬及晋升机会。

这种平等发展的制度，使学历高的职员不敢怠慢和骄傲，更时刻不忘自我进修，以保持自己的实力，好应付职责上的需要。

没有良好学历背景的人，却在培训制度之下，享有平等的进取机会。对一般人来说，造成很好的激发效用，使普通的职员，可以在公平的制度下，凭实力争取好的待遇和高层主管职务。

堤义明为了证明它的观点，引用了一项调查。有一所重点大学对新入大学的新生进行了一次考试，试题难度大大低于高考难度，可是这些刚刚考过高分的骄子们大失水准，成绩差得惊人。刚刚挥汗挥泪挥掉青春学到的东西，还没有过上三个月就已经忘了大半。

堤义明不无感慨地说：这就是如今的学习。

堤义明对这种"学习"十分不满，他说："如果你们不相信，大可作一个实验，把一批离开大学已经十年以上的人，拉去参加一项初中的毕业考试，很多人都会不及格。你不能说初中的教育内容不合实际，如果不合实际用途，为什么还继续采用?"

堤义明今天手下罗致了数以千计的企业人才，就是因为他对真才实学的要求，使职员愿意接受用实力决定个人在公司的前途地位这个概念。

八、入社仪式

西武集团与日本大多数企业一样，非常注重内部关系的融洽，注意营造企业中的家庭气氛。他们认为，使员工感受到家庭般的欢乐和温暖，将换来员工对企业的忠诚、依赖以及由此激发出来的工作热情与积极性。

堤义明一直倡导一个观点，即：西武是一个大家庭，在这个家庭里有长幼上下之分。作为新的员工一定要尊敬老的员工，所以西武集团营造家庭的方式多种多样，其中的一项就是：擦皮鞋入社仪式。

西武集团在吸收新职员时，都要举行一种非常独特的入社仪式：擦皮鞋。分社的高级职员都要出席。每当举行新员工入社仪式时，西武公司集团就把旗下几十个分社的高级职员召集到东京涩谷青山学院。

西武集团数十个分社的高级职员全部聚集在学院的大厅里，他们全部穿着统一的黑色西装，系着红色的领带，神情严肃地端坐在主席台上。

堤义明在这次大会上演讲："从今天起你们就是西武大家庭中的一员了，我希望你们能在这个大家庭感受到家的温暖，实现自己的价值。在这个大家庭中我们每个人都有自己的位置，也都有自己的上司领导，他们就像你们的长兄一样，给你们指导和帮助，我希望你们能够从他们身上学到作为西武的一员所应该具有的品质。对待你们的长兄，你们要学会尊重，那么，我们就从现在开始，互相帮助，共同为了西武更辉煌的明天而努力！"

然后，由堤义明介绍在主席台上面坐着的各会长和各个分社的社长，并分别介绍了他们之间的动人故事，让新职员认识学习。

接下来就是擦皮鞋入社仪式。

仪式开始时，首先由新入社员工站在老资格的高级职员面前，这些高级职员蹲下身子认真地为新员工擦亮皮鞋，他们一丝不苟地严格按照一道一道的程序为新员工擦着。他们仿佛正在指导新员工的工作，细致而又耐心。他们那种神情立刻感染了新的员工，新员工的脸上也一派庄重。

然后再由新职员擦前辈的皮鞋，他们学着老员工的样子，认真地擦着皮鞋。

整个会场静悄悄的，没有人说话，每一个人都严肃而认真地完成自己的那部分工作。

在擦皮鞋的过程中，不许发出声音，在这场静谧的仪式中双方都非常认真。新老员工都感受着一种责任和义务，感受着一个大家庭的氛围。

在这场安静的仪式中，新员工和老员工都默默地传递着一种信任和友谊，他们正是从这一刻开始，正式融入到这个大家庭之中。

这样做并非故弄玄虚，而是赋予入社仪式以特殊意义。互相擦鞋不仅仅是告诉新员工要时刻注意自己的形象，更重要的是创造一种互相关心的气氛，让新老员工亲如一家，友爱合作，振兴企业。

每年，东京电视台都要全程转播这场别开生面的擦皮鞋入社仪式，整个场面颇为严肃。通过电视，整个日本的民众都感受到了西武的这种文化，正像主持人所说的那样：在这里，擦皮鞋成了增强公司内部凝聚力、促进新老职员之间友谊的美好象征。

堤义明认为，现代社会早已不是资本主义原始积累的时代；如今的老板，也不应该是当年的模样了。现在对员工们加班加点、克扣剥削，再也起不到任何作用了。在现代企业里，老板必须依赖员工，员工也必须依赖老板。老板与员工，是同进同退的。

所以，西武集团所提倡的理念就是：西武是一个大家庭，我们每一个人，不管是老板还是员工，都是这个大家庭中的一员。

为了员工，为了社会，也为了老板自己，应该让员工拥有梦想。堤义明说："经营者的重大责任之一，就是让员工拥有梦想，并指出努力的目标。否则，就没有资格当老板。"那么，西武全体员工的梦想就应该是把西武推向更大的辉煌。如果所有的员工都把这一点当做梦想并为此而奋斗的话，那么，西武将是任何公司所不能匹敌的。

堤义明指出，经营者和员工的目标是一致的。平时，员工或许要仰赖老板，困难时期，老板也要仰赖员工。很多时候，帮助公司度过困难的都是自己的员工，如果一个老板能够把员工当做知心人，再有困难的时候，与员工一起肩并肩的努力，并且是坐而思、起而行，任何难关都是可以突破的。

堤义明认为，经营者应该有"和员工站在一起"的信念，一旦情况紧急，能够有勇气说出"我自己尽量出资，也请大家出钱，共同分享利润。"有没有这种信念，是一个企业成败的关键。

首先，堤义明认为这个大家庭中的每一个人都要在西武中得到锻炼，他希望每一个员工回首在西武的日子时，说：我在西武工作的日子是我成长最快的时期，没有哪一个地方能像西武那样给我这么多知识，这些知识永远跟随着我，不管我走到哪里我都忘不了西武这个大家庭，我永远是西武走出去的孩子。

所以，堤义明对员工的培训非常重视，他把职业培训视为一种投资，这种投资不仅是对企业的投资，也是对员工个人的投资。

堤义明还把一个企业比作一个大木桶，他说除非这个企业人浮于事，否则每一个员工都是组成这个大木桶的不可缺少的一块木板。

在堤义明的观点里，一个企业的最大竞争力往往不只取决于某几个人的超群和突出，更取决于它的整体状况，取决于它是否存在某些突出的薄弱环节。

而员工则好比是木桶的桶底，这个桶底是由员工的人文素养及他所掌握的各项专业知识和技能构成的。如果桶底不是坚固无缺的，那么当木桶的容量随着木板的加长而增大到一定程度时，桶底便开始泄漏，严重的情况下桶底会开裂甚至会脱落而令木桶整个崩溃。

堤义明说：在现代的日本，随着社会、经济的飞速发展，人的优势正在替代传统的物质资源优势，员工在现代企业中往往比资金还宝贵。

一个公司如果拥有素质高的员工，那么企业的经营管理和整体竞争力就会越来越强，企业员工，特别是企业中高层的管理人员和技术人员对企业发展的制约作用就会越来越大。

堤义明说：长远来看，唯一能持久的竞争优势，就是你的组织你的员工有能力比对手学习得更快。没有一种外力能抢走你这个优势。只要你的员工具备了很强的学习能力，任何人别想模仿你，在他们模仿你的过程中，你又超越他一大步了。

堤义明把职工的教育和训练放在重要地位，认为职工技术水平和文化水平的高低，对生产率的影响很大。公司可以聘用学历低的人，但是这些人在公司中一定要成长为优秀的人才，所以，在西武内部设有各种类型的技术学校，科研人员和工程师也经常在公司内外的各种机构里接受新技术的教育，西武的职工从进公司到退休，一生中要不断接受各种各样的训练，这种再训练和再教育使得职工的知识不断更新、适应日新月异的科技发展形势。

西武对管理人员的培训采取三种形式：

1. 在职培训。西武公司各级管理人员的一项重要任务，就是在实际工程中对下级人员进行培养，提高下级人员的管理水平。培养下级人员差不多要占去一个管理人员大半的工作时间，因此，在该公司中能不断涌现出各种管理人才。西武公司每年还要去大学或研究院聘请获得管理硕士的研究生，经过一段时间培养观察后，再派往一些公司担任经理职务。

而且，身为社长的堤义明也常常参加这样的培训，有时候，他是作为学员来听课，有时候他是作为培训者，为公司的员工进行培训。

2. 在企业内脱产培训。西武公司内部为管理人员设有专门的培训中心，该中心经常举办高、中、低级管理人员训练班。培训紧密联系公司工作的实际，着重解决职工实际工作中遇到的难题，其师资来源一是公司内有经验的管理人员；二是到外面去聘请各方面的专家。这种针对需要而进行的训练，提高了管理人员的素质，效果很好。

3. 将管理人员派往大学和专门机构去进行培训。西武公司根据本公司人员的情况，将他们分别送到日本的大学或国外专门机构开设的培训班进行学习。并将各种管理人员，包括高级经理人员在内，送往大学接受正规的大学管理教育或进研究院学习，有的期限长达数年。

通过这一系列的培训，每一个西武的员工都在这个家庭中得到了成长，他们说，在西武工作就是一种学习。因此，每一个员工都尽心尽力地维护着这个大家庭。

虽然，在日本，商人一般都以团体为导向，比较慎重、规矩、礼貌、宁静，高度尊敬社会地位和等级制度，但是，在西武对这一条规则却有独特的解释。

在西武集团里，人们认为在员工之间应该互相尊重，懂规矩，有礼貌，但是，对于工作中的技术问题，每一个人都是平等的，不论何种分工，都可以提出自己的想法和建议。西武尊重每一个员工的想法，不管这个想法是对还是错，也不管提出想法的人是不是这方面的专家。

在西武公司有这样一个传统，就是设计师正在设计的东西，无一例外，全部摆在办公桌上，公司员工可以在任何时候随便走进办公室，对设计师的设计进行摆弄，甚至可以无所顾忌地对这些正在发明的东西“百般挑剔”。

堤义明是这样想地：“最接近生活流程的人，也最适合来解决设计中存在的问题。他们往往在生活中会发现很多设计师所不能发现的东西。”

在西武公司，同一个级别的员工更要互相帮助，遵从“邻桌原则”。这个原则是由堤义明首先提出来的，他说每个人在工作中都会遇到需要别人帮忙的时候，如果每个人都埋头干自己的活，不去关注别人，那么其他员工在需要帮助的时候就不好意思打扰对方，所以，堤义明鼓励每个员工在干自己工作的同时，看看邻桌的人正在干些什么，是不是遇到困难了，想想自己是不是有更好的办法能帮他们顺利解决难题。

西武公司的管理是非常独特的，有些地方可以要求很严格，有些地方又对员工很宽容，这就是堤义明所说的："刚柔相济、宽严互补。"

第五章

横空出世

一、地产风暴
二、缔造所泽
三、李代桃僵
四、内部跳槽
五、铁道集团

一、地产风暴

经过十年的磨炼，堤义明积累了大量经验，西武名下的资产也在稳步上升。

堤义明确实遵从了父亲的教诲，他在这十年里没有投资大型的不动产，而是在已有的不动产基础上逐渐加强经营和开发。

从表面上看，事业好似没多大进展，但实际上，就当时的情况而言，随着不动产不断上涨，不投资是适宜的。

堤义明遵守了对父亲的承诺，在这十年里守住了江山。他经过十年商海的磨砺，积攒了大量的能力，正在等待一飞冲天的机会。

堤义明一直以来都给人一种孤独的沉默者的印象。

他的孤独除了天生腼腆，不爱说话之外，更多的是与他所受的教育有关。

堤义明的父亲从小就告诉他，自古以来，具有王者气质的人都是孤独的。他们在别人面前要保持一个沉稳的形象。更重要的是，他们需要一直保持思考。

作为一个大的企业家，他必须时时刻刻都对周围的环境做出判断，他们要时刻保持对环境的敏感，他们要有超强的决断能力，在适宜的时间做出正确的选择。

荀子曾经说过一句话："水动而景摇，人不以定美丑，水势玄也。瞽者仰视而不见星，人不以定有无，用精惑也。"

也就是说，水一动，水里的倒影也在动，人就不能以水里的倒影来定美丑，这是由于水迷惑了人的眼睛而已。瞎子要是看天空却看不到星星，这并不能说明星星不存在，这是眼睛迷惑了自己而已。

这句话被堤义明奉为金科玉律，每当他要做出判断的时候，他就会想起两千多年前中国那个圣贤的教训，提醒自己看问题的时候一定要全面，不要犯以偏概全的错误。

20世纪60年代末至70年代初的时候，日本正进入经济社会发展的高峰期，整个日本仿佛一座巨大的工厂，在日夜不停地旋转着，好像在向世界宣告他已经成为世界经济强国。

那个时候，几乎所有的人都认为东京的房地产生意肯定是一本万利的事情。所以，许多企业都云集房地产市场，把大量的资金都投入到购买地皮当中，一时间，东京的房地产生意炙手可热。

那时候，几乎所有的企业家都相信，炒地皮开发房地产无异于自己印钞票，比任何投资都有利可图。

但是，就在这时候，西武传出来消息，他们将退出房地产市场的竞争。

这句话一传出来，日本所有的企业家都目瞪口呆。

大家对堤义明的决定议论纷纷。当时所有的人对房地产的前景都很乐观，所以，大家都猜测：是不是这位西武的少东家胆量太小，没有勇气参与如此激烈的竞争呀？

还有一些到房地产行业牟取暴利的商人更是恶意中伤，说堤义明胆小如鼠。

对于这些传闻，堤义明并不放在心上。

而在西武内部，也有很多反对的声音。对于这些反对者，堤义明就不得不在意了。

当时，以森田为首的西武几大元老，对堤义明的决定很是反对，他们认为，在这样的时机退出东京地产市场，无疑是放弃了一个绝好的机会。

虽然当时堤义明答应过父亲，在这十年里不增加任何不动产，现在十年不足，所以也有人认为是因为堤义明是遵循父亲的遗命而放弃这次机会的。

在众人的反对声中，堤义明并没有改变自己的决定，反而变得更有信心了。

他在“星期二会议”对西武全体董事们说：“既然我做了这样的决定，我就不会改。难道你们没有看到东京房地产的旺季已经过去了么？大家纷纷投资房地产的结果只能是，地皮的价格被抬到很高，偏离原先的价格。这个时候，以不正常的高价购进，你们认为这是有利可图的生意么？”

堤义明接着说："作为西武集团的最高决策人，我身上肩负着整个西武集团的使命，我知道有十几万的员工的生活都寄托在我身上，所以，面临选择的时候，我首先考虑到的是我的责任，而不是我所承担的风险。我做出这个决定是经过深思熟虑和广泛调查的，所以请大家相信我。"

就这样，虽然还有许多人无法理解堤义明的这个决定，但是，既然老板都已经拍了板的事情，他们也不能改变了。

堤义明的这个决定不是凭空做出的，他在做出决定之前做了大量的分析论证的工作，只是，平时堤义明是个沉默寡言的人，甚至看上去有些木讷。其实，很多人都不知道，在他平静的外表下隐藏着一个活跃的内心世界。

堤义明的这个特点，得益于他那个两千年前的远在中国的教父——荀子。

荀子曾经说过："以近知远，以一知万，以微知著。"

意思就是说，在做出决定的时候，一定要收集足够的信息和情报，经过一番仔细的调查之后再做出正确的选择。

而且，在做出选择的时候，一定要从细小的环节中推导出大的可能。不能忽略细小之处。往往越是小的地方，就越能够发现诸多蛛丝马迹。

堤义明根据当时席卷整个日本的房地产热潮，敏感地预测到了东京的土地很快就要供大于求，地产生意绝不可能一直热下去。所以，必须马上撤离，才能够保证全身而退。

也许是为了证明堤义明选择的正确性，不到一年的时间，房地产市场就发生了翻天覆地的变化。

果然不出堤义明的所料，一年之后，东京的房地产市场全线崩溃，无数的房地产商卷入了这场漩涡当中。当时，只有少数的几个大企业勉强脱险，其他许多企业家的资产都套牢在东京的房地产市场中了。

很多企业家当初为了赚大钱，把大多数的资本都"押宝"在东京房地产上，现在这块原先以为的肥肉变成了食之无味、弃之可惜的鸡肋了。

这个时候，人们才佩服起堤义明的预见能力来，大家都说："堤义明能够在大家都盲目投资的时候冷静地看到事态的发展，真是不一般呢！"

就连当时已经相当有名气的企业界前辈松下幸之助也由衷地佩服堤义明的才能，他说："一个人在困境中冷静地思考没有什么，但是能够面对这么大的诱惑还能临场不乱，不能不说堤义明是个了不起的企业家！"

其实，在这场房地产风波中，堤义明的内心也是很不平静的，但是，他知道，作为一个大企业家必须具有的能力——舍弃和决断。

舍弃和决断，是一个问题的两个方面。

孟子设立的古老命题——鱼与熊掌的两难选择，便包含了舍弃与决断。鱼，我所欲也，熊掌，亦我所欲也，关键是看选择者能权衡轻重吗？能克服贪欲吗？然后二者择其一。

堤义明对此深有感触："关于决断，我认为其根本一点便是舍弃。必须有所舍弃，否则就下不了决断。"

他颇具思辩色彩地说：所谓决断其实就是选择，而选择就是舍弃。选择是其中之一，就等于舍弃其他。

堤义明的超前思维和开阔视野，使他能够高瞻远瞩，立于不败之地。以往的事实证明了这一点，堤义明有充分的自信！

念及此，很有哲人风范的堤义明说道："既是舍弃，就需要勇气。若无勇气舍弃，便没法做出决断。"

他说，如同"设想"时需要"无我"，决断时需要"纯心"。下决断时，一旦摆脱自我，问题的本质便一目了然。若被自我所缠，则眼前一片漆黑。

举生意上的例子说吧。如果心里总是装着顾客，就会明白应该怎样对待顾客。如果只谋私利，只顾赚钱，便会走到顾客期待的反面。

你能真正做到想顾客所想，便会知道顾客的要求，便会想方设法给予满足。其结果不仅有利于顾客，同样也有利于自己。

如果全心全意为顾客利益着想，顾客就会成为自己商店的常客，当然是商家的好事一桩！

堤义明还根据自己的体会，提出决断时，必须集中注意力。

因为问题总是断断续续地出现，不妨集中精力解决眼前即将发生的问题。困难的问题平常不必去考虑，到必须决断时，再集中精力苦苦思索。

堤义明平时即使碰到棘手难题，也不去苦思冥想。他暂时把一切抛到脑后，待非下决断不可，才集中精力对付它。

堤义明认为，一个人只要全力以赴解决陆续出现的"眼前问题"，"眼前问题"就会迎刃而解。

企业领袖尤需具有创造力。

富于创造性的工作能予人以极大的享受！堤义明善于将日常工作赋予创造性，因而工作于他绝非苦役。他将其比喻为文化艺术的创造活动，并喜不自禁地说："这种创作活动又能赚取大笔钱财，那是再好不过的事了！"

因为充满了创造，堤义明全身心地投入和热爱他的工作。他说："每当我考虑未来的时候，各种新主意纷纷冒出来，真是乐在其中！新主意付诸实行并获得成功之后，更欣喜若狂！这就同艺术家一样，在品味着创作的喜悦。"

这些话，深得创造性劳动的个中三昧！工作对这样善于创造的人来说，不是苦役与谋生手段，而是一种痴迷的爱好，是生命不可分割的一部分！投入其中，乐而忘返，不知身处何地！

在那场房地产风波中，堤义明做出了完全正确的决定，但是，没有人知道在他做出决定时，他心里承受了多大的压力。

当时，他虽然预见到了房地产市场即将走软的趋势，但是，他也不想在这个各领风骚的时代做一个沉默的守业人。

眼看着父亲十年的祭日就要来临了，当年他对父亲承诺的诺言也快到期了。这就意味着以后他不必再有任何的顾虑，可以完全按着自己的想法去行动了。

在父亲祭日的前几日，堤义明一直被如何使西武在即将来临的风波中平稳发展而困扰着。

西武集团是个涉足很广的产业集团，但主要还是以地产业和服务业为主。

在地产业处于低迷状态的时候，西武的地产公司应该做何行动呢？很久以来，堤义明一直在思索这个问题。

每天晚上，堤义明都会在自己的书房里踱来踱去，想累了他就坐下来翻几页书看。

有一天晚上，堤义明顺手拿起了一本司马迁的《史记》，恰巧他翻到了《史记之卷八高祖本记》这一章，不知不觉中被书中的故事所吸引住了。

"汉王之国，项王使卒三万人从……去辄烧绝栈道，以备诸候盗兵袭之，亦示项王无东意。""……八月，汉王用韩信之计，从故道还袭雍王章邯。邯迎击汉陈仓，雍兵败。"（司马迁《史记之卷八高祖本记》）

"噢，这就是著名的明修栈道、暗渡陈仓的故事了！"堤义明恍然大悟。

"明修栈道，暗渡陈仓"是中国历史上有名的战例，历来为人们所津津乐道。韩信这一招，奠定了刘邦大业的基础，后来有很多兵法家效法韩信。

突然，堤义明灵机一动，一个妙计浮上心头。

他想："东京的房地产市场在激烈的竞争中一定会提高价钱，而商家们都盯着东京，而东京周边的土地一定会很便宜，我何不在大家都盯着东京的时候，把目光投向别处呢？"

正巧，近年来，在日本全国掀起了一个举办地方博览会的热潮。仅 1968 年，超过 1000 万人参加的大规模地方博览会分别在横滨、名古屋、福冈各城市举办，尤其是 1970 年在大阪举办的"花与绿博览会"，更把这项运动推向高潮。

于是，堤义明决定就在这个时期投资举办绿化博览会。

1973 年，在建设部的提议下，每年在日本各地巡回举办以"创造绿荫覆盖的城市"为主题的绿化博览会。

堤义明就趁此机会，决定在日本北九州市举办"全国城市绿化进化博览会"。

堤义明经过一系列的调查，发现了举办绿色博览会不仅对促进地方发展的"硬件"方面有直接的效果，而且对它在"软件"方面间接、长期的经济重要性有了新的认识。但是，连年在多处举办多次的地方博览会，不仅使其他的赞助商们的精力、财力疲惫不堪，而且对观众的吸引力也越来越小，所以，堤义明这次举办的绿色博览会正面临着一个巨大的考验。

但是，堤义明仍然在考验中发现了很大的商机，他经过几个月的筹划，制订了一系列的方案。

堤义明起草的方案主要有以下几个方面：

第一，综合利用各方力量——从制订计划起就重视调动各方积极性。

这次博览会从名称上可以看出，是属于行政主导型博览会。但不同于以往"市长亲自挂帅"之处在于，并不是所有一切都由行政部门包办。行政部门作为"主办人"，除了把握住本次博览会的方针大计，还同时要承担起保证财源、做参展企业工作以及协调与其他地区行政部门关系的重任，这是最重要也是最困难的工作。在制订各项具体措施时，动员各行各业的专家、企业，积极参与各种计划的制订。

"利用各界力量"，就是要调动各方积极性，使人人参与其中。以出租司机为对象的“打招呼会”就是一个很好的例子。一般博览会举行的这类会议大都限于参展企业、当地名流、新闻报道机构等有关单位参加。而北九州市所想的是利用出租司机作为消息传播的一条途径，扩大它的影响面。另一方面出租司机事先熟悉了会场情况后，可以更好地为前来参观的观众提供优质服务。这虽然算不得什么大事，但这种认真对待每一个细节的做法体现在各个方面，就会形成一个良好的整体形象。

第二，把死的知识变成活的应用——会展力求灵活、自然。

过去的“绿化展”大多规模大，种类多，奇花异草云集。这种方式对人们了解很多花草知识不无益处，但那只是死的知识，对人们的实际生活却没有多大帮助。为了使城市和自己身边的生活环境更加优美，应该着重教给人们用日常生活中的花与绿来美化自己的生活，这就是本次栽培计划的主题。用日常生活中随时可见的花草来装饰环境，不仅使观众感到亲切，还可以用自己的双手体会到创造的乐趣。“森林区”中酷似天然的花坛，“街区”中寻常可见的花草树木，沿途各种各样的苗圃花园等，精心的设计使会场变幻多姿，男女老少在轻松自如的气氛中其乐无穷。

第三，露天野炊——便于全家欢聚的会场构成。

博览会的会场从观众的角度看，也是一个“娱乐的场所”。“娱乐的场所”听起来似乎有点不合理。由于博览会的会场设计都是由专家负责，所以往往是充分利用每一个地方，而忽视了人们有时希望有一块“自由的空间”的想法。这次的会场专门设计成中间有一块大草坪，这是一块“自由的空间”，它不同于人们在公园看到的那种“游人禁止入内”的草地；孩子们可以在里面自由奔跑，上了年纪的老人可以在里面悠闲地散步，恋人们相依地坐在草坪周围的椅子上，以家庭为单位的游客还可以围坐在草地上打开饭盒野炊……

这种设计并非未考虑用地的合理性。在最初的设计中，因考虑到用电等基础设施的便利，本想设计成参观场馆集中的式样，这样确实可以降低成本，节省费用。但博览会的成败最重要的是有没有“热闹的气氛”，越热闹说明越受欢迎。就好像过节一样，人不多哪有节日的气氛呢？就连“迪士尼游乐园”，如果游客稀稀拉拉的，人们也会游兴大减。博览会的特点是平时来的人很少，而节假日却很集中。如果各个场馆很分散地放大，拥挤时刚合适，可游客稀少时就会显得更加冷清了。基于以上考虑，重新修改了计划，在各场馆中间留出了一个“自由的空间”，游客们集中在一起，既显得热闹，又有可以充分活动的空间。

“为全家提供娱乐的场所”，还体现在另一方面。通常的博览会习惯把观众对象明确化，而且认为定位于小学高年级、中学生，所有的人都会基本适用。但这次的博览会却没有采取这种方法，而是用不同的展区来加以区分。实践证明，这种方法受到了各个年龄层观众的欢迎，本次博览会 60 岁以上的来场者上升到 8.2%（其中 40 岁以上的人占 55%），家族性游客有了很大的增加。

第四，美术展画龙点睛——设立森林美术馆。

既然是绿化展，当然是花与绿的节日了。说到花当然离不开北九州的市花“向日葵”了。提起“向日葵”，当然会想到梵·高（荷兰）的名画了。尽管这种推理有一定的道理，但要进行国际性的游说可就没那么简单。经过许多挫折和不懈的努力，瑞士的伯尔尼市终于同意把他们收藏的作品提供给博览会。为此，博览会专门设立了一个“森林美术馆”，展出梵·高的“向日葵”以及莫奈（法国）、毕加索（西班牙）、夏加尔（俄罗斯）、高更（法国）、布拉克（法国）等欧洲名家以大自然为主题创作的作品，同时也展出了日本名家的一些同题材作品。参观“美术馆”需另付 500 日元的门票，主要是为了保护展品。以梵·高为重点，又单收费，这对博览会本身就是一种冒险，但实际取得了意想不到的成功。调查结果显示，前来参观博览会的观众，每五人中就有一人是为了画展而来的。

以往那种认为博览会只有靠娱乐性来招徕游客的想法正在发生变化，娱乐性固然重要，如果再加上文化性就会进一步增加博览会的深度，对观众的兴趣又可照顾到更多的方面，挖掘出新的观众层。

尽管在开幕当天和会期中，曾先后两次遭到了罕见的台风袭击，但参观者仍达到了 135 万人，远远超过了预计的 100 万人；参展企业不光有主要的电气生产厂家，还有当地大企业，使整个博览会的气氛异常热烈。

当其他的企业都在为东京房地产大崩溃而愁眉不展的时候，却听到了堤义明在离东京不远的地方成功地举办了这次博览会，他们不得不再次钦佩起堤义明审时度势的能力来。

二、缔造所泽

堤义明深得父亲堤康次郎的真传，并且从他自己苦学的中国古代哲学那里吸取了很多营养。

荀子曾经说过："欲观千岁，则岁今日。"

这句话的意思是：这对事情没有彻底看清楚，没有摸清楚之前，就不可能做出正确的判断。

这也是当初堤康次郎临终时一再嘱咐堤义明一定要守十年的原因所在。

转眼到了 1975 年，这已经是父亲去世的第十年了。这就意味着堤义明要自己在事业上要开始有大作为了。

这几年来，堤义明一直默默地观察着时局，分析着日本经济的发展。根据这么多年来的积累，堤义明现在几乎已经摸到了日本经济发展的脉搏。

他认为，二战后的这三十年间是日本经济高速发展的时期。日本从百废待兴到现在的经济繁荣，可以说几乎是一夜之间的事情。

就目前来说，经济社会各个领域中已经涌现出了许多实力强劲企业家，他们早已把现有的利益蛋糕瓜分完毕，以后再想有长足的发展就很难了。

这不仅是摆在堤义明面前的难题，也是摆在所有企业家面前的难题。

于是，堤义明就凭着自己锐利的眼光不断寻找赚钱的机会。

每年，堤义明都会花上一两个月的时间到日本各地区转一转，寻找新的机会。

1975 年元旦，父亲临终时对他说的话他还记忆犹新。

堤义明翻出父亲的遗书来。当时，父亲去世时交给堤义明两封信，第一封信的内容是：忍忍忍，忍十年；守守守，守十年。

堤义明此时再拿起第二封信来，只见信上写着："大量购买土地，进军休闲产业。"

堤义明大喜，父亲十年前所想正和他现在所想的一样。

于是，堤义明决定全力投入购买山区土地，建立休闲别墅、游乐区、高尔夫球场、滑雪场及观光饭店的开发。

凌晨4时，堤义明来到家族的祠堂里，带领堤家全体朗读父亲的《堤家遗训》。

然后，他又准时做“神想观”。在神灵附体中得到启迪，堤义明必须脱胎换骨蜕变重获新生，西武集团同样需要脱胎换骨，实现向名副其实的国际企业的转型。

堤义明当机立断，大蜕变就从蛇年的这第一天开始。

他拉开窗幔，举目窗外，只见一派银妆素裹、漫天飞絮。

堤义明不禁想：“瑞雪兆丰年！真乃天助我也。”

上午不到8点，堤义明便坐在东京国土计划部的办公室里了，给秘书打电话：“召集所有高层管理人员开会。”

与会者均带着惶惶然的猜测来到国土计划部的总裁办公室，毕竟还没有哪年在元旦开过会，难道出什么乱子了？

堤义明发表新年的演说：

“西武集团已经默默走过了10年，在这10年间，我们谨遵前会长的遗训，守业十年，没有太大的作为。

“今年是我父亲逝世10周年，我打开了父亲留下的第二封信，他在信中指示我们：大量购买土地，进军休闲产业。这和我的打算正好不谋而合，所以我决定在以后的几年中退出地产业，转向以休闲、观光为主的服务业。我们的做法应该是购置大片土地，进行大规模、综合性开发，建成旅游观光胜地，从而带来一系列的生意。最好的办法是购买山区土地，建立休闲别墅、游乐区、高尔夫球场、滑雪场及观光饭店的开发。

“我们必须以今年为新的起点，使西武集团得到新生。因此，我打算把这一点定为今年的目标。

“我正在考虑，要把那些同一工作干了20年以上的职员调到新的部门，让他们担任新的工作，这个方针适用于总经理以下全体人员。”

堤义明认为人长期从事一种工作，即使主观努力，试图拼命吸收先进思想，也难以改变陈旧观念。不用说，经验是重要的。不过，尽管积累了不少经验，但还是应该伺机力求创新。

因此，同一工种干了20年以上者就应该调动。

其次，对高薪职员的报酬和工作内容是否相符进行核查和评估，可以提拔能者，削裁庸者，调动全体职员的工作积极性。

堤义明始终认为，经营公司的责任，既不在部下，也不在周围环境，完全在于经营者本身——自身变化，将影响周围变化。

自身的变化，带动世界变化，这就是堤义明的哲学。

因此，在西武集团实行三项制度改革的同时，堤义明就思考着自身及西武集团高层的蜕变。

堤义明自身蜕变的宏愿，是要将自己塑造成一个真正的西武集团的领导人。

这一年，他来到了据东京不远的一个小镇——所泽镇。

以前的所泽是个人口稀少，一片荒芜的小镇，而今天的所泽则是日本关东地方中部城市，它位于埼玉县南部，武藏野台地上，面积71.8平方公里，人口26.8万（1985），1950年设市。原为农产品集散中心，交通要冲，曾建飞机场等军事设施。现以电机、食品和金属加工工业为主，中小企业居多。

正是他的这一次造访改变了这个小镇的面貌，也改变了这个小镇的命运，现在商业发达，第三产业人口占从业人口的2/3。

当地的老百姓都非常感谢堤义明，他们都说是堤义明给所泽这个小镇带来了生机。

由于西武集团修建的铁道沿线，有一条主要的线路是从东京的新宿和池袋这两个日本最主要的商业区开往东京西北的埼玉县的。

这两条铁路线在一个名字叫做所泽的小镇上汇合。按理来说，这里应该是交通要道，经济应该很发达。可是，这个地方偏偏相反。因为，它距东京的距离太近了，人们只把投资的目光投放到东京上，而忽略了这个小地方。

这个名叫所泽的小镇，条件非常落后，一片荒凉的气象。

就在这个时候，堤义明独具慧眼，相中了这个小镇，把大笔的资金投入到这个小镇的建设当中。他看中的一是所泽便利的交通和距东京50公里的路程，二是它优美的环境和低廉的土地。

从东京房地产投机上抽出资金来，堤义明立即着手做起了他接任以来的第一件最大的事业：开发所泽。

他想让这个大家都认为是一片沉寂的地方在他的手里变成一个价值连城的宝地。

所泽当地政府听说堤义明要开发这个地方的时候，他们万分的高兴，在各种政策上都给予了便利的条件。

再加上当时大家的目光都集中于东京的房地产，这里的地价和东京相比简直是天壤之别，所以在土地的投资上，堤义明用很少的价钱就购得了大量的土地。

堤义明想，要想使一个地方成为繁荣的城镇，那么只兴建一座酒店或一座游乐场是不行的，最好的办法就是综合开发。

经过慎重的思考，堤义明决定在所泽投资开发一家游乐场，一家国际文化村，一家休闲的星级大酒店和一家高尔夫球场。

于是，堤义明请来专家考察地形，设计图纸，动土开工，马不停蹄地开始了。

开发修建这些设施只花了堤义明很少一部分的钱，却把所有的建筑都建设得富丽堂皇，美轮美奂。

西武的游乐场是一个比美国的迪士尼乐园还要大的家庭乐园。

在这个乐园里，有各式各样的好玩的新鲜玩意，适合一家大小各个年龄的人的兴趣。

这里有动画片里的白雪公主、七个小矮人、丑小鸭、米老鼠和唐老鸭等全世界儿童都喜欢的动画形象，还有动画片和童话故事里的人物、建筑和树林，除此之外，游乐园里还有各式各样的游戏机，总之，能够充分满足任何一个儿童的乐趣。

在西武游乐园里还设有从国外引进的适合青年人的刺激性的娱乐项目。如高空探险、水上冲浪和武器射击等，也有夏季的游泳池和人工海浪沙雕；而散布于森林和泉水河流畔的小木椅，则适合中老年人谈天、喝茶和休息的好地方。

游乐园内精美的茶室和餐厅多达上百处，是结伴谈心和家庭聚餐的好地方。

总之，不管是哪个年龄阶段的，不管是怀有什么兴趣的游客，来到这里都能满意而归。

在这个大游乐园的两个入口处，都有西武的电车直达新宿和池袋，利用这两条早就有的铁道，使东京来的游客们只要花上 30 分钟就可以直接到达东京的闹市区，可以当天来当天回家。

在西武游乐场附近，堤义明把一座占地几十亩的小山，开辟成一个国际文化村。村内所有的花草树木及房屋楼宇，还有定时举办的露天表演节目都充满了浓郁的异国情调，而且可以作为儿童和青少年的最佳课外教育场所。

因此，所泽及附近的中小学，都以这个国际文化村作为自然生物教学的课外活动中心。

与此同时，西武集团投入了大量的资金，改建了所泽的街道，车站和公园等公共设施，并且引进了丸井和大荣两家大的百货超市，西武集团的大型百货超市也在车站附近耸立了起来。

堤义明在所泽建造的大型酒店，成为所泽镇内最大的和最好的酒店，人们来到所泽后首先入住的就是西武的大型酒店。

后来，堤义明又进一步开发所泽，在所泽附近建造了高尔夫球场和大型的滑雪场。

就这样，堤义明完成了缔造所泽的第一步计划。

刚开始着手建造所泽的时候，大家都在茶余饭后谈论着，不知道堤义明能把所泽建造成什么模样。

现在，当新的所泽初具雏形的时候，东京的各大媒体和报纸纷纷进行报道，对新所泽的全貌做了大量的宣传。

所泽的开发建设刚一竣工，投入使用后，就有大量的游客蜂拥而至。

一时间，在所泽度过周末已经成为日本的一大时尚。

今天的所泽已经成为一个具有80万人口的中等城市了，到这里来观光的游客们，如果不清楚他的历史，是无论如何也想不到这里在二十几年前还是一片杂草丛生、蚊蝇成群的荒凉的“死市”呢。

堤义明对所泽的开发，不仅获得了巨大的经济回报，而且还得到了极佳的口碑，成了日本商人与地方政府合作的一个典型的例子。

当堤义明在所泽盈利后，他所作的第一件事就是让市民参与所泽的发展建设中来。他把铁道运输所得到的利益又重新投入到所泽市的新生改造的大计划当中去了。

所泽的市民们从商业、文教、卫生、交通等多个方面都分享到了西武集团的利益。

众所周知，堤义明的经营理念是家长式的，当然也就保持了对家庭内部的每个成员承担责任的家长态度。

这就使得堤义明能够以一种博爱的方式去爱员工，与对待身边的每一个人。

这也就是他在获得利益之后为什么还要投资于公共设施的建设当中，使每一个所泽人都受益的原因。

在堤义明的心里，他一直把自己当做西武这个大企业的家长，他无论在哪里开办事业，他就会认为自己有义务像家长那样，为了这个地方的居民谋福利。

所以，堤义明把地方上的人聘请为他公司的职员，经过严格的训练之后，再把他们分配到他们的家乡，使他们在自己的家乡为西武开拓新的事业，同时，他们也是为了把自己的家乡建设得更美而努力。

堤义明常说：到一个地方去开创事业，启用当地的人是有好处的。这种好处不仅是对我们西武集团，对他们自己也是很好的。

每一个地方，都有当地的生活形态和思想观念，公司里的主要干部和职员，如果都是当地人占多数的话，一开始就占尽了天时地利和人和。我的这个观点不知道大家注意到没有。

可以说，我们西武集团能够这么昌盛，一个主要的原因就是靠当地人的支持，如果没有他们的支持我们的事业是不会这么顺利的。

因此，无论何时我们都要记住，要以当地民主的利益为优先考虑，而且，也要使当地的民众尽力的参与其中，使他们有一种主人翁的感觉。

每一年，西武集团都会在全国各地招聘许多新的员工，这些刚刚从学校毕业的学生，经过西武总部严格训练后，多数都要把他们派到自己的出生地去工作。

这样，他们不仅具有了西武集团的企业精神，而且又是以当地人的身份来建设和管理当地的西武的产业，所以，他们总是能够顺利地开展工作。

这正是堤义明所说的：天时、地利、人和。他认为，占尽这三种条件，才是一个企业扩张的先决条件，这种启用当地人的方法，除去这些人可以熟悉当地的环境和民俗文化之外，无形中还是各地的居民都熟悉了西武集团，在感情上对西武集团产生了好感。

三、李代桃僵

西武在改造完所泽之后，又在日本的古都奈良建造了一个大型的豪华酒店。

酒店一落成，刚好赶上了旅游旺季，再加上西武不惜巨资在各大电视台、报纸做广告，因此，酒店一开业便宾朋满座，顾客络绎不绝，生意十分火爆。

古都奈良偎于青山环抱之中，这里既有金碧辉煌的古迹名胜；又有小白长红、迎春摇曳的樱花，加之现代化的娱乐设施与西武这样世界的一流旅店，周到殷勤的服务，使每年春夏两季的各国游客接踵而至。

但是，过了不久，酒店的经理冈田一郎就愁容满面地跑来找堤义明。

堤义明看到他那副表情，还以为出了什么事，就关切地说："怎么了？生意不好么？你怎么愁眉苦脸的呢？"

冈田说："不是呀，是生意好得不得了！顾客一天到晚络绎不绝呢。可是，让我发愁的却是另一件事情。"

堤义明很是纳闷，问："什么事情能让我们这么能干的冈田头疼呢？"

冈田说："社长，您不知道，奈良风景优美，不仅人爱到那里去游玩，就连小燕子也喜欢到那里去呀。"

原来，每到4月以后，飞到南方过冬的燕子又争相飞来，纷纷在宾馆饭店筑巢栖息，繁衍后代，它给奈良凭添了一种温馨怡人的自然景观。好客的店主人和服务员小姐，很乐意为小燕子提供营巢的方便。

可是，招人喜爱的小燕子却有个随便排泄的毛病，刚出壳的雏燕更是把粪便溅在明净的玻璃窗上、雅洁的走廊里。

酒店的服务员小姐尽管不停地擦洗，但燕子们的我行我素总使旅店留下污渍。这使游客非常扫兴，服务员小姐也开始抱怨了，宾馆饭店的经理冈田锁紧了眉头。

冈田想了好几天也没想出什么好办法，他想要彻底清除小燕子的粪便污渍只有两个办法，一是增添员工，二是赶走小燕子。

但是，这两个方法试过之后都行不通，小燕子的粪便污渍有碍观瞻，这成了奈良酒店发展的一大难题，已经影响到了整个景区。

所以，万般无奈之下，冈田只得过来找堤义明讨主意了。

堤义明想了想说："这的确是个很严重的问题，一旦小燕子的粪便拉到了客人身上，那么，谁还想来呢？"

堤义明思考着对冈田说："我先想想，过几天我再告诉你怎么办吧。"

接下来的几天里，堤义明一忙完公司里的事情就思考怎么解决小燕子的问题。

有一天，堤义明难得遇到一个空闲的傍晚，吃晚饭后，他和妻子就到周围的公园里去散步。这时候，他看见路边有一对母子，小孩在玩的时候不小心撞到了树上，哇哇大哭，母亲一看，连忙哄他，可是，怎么哄也不见效，这时候，母亲就生气的打了那颗大树两下，假装训斥道：真讨厌，谁让你撞到我们家一夫的！大树在空中摇了一下，母亲就对小孩子说：一夫，你看，大树向你道歉呢！这么一说，那个小孩子竟然破涕为笑了。

堤义明一看突然想到了中国的一个成语"李代桃僵"，意思就是：桃树要受罪遭难了，由李树来代替，桃活李死。这么一想，他马上想起了无法对付小燕子的粪便污渍，不由心中一亮，为什么不能让小燕子代本店受过呢？就有了解决问题的办法了。

第二天，堤义明就把冈田叫了过来，把想到的办法告诉了他。冈田脸上先是惊奇，接着是恍然大悟，最后紧皱的眉头就舒展开来。他带着敬佩的表情向堤义明深深鞠了一躬，走出门奔向自己的汽车，一阵风似的回到了奈良。

回到奈良后，冈田请人以小燕子的名义拟了一则奇特的启示：

女士们、先生们：

我们是刚从南方赶到这儿来陪伴你们过春天的小燕子，没有征得主人的同意，在这儿筑了窝，还要生儿育女。我们的小宝贝年幼无知很不懂事，我们的习惯也很不好，常常弄脏你们的玻璃和走廊，使你们不愉快，我们很过意不去，请女士们、先生们多多原谅。

还有一件事恳求女士们和先生们，请你们千万不要埋怨服务员小姐，她们是很辛苦的，只是擦不胜擦，这完全是我们的过错，请你们稍等一会儿，她们就来。

你们的朋友　小燕子

小燕子这天真烂漫的道歉，把寻找欢乐的游客们逗得前仰后合，他们肚子里的那股怨气也在笑声中悄然散去。每当他们再看到窗上、走廊里的点滴粪便污渍，就会自然而然地想起小燕子那亲昵风趣的话语，又会忍俊不住地笑起来。

堤义明事后总结道：其实，大凡旅游者都有一个心理特点，就是一旦获得愉悦的感受，便会很快淡忘旅行中的那些小不快，就像撞树的那个小孩子一样，而我正是抓住了旅游者的心理特征，巧妙地化解了他们的不满情绪，使他们带着美好的回忆，从而解决了这个令人头疼的问题。

四、内部跳槽

1968 年 4 月，发生了两件大事，第一件大事就是西武百货公司在涩谷开业，第二件大事就是东京丸物，也就是现在的巴而可，正式加入西武流通集团。

对于这次兼并，堤义明非常重视，他认为，两个公司合并成一个部门，不亚于一次大换血，以前的制度要重新考虑了。

堤义明知道，一个高效的管理机制，一种积极奋发的企业文化，是一个公司展开大收购成功的保证。如果公司内部人心混乱，管理者又各怀私心，员工们的积极性、创造性也就会受到压抑，这样的企业环境，任何一个决策都将引起不满，别说管理好收购过来的其他公司，甚至自己公司也还需要有能力的人来管理。

所以，堤义明针对这次合并特别修改了以前的员工手册。

新的员工手册具体规定如下：

1. 新员工参加指导训练，是一个公司兴隆的根本，凡负有指导部下之责的主管，都应随时留意，起带头示范作用。

2. 一个人的潜在能力和适应性，不是一朝一夕可以完全了解的。所以要求各个部门必须使之适材适所，各展所长，对工作力求贡献，公司才可政通人和，提高效率。力求减少偏差，消除不平不满情绪。

3. 上级在指导部下时应以真诚待人，一视同仁，信赏必罚。该说的话一定要说，该追究的一定要追究到底，绝不采取讨好或姑息政策，要以诚意督促下级向上。

4. 一个公司事业的成功，首先在人和。亲睦和谐，乃是西武一向重视和强调的社风。在任何时候不要用严戒，这样反而滋生凡事依赖他人的心理。在各自执行业务上，要独立自主，决不依赖他人，且必须互助合作，以竞事功。

为了给员工们创造一个平等和谐的环境，堤义明别出心裁，在西武公司内部创造了一种独特的“周游式管理办法”，鼓励各个部门负责人深入基层，直接接触广大职工。

而堤义明本人也身先士卒，以身作则，一改过去在总裁餐厅独自用餐的习惯，每天中午他都要走进职工餐厅，与大家伙一起用餐。

堤义明的这个习惯一直保持了很多年，他这样做是为了培养员工的合作意识和与他们建立良好关系。

而且，西武公司的办公室布局采用日本少见的“敞开式大房间”，即全体人员都在一间敞厅中办公，各部门之间只有矮屏分隔，除少量会议室、会客室外，无论哪级领导都不设单独的办公室，同事不称头衔，即使对董事长也直呼其名。这样有利于上下左右沟通，创造无拘束和合作的气氛。

日本是一个讲究合作的民族，他们认为单打独斗、闭门造车的工作方式在现今社会是越来越不可取了，反而团队的分工合作方式正逐渐被各企业认同。管理中打破各级各部门之间无形的隔阂，促进相互之间融洽、协作的工作氛围是提高工作效率的良方。

西武不在工作中人为地设置屏障分隔，敞开办公室的门，制造平等的气氛，同时也敞开了彼此合作与心灵沟通的门。

堤义明认为，对一个企业而言，最重要的一点是营造一个快乐、进取的环境：在管理的架构和同事之间，可以上下公开、自由自在、诚实地沟通。

有一天晚上，西武董事长堤义明按照惯例走进职工餐厅与职工一起就餐、聊天。

这天，堤义明忽然发现一位年轻职工郁郁寡欢，满腹心事，闷头吃饭，谁也不理。

于是，堤义明就主动坐在这名员工对面，与他攀谈。几杯酒下肚之后，这个员工终于开口了："我毕业于东京大学，有一份待遇十分优厚的工作，进入西武之前，对西武公司崇拜得发狂。当时，我认为我进入西武，是我一生的最佳选择。但是，现在才发现，我不是在为西武工作，而是为科长干活。坦率地说，我这位科长是个无能之辈，更可悲的是，我所有的行动与建议都得科长批准。我自己的一些小发明与改进，科长不仅不支持，不解释，还挖苦我癞蛤蟆想吃天鹅肉，有野心。对我来说，这名科长就是西武。我十分泄气，心灰意冷。这就是西武？这就是我的西武？我居然要放弃了那份优厚的工作来到这种地方！"

这番话令堤义明十分震惊，他想，类似的问题在公司内部员工中恐怕不少，管理者应该关心他们的苦恼，了解他们的处境，不能堵塞他们的上进之路，于是产生了改革人事管理制度的想法。

于是，堤义明就对这个年轻的员工说："如果现在让你自己挑选工作的部门，你可否愿意?"

这名员工大声地说："愿意！我当然愿意了！"

经过一段时间的考虑，堤义明在公司内部实施了一种独特的管理方式，这种管理方式鼓励员工在公司内部自由流动，具体的做法是：

西武公司开始每周出版一次内部小报，刊登公司各部门的"求人广告"，员工可以自由而秘密地前去应聘，他们的上司无权阻止。

另外，西武原则上每隔两年就让员工调换一次工作，特别是对于那些精力旺盛、干劲十足的人才，不是让他们被动地等待工作，而是主动地给他们施展才能的机会。在西武公司实行内部招聘制度以后，有能力的人才大多能找到自己较中意的岗位，而且人力资源部门可以发现那些"流出"人才的上司所存在的问题。

大家都认为这种"内部跳槽"式的人才流动给人才创造一种可持续发展的机遇。

在一个单位或部门内部，如果一个普通职员对自己正在从事的工作并不满意，认为本单位或本部门的另一项工作更加适合自己，想要改变一下却并不容易。

虽然西武集团多年来一直实行公司人事安排不可动摇的原则，但这个原则并不是一成不变，而是蕴藏着细微的变化，即每隔两年就要让各层次的干部、职工实行一次内部调动，他们又把这叫做“内部跳槽”。

“内部跳槽”包含了两层意思：

其一，它打破了以往的那种“职位高低、工程优劣”的等级观念，强调每一个岗位都重要，每一个人都可以适应在不同的岗位上进行工作，并经受磨练。

其二，“内部跳槽”强调的是对人的实际工作能力的培养。一个人在一个岗位上待久了，容易麻木僵化，看什么都“习以为常”，反应迟钝。改变一下，换一个岗位，让他们站在一个新的岗位上，他们就可能萌发从未有过的新想法。同时，在新的岗位上每个人还可能遇到许多新课题，这就迫使他们钻进去学习，汲取新知识，以使自己的实际工作能力得到进一步提高。

许多人只有在干得非常出色，以致上司认为有必要给他换个岗位时才能如愿，而这样的事普通人一辈子也难碰上几次。当职员们对自己的愿望常常感到失望时，他们的工作积极性便会受到明显的抑制，这对用人单位和职员本身都是一大损失。

堤义明说，西武集团的用人目标就是人尽其才，所以，我们希望每个人都能够在自己喜欢的岗位上发挥自己的特长。如果真的要用人所长，就不要担心职员们对岗位挑三挑四。只要他们能干好，尽管让他们去争。争的人越多，相信也干得越好。对那些没有本事抢到自认为合适的岗位，又干不好的剩余员工，不妨让他待岗或下岗，或者干脆考虑外聘。

西武公司的内部跳槽制度就是这样，有能力的职员大都能找到自己比较满意的岗位，那些没有能力参与各种招聘的员工才会成为人事部门关注的对象，而且人事部门还可以从中发现一些部下频频“外流”的上司们所存在的问题，以便及时采取对策进行补救。这样，公司内部各层次人员的积极性都被调动起来。

当每个干部职工都朝着“把自己最想干的工作干好，把本部门最想用的人才用好”的目标努力时，企业人事管理的效益也就发挥到了极致。

堤义明说这种公司内部流动的优点是内部候选人已经认同了本组织的一切，包括组织的目标、文化、缺陷，比外部候选人更不易辞职。

五、铁道集团

西武集团在堤义明的领导之下，在 20 世纪 70 年代末期就已经成为庞大的商业帝国了。

在这个庞大的商业帝国里，西武铁道集团是其中最重要的一个组成部分。

西武集团的核心部门是国土计划部，而西武铁道集团就是由国土计划部掌控的。有人曾经说：西武集团内部错综复杂，但只要控制了国土计划部，就等于控制了西武集团。

西武集团从事铁道产业由来已久，最先涉足铁道运输这个行业的是西武集团的元勋，堤义明的父亲堤康次郎。

堤康次郎在 1920 年创立“箱根土地”，开始经营不动产和铁道事业，先后发展成为“国土计划”和西武铁道，其中也包括西武百货，构成了庞大的“西武王国”。

堤康次郎对铁路感兴趣与他的童年是分不开的。

堤康次郎出生在一个小生意人的家庭，在他 7 岁的那年，他的父亲曾经参加过一段 24 公里长的铁路修建工程。

那时候的堤康次郎已经是个很懂事的孩子了。他一到周末就扛着铁锹去帮父亲的忙。

1920 年，在堤康次郎创建“箱根土地”的时候，他的事业还刚刚起步。当时，他的流动资金还不很充足，但是，堤康次郎却看到了铁道在未来的几十年内一定是一个一本万利的事业，所以，他毅然顶着经济上的压力，开创铁道事业。

那是 1923 年的时候，西武铁道公司在堤康次郎辛苦的运作下，在这两年有了很大进展，到了 1929 年，已经拥有三条铁路沿线了，全体员工已增加到三百多人，并且还在继续成长中。

这时，堤康次郎决定建设一条横贯东西的铁路运输通线。

这个计划气势宏伟，大约需要土地五百坪，建筑 350 坪，钢材 2 万吨，木材 32 万吨，是一个规模相当大的工程。

当时，土地的价钱5万日元谈妥了，建筑设计的金额是9万日元，钢材50万日元，共计64万日元。

堤康次郎看看周围情况，认为时机已经成熟，决定排除困难争取完成扩建任务。

当时堤康次郎手中还有5万日元的盈余。

买木材需要14万日元，建筑施工费四五万日元，总共大约要20万日元，除5万以外不够的15万日元怎么办呢？在西武百货公司的库存抛售也赚不到这么多。

思考了好多天，堤康次郎还是没有想出其他的良策，最后只好决定向银行贷款。

堤康次郎当时对铁道事业扩充有绝对信心，因此决心断然执行。

1929年10月，堤康次郎去找住友银行西野田分行经理，把计划和贷款需要告诉了他。

经理竹田氏说："堤康先生，你们的事业愈做愈大，是一件好事。在这两年间，赚了不少钱吧。这一回要投资80万日元，是可喜可贺的事。我们银行也很乐意看到像你们这样不断发展的顾客。我们欢迎你们来贷款，不过，到底需要多少钱呢？"

堤康次郎回答说："买木材需要14万日元，建筑施工费四五万日元，总共大约要20万日元。我们自己有5万日元，所以需要向银行贷款15万日元。"

"新铁路建设好以后，运输量会大大增加，周转金不是也要增加吗？"竹田氏继续问。

"建设铁路需要七八个月时间，我打算把这七八个月间所得的收益转做周转金。总而言之，只需要银行能给我们15万日元的贷款，我的计划就可以行得通。我们的销售情况每月都增加，市场的开拓也愈来愈大、愈来愈稳定，这一点请放心。"堤康次郎坚定地回答。

堤康次郎把当时的运输状态、铁道修建状况以及资金的回收情形详细地向对方说明。

竹田氏听完了之后说："很好。金额相当大，本来需要保证人的，因为你们是信用很好的老主顾，所以免了。不过，我得跟本行商量，请稍等两三天。我很信任你的做生意作风，15万日元是不小的金额，我愿意尽力帮忙。

两三天后，回音来了。

“我们同意借15万日元给你。这个金额如果全部没有抵押，恐怕有困难。15万日元的贷款，至少也要20万日元以上的抵押品。我想你们可能没有适当的抵押品，所以请你把这一次要买的土地和建筑物做抵押好了。我们银行是不欢迎不动产的，但对堤康先生特别优待，不够的部分，用信用贷款通融。不过，我们不能做长期贷款，最迟在两年以内，必须还清。你有没有把握呢？”对方问堤康次郎。

堤康次郎听了觉得很有道理。如果要抵押，也只有用5万日元买进来的土地而已。建筑先借钱，等修好了以后才抵押，等于是暂时没有抵押的。这是银行对他特别优待的做法，他应该感谢。

可是，堤康次郎对“拿不动产做抵押向银行贷款”的事，心里很不愿意。尤其是做抵押必须登记，一登记，人家就知道西武有负债，对现在正要开始发展的信用有影响，应尽量避免比较好。

因此，堤康次郎感到为难地说：“你刚才所说的，几乎等于是信用贷款，我很感激。但拿不动产去登记，对我们西武集团有不良的影响，这是我们必须慎重考虑的地方。给我们这么多方便的银行，我不该进一步开口，可是，能不能用无条件贷款的方式办理呢？两年之内还清是没有问题的，这一点请放心。至于土地的所有权书和将来盖好之后的建筑物所有权书，都可以寄存在银行保管。务请信任我堤康这个人，答应我的要求。”

竹田氏似乎很信任堤康次郎，立刻回答说：

“好，我再跟本行交涉。你有所顾虑的话，我也会尽量想办法。”

又过了两三天之后，终于得到了正式的承诺。

一切工作准别就绪后，开工典礼就在铁路的起始处举行。

那时积雪刚刚融化，泥泞的道路上插满了五颜六色的旗帜，在微风中迎风招展。

当地的老百姓前来观看热闹的开工典礼，几百名建筑工人围在临时搭建的台子上，堤康次郎像往常一样登上台子，宣布工程开始。

那条铁路工程十分艰苦，铁道路过的地方，地形十分复杂，有高山，有河流，还有荒无人烟的山地。

但是，历经千辛万苦，这条横贯东西的铁路终于修好了。

从堤义明接管西武以来，就一直不断地完善西武铁道的航线。

1969 年，在堤义明的主持下，西武秩父线从吾野到西武秩父线路开通。

1973 年，堤义明正式出任西武铁路公司的社长。

1983 年，在堤义明的提议下，西武集团进行了一次大规模的铁路连接计划。这次大型的连接计划是在延长池袋线的基础上又增加新线的交通铺设工程。这条新的铁路完工后，将和地下铁连成一线。

自从 1983 年 6 月起，地铁乐町线已经由池袋延长到地面上。还可以以中途的小竹向原车站作为会车地点。

9 月，又完成了从小竹向新妥的铁路工程。

自此以后，西武铁道公司，是由东京通往人口密集的西北郊区的电气化私营铁道企业。铁道全长 170 里，几条不同的路线，连接了四五百万人口的居住地。

在国土公司下面有两个特别重要的企业：一个是西武铁道，再一个是相关的兄弟企业（里面有太子酒店、西武商事等）。

在西武铁道下面，有一大批子公司，如西武不动产、西武巴士、丰岛园、近江铁道等。和西武铁道并列的是一些关联企业，如西武建设、伊豆箱根铁道等。

在堤康次郎担任西武铁道公司社长的期间，还发生了一件有趣的事情。

这件事情可以说是日本铁路运输上的一个转折点，各大媒体纷纷报道，即：开设女士专线。

在 1990 年的一天中午，《经济》报的记者来到坐落在东京国土计划部的西武铁道公司的办公室，采访西武铁道公司的理事长森田明彦关于西武首创女士专线的事情。

西武铁道公司的理事长森田明彦拿出纸杯，给《经济》记者倒了一杯茶后，让自己高大且有些肥胖的身体在东京总部的沙发上坐得更深了一些。森田用手把戴在鼻梁上的眼镜扶正，说：

在日本，拥挤的电车早已成为色狼上下其手的好场所，这是人所共知的事情。

近来我们西武铁道公司经过长时间的调研后发现了这一问题，为减少色狼危害女性乘客，我们决定在东京首都圈的铁路电车业者相继推出女性专用车厢，在上、下班拥挤的时段只限女性搭乘。

于是，东京第二天的各大报纸上就出现了以下这段话：

东京西武电铁公司继 5 月在田园都市线导入女性专用车厢之后，25 日起也计划在东急东横线导入女性专用车厢，西武电铁还表示，由于搭此线电车到横滨中华街的观光客众多，所以女性专用车厢预定将全日运行。

第六章

西武神话

一、西武百货
二、太子酒店
三、西武巨蛋
四、狮子棒球
五、球队运营
六、财富裂变

一、西武百货

西武百货公司最早的雏形是堤康次郎父母经营的小杂货辅，后来传到了堤康次郎手里。堤康次郎凭着自己的聪明才智，不断把握时机，把原先的西武百货店发展成初具规模的西武百货公司。

到 19 世纪 70 年代的时候，西武百货公司已经遍布日本的大街小巷。

经过两代人的不懈努力，西武百货公司在日本国内竭力扩充影响，开设店铺，实力已经远远的超过了大荣和伊藤羊华堂等大公司，在日本经济高速发展的时期，发展成日本流通业的最大集团，在东京等全国一流大城市发展事业。

1993 年度，进入日本最大的 100 家企业中（注：以经营额计，不包括银行保险业），入百强榜的零售商共 7 家，按名次排列分别是：神户的大荣、东京的伊藤洋华堂、东京的西武、东京的佳思客、东京的三越、大阪的高岛屋和日井（均指总部所在地）。

西武与大荣、伊藤洋华堂同列日本三大超级市场。西武的店铺到处都是，数量难以统计，它开店的特点，不是开设单间的店，而是建造一条商业街，商业街以超级市场为中心，包括各式店铺，其规模宏大，其中更有号称日本第一的“池袋太阳城西武商场”是标榜“国际”二字，引入洋货及外国风味餐馆。以地理位置、客流量、营业额等比，都比不上以东京为大本营的西武商业街。西武还有一大特色，商场和商城的自有率较高，不少店铺是自己的物业。除零售业，西武还广为经营包括电影制作、电影院、戏院、美术馆、出版公司、广播电视台、芭蕾舞学校的商业性文化产业，以及食品、金融等业。后来，西武集团更是转战海外，在香港新加坡以及中国内地都开设了分店，其中深圳 2 家、成都 1 家、沈阳 1 家。其中深圳西武百货成立于 1993 年 11 月，当时可以说是全国最早经营高档百货、国际名牌的百货公司。1993 年至今，西武一直走在世界潮流最前沿，汇集了众多世界顶尖名牌，特别是西武罗湖店，作为西武百货的经典之作，荟萃了世界顶级服饰、珠宝、皮具，云集众多国际知名钟表、化妆品极品，与钻石地段优势相辅相成，是时尚经典的焦点中心。

集团职工数一万余人，总资产5758亿日元，净资产率为18%，总销售额11038亿日元，经常性利润128亿日元。

香港富豪李嘉诚说过："人生自有其沉浮，每个人都应该学会忍受生活中属于自己的一份悲伤，只有这样，你才能体会到什么叫做成功，什么叫做真正的幸福。"

有着今日辉煌的幸运的堤义明又何尝不是自逆境、挫折、失败的沼泽险滩中跋涉过来，备尝了人生沉浮的大喜大悲，坚强地品尝、吞咽了属于自己的哀怒、悲伤，才拥有成功的艳丽美景？

且不说压抑的童年，也不说1958年那场台风，对堤义明意志和智慧的考验，也不说他终生刻骨铭心的兄弟相争，在少年堤义明心中刻下了缕缕失意的伤痕，令善感多思的少年初识人间的愁滋味。

以至于功成名就的堤义明忆及当年，仍百感交集："思想的挫折，台风的打击，对我来说，是一层又一层的苦难。"

但是不管遇到什么困难，堤义明仍然信心坚定，在困难面前，从不退缩，只一心一意寻找突破口，最终都能把西武集团引向更辉煌的道路。

每次经过一场抉择之后，连堤义明自己都不无后怕："要不是凭不肯屈服的信心，西武可能早就危机重重了！"

有多少次，堤义明凭着惊人的意志力、过人的沉勇和谋略，力挽狂澜，顶住浊风恶浪，撑住了西武百货公司的一片天空。

不可想象，如果没有堤义明这样有勇有谋的舵手，西屋百货公司这艘航船能否在波涛起伏的商海中劈波斩浪，迅猛航行，且不断壮大？

这一切都源自于堤义明坚定的自信和执着的信念。他常对职员说："有信心，人就会变得力量无穷。"

对于一个有信心，有信念的人来说，世间没有什么克服不了的艰难险阻！成功，不会令人永远满足，失败也不会令人停顿止步。正确对待失败，失败就会成为成功的基础。

堤义明就是一个面对逆境有非凡定力，而在跌倒之后能迅速爬起的不畏失败的人。

二、太子酒店

在东京，甚至在整个日本，凡是用太子，英文以 Prince 命名的国际级一流大酒店，全都是堤义明西武集团旗下的直接经营事业。

堤义明一生中所经营的事业范围十分广泛，从百货公司到铁路运输，从棒球队到杂货店，从航空公司到旅游观光，从技术学院到房产开发等，可以称得上包罗万象、内容繁多。

然而，在这些事业中，若问哪一项事业堤义明做得最好，酒店业肯定是堤义明一生中最辉煌最浓重的一笔。

在东京的所有酒店中，堤义明所拥有的太子酒店的数量和客房的总数就首屈一指。

单在东京就有七间太子酒店，其中东京太子酒店和赤坂太子酒店，是国际知名的超级大酒店。

东京太子酒店 494 间，高轮太子酒店 418 间，新宿太子酒店 571 间，新高轮太子酒店 1000 间，品川太子酒店总馆 1026 间、分馆 257 间，赤坂太子酒店新馆 761 间，六本木太子酒店 216 间，阳光城池袋太子酒店 1166 间，这些数目加在一起，客房总数近 6000 间。

其中，品川太子酒店的设计最为独特。品川太子酒店的顶层天台距地面 143 米。未来派的设计风格给游人全新的感受。屋顶内部装修加上宇宙外观主题使游人仿佛置身于太空船中。

而位于池袋太阳城的太阳城太子酒店，是东南亚游客和商务人士经常入住的一家大酒店。

东京及附近地区的太子酒店，房间总数超过一万间，以都市人口计算，堤义明称得上是世界酒店大王。

日本各地及国外，还有 50 多家太子酒店，都是堤义明的企业。

太子酒店的连锁企业遍布日本的大街小巷，说他们是日本都市酒店的代表，那是当之无愧的。

其中，对西武来说，酒店业的核心，除东京外，是地处箱根、轻井泽等旅游胜地的星罗密布的酒店群。

箱根、轻井泽酒店是从堤义明的父亲堤康次郎时代就开始兴建的，后来从伊豆半岛扩展到北海道、东北、上信越，再到鹿儿岛，仅仅是旅游胜地的酒店数就可以超过60家。

西武酒店所呈现的多样化，令其他同行业的人望尘莫及。

因此，不少日本企业界人士和媒体均把“酒店大王”的桂冠加在堤义明的头上。

在都市酒店中，堤义明倾注了最大心血的，是1982年4月25日开张的新高轮太子酒店和1983年3月7日开张的赤坂太子酒店。

以这两家酒店为例，不难看出堤义明作为一代酒店大王的追求和眼光，同时也可以说是堤义明一生酒店事业中的巅峰之作。

尽管十几年过去了，但有幸参加过新高轮太子酒店开幕酒会的人，至今都难以忘怀那一次盛会。

堤义明的朋友、日本著名的经济评论家和传记作家针木康雄在十几年后仍然对此事感慨万千。

他说：“日本任何一家稍微像样的酒店，可以说每天都有酒会举行。但是在1982年4月25日举行的酒店却是最盛大的。那次酒会分三次召开，贵宾总数多达2万多人的新高轮太子酒店的开幕式显示了西武集团不凡的气度。

“在酒会举行之前，我和2万多名贵宾都收到了由堤义明先生亲笔签名的请柬。在请柬上是这样写的：新高轮太子酒店由日本艺术院会员村野藤吾先生设计，破土动工后，经过5年马不停蹄的施工，继高轮太子酒店落成之后，于4月25日举行开幕典礼。务请您大驾光临。

“整个酒店雕栏玉砌，豪华气派。1000间客房幽静雅致，从大宴会厅到飞天厅富丽堂皇。”

对堤义明来说，只有出席新高轮太子酒店这样的开幕典礼酒会，才符合他的气派，也才符合日本酒店大王的形象。

随后一年开幕的赤坂太子酒店，则出于新高轮太子酒店的开幕酒会过于炫耀，所以堤义明决定不再举行酒会了，而是向2万多名财政要人、政府首脑、企业界人士和顾客赠送免费的住宿券。

后来，针木康雄在撰写关于堤义明的一本书时，对新高轮太子酒店的一些场景的回忆中写到：“当我去会见堤义明，采访都市酒店的整体性计划时，是距离太子酒店开幕前一个月的事情了。当时，堤义明给我看村野的设计图纸，在巨幅的图纸上用铅笔详细描绘出了分块设计图，竟然就有几十张之多。从大厅道通向飞天厅的平缓的螺旋通道的设计，一张张图纸简直像艺术作品一样。”

太子酒店并不是聚宝盆，也不是每一个太子酒店都那么红火。品川太子酒店已经修好了，但效益一般。

不过，堤义明马上就想出了应对之策。没过多久，堤义明就在品川地区投资修建了品川别墅群。

品川别墅群位于品川旅游度假区内，距东京市区 13 公里，有很多可以直达的车，交通十分便利。

品川别墅群内有一个大的人工湖，人工湖以水面辽阔、风景秀丽著称。

湖中盛产各种鱼、虾、蟹等水产品。度假区内有快艇、摩托艇等水上娱乐设施；冬季还有冰帆、冰车、雪橇等冰上娱乐项目。

别墅群临湖而建，这里空气新鲜，就像天然氧吧，小住几日会给自己的肺换个“三滤”。

在别墅群内有私家花园，别墅内装修豪华，舒适典雅，在房中就可直接欣赏湖中美景，令人心旷神怡。

每逢节假日，这里就住满了来休闲度假的人们。游人们可以约几好友在湖边烧烤、钓鱼、喝酒、聊天儿、玩牌，也可以观看露天剧院里的演出。

人们之所以喜欢这里，是因为它远离都市喧嚣，可以独享悠闲的生活。

这个品川别墅群建在森林之中，让人有一种回归自然的感觉：日暮晨昏，推开窗口就能见到满目青山，除了气温冬暖夏冷之处，空气又新鲜得像水洗过的一样，这种感觉真的好爽！

而且别墅设计美观实用：建在山坡上的度假别墅外观上朴素大方，既有现代感又带有森林建筑的特点，房间和客厅宽畅明亮。错落有序的层式框架结构则让人又有一份“住进了一幢‘楼居’”的平价感。

更重要的是这里的功能齐全：大厅有卡拉 OK 厅，可供一家大小或者亲朋好友欢聚高歌，不想唱歌有电视看。楼上的夫妻房配有豪华蒸气桑拿，另一个房间则可以供小孩或者朋友居住。

除此之处，小溪边的草坪上还设有露天烧烤座供房客使用，一边烧烤一边可观看潺潺流水。住房客人还可享受在山泉活水泳池中游泳的惬意。

除了这个别墅群之外，堤义明还投资数百万元资金，开了一个大型的游乐场，每年这个游乐城都会增加新项目设备改造。

这个游乐场根据西武一贯的风格而建，这里不仅规模宏大，而且可以游玩的项目繁多，完全可以和美国的迪士尼乐园相媲美。这个游乐场里仅供小朋友们游玩的项目就有：古堡战车、电池车、小飞碟、波浪超人车、欢乐转马、跳网床、波波池反斗乐、儿童综合区、游戏厅等，而且，近年来还引进了年轻人喜欢的新花样：翻转飞车、碰碰车、坦克大战、反恐精英、迷你保龄球、斜桶生辉、终极标靶、抛球入灌、旋盘套柱等。

在东京地区还有一个比较大的游乐场——东京的丰岛园游乐场。

世界各地的游客到日本旅游，在行程安排上都会把东京的丰岛园游乐场排进游玩节目里。这个设计新奇、面积几乎及得上迪士尼乐园的游乐场，也是西武集团直接经营的。

后来，又在这里建造了滑冰场、滑雪场、高尔夫球场等娱乐设施。

经过这一系列的建设，品川太子酒店在增建了溜冰场、滑雪场这些娱乐设施之后，饭店效益大增。

从此以后，品川就成了游人们来东京旅游的必去之地。

索尼公司总裁盛田昭夫每次出国谈生意之前都要首先住进品川太子酒店，来放松一下。以后更是形成了一批著名的固定客户。

堤义明在品川的试验一成功就迅速出击，又相继在苗场、北海道富良野、岩手县霞石、箱根等地兴建起西武休闲饭店，并和“苗场”一样，实施“综合开发”。

在一次成功之后，堤义明又投入巨资在很多地方建立了相似的休闲广场。在他的开发之下，许多地方都变得美丽起来了。

随后的不久，堤义明又在北海道富良野兴建滑雪场，北海道的天然条件很适合开发做滑雪场，那里人口密度不高，又没有工业化的污染。冬天的时候，大雪压山，白茫茫一片望不到边。

堤义明在北海道投资兴建的富良野滑雪场是当时该地区第一座度假滑雪场，建成之后，立刻吸引了大批日本国民的光顾。

随着来此地观光游客的增加，西武休闲饭店也门庭若市。

堤义明的这个全方位开发的计划一发不可收拾。他在接连取得成功之后，又寻找新的机会。

后来，在1981年的时候，堤义明看好了岩手县的霞石地区，这里有绵延的高山，山上覆盖着茂密的森林，堤义明经过一段时间的考察后，就乘专机飞回东京。

在回到东京的第一天，他就召开了一个小组会议。

在这次小组会上，堤义明兴奋地向大家宣布：下一个大的工程是在岩手县的霞石地区建造一处滑雪场。

堤义明满怀信心地说：这个滑雪场将是独一无二，因为，据西武的专家们发现，这里是岩手县内唯一最适合开发滑雪场的地方，因此，如果在这里修建滑雪场的话，那么他就可以享有独占市场的效应。

接下来，堤义明就投入了紧张的组建工作。

经过几年的筹建，堤义明终于在岩手县的霞石地区，开发了一座与富良野一样的滑雪场，果然不出他所料，隆冬时节一到，滑雪场就敞开大门迎接络绎不绝的来客了。

接着，堤义明又相继在其他一些旅游度假胜地，秉承稳健坚实的原则，实施综合开发。

堤义明先后在许多地方都进行了综合性的开发，每到一处都收到了良好的经济上的回报。

不仅如此，因为堤义明的开发使得整个地区都改变了模样，吸引了大量的游客来观光，这样，就直接的带动了当地经济的发展，如交通，餐饮，商贸等。

由于堤义明的开发，使西武集团与当地的经济都得到了发展，这些益处使大家有目共睹，所以，有许多地方官员亲自拜访堤义明，希望他能去当地开发。

堤义明所到之处都受到了当地政府和百姓的欢迎。当堤义明决定在某处投资时，有很多地方都会派政府官员来迎接。

有一次，某个县城曾经派出十几辆轿车来迎接堤义明率领的访问团。访华团和接待方都乘坐着官员的车队，在红灯闪烁的摩托车的开道下，一路畅通无阻，直驱下榻的宾馆。而道路两侧的车辆则停下，等车队通过。这样的迎接盛况令堤义明很感动。

堤义明曾不止一次对外界的媒体说：每次看到当地人们对我的热情，我都感到由衷的高兴，我一次次地告诉自己，你虽然是一个商人，但是，你同时也是个日本的公民，为了日本的繁荣富强，我应该出一份力量。

堤义明的这番发自肺腑的话，是他真实行动的写照。他在投资开发的过程中，给自己定下了以下三条原则：

一定以当地人民利益为出发点。

绝不插手当地政治。

造福当地。

这是堤义明给自己定下的三条规矩，而且他时时刻刻提醒自己一定要遵守，从来没有违反过哪一条。

堤义明的这种造福于人民的思想是与他多年的教育有关，是他多年来所崇拜的荀子教导他这么做的。

荀子曾经说过："积土成山，风雨兴焉。积水成渊，蛟龙生焉；积善成德，而神明自得，圣心备焉"。

堤义明知道，只有自己时刻怀着一颗积德行善的心，自己的胸怀才能变得越来越宽广，自己才能不断超越自己。

在开发的过程中，堤义明秉持着这几条原则，为开发地的繁荣发展做出了巨大的贡献，这与当时人们印象里商人的"唯利是图"大相径庭，不仅在经济上得到了丰厚的回报，而且也在人们的心中树立起良好的形象，获得了人们的支持。

在堤义明的领导下，西武集团迎来了超额的丰收，从此以后地区开发成为西武集团的主要发展方向和利益的主要来源。

三、西武巨蛋

堤义明在休闲产业中取得了巨大的成功，但是，他并不会对这一点小小的成功就此满足，在地区性开发兴起的同时，他看到了其中的雷同趋势。

他认为，随着时代的前进，年轻人逐渐成为消费的主力军，他们不仅不像父辈们那样在生活上墨守陈规，而且还会主动地寻找其他的娱乐新方向。

近年来，随着电视、电影等传播媒体的发展，年轻人也愈来愈追求偶像了。有资料显示，年轻人在追逐明星方面的花费已经远远超过了日常生活中的消费。

追星逐渐成为了一种产业，于是，堤义明想从产业方面进行挖掘，来满足大众的新要求。

在 20 世纪 80 年代的时候，体育产业发展迅速，在全国范围内掀起了人人参与体育运动事业的风潮。

这个时候，堤义明又把目光投向了体育事业。经过一系列的调查，他认为体育产业一定会成为新的经济增长点。

于是，堤义明准备向体育产业进军。但是，选择哪一项体育项目呢?

日本人一直以来都很迷恋棒球运动，而且棒球运动在日本发展得也很不错。

当时的堤义明尽管不懂棒球，但他却看到了日本人对棒球的热爱。他认为，棒球运动将是一个前途远大的投资项目。

棒球运动是一项古老的运动，据考证，希腊和印度的古代寺庙以及碑石浮雕上均刻有持棒打球的图案。而现代棒球运动的起源说法不一、有的认为源于 15 世纪英国的板球，但多数认为始于美国。

1839 年美国陆军军官道布尔戴（Abner Doubleday）在纽约州的库珀斯敦举办了首次棒球比赛。1845 年世界第一个棒球俱乐部在纽约成立，并由卡特赖特（Alexander Cartwright）确定正式比赛场地的规格，并制订较细的竞赛规则。1869 年美国成立世界上第一个职业棒球队。1871 年美国成立“全国职业棒球运动组织”。在 19 世纪的时候，棒球运动传入日本，并在很短的时间内成为一种大众喜爱的体育活动。

于是，堤义明看中了棒球这个普及的、具有刺激性和冒险性的体育项目。

事实也证明堤义明的判断是正确的，后来棒球在日本几乎成为了“国球”。从小学生、中学生、高中生、大学生，再到中年人，几乎所有年龄段的人都迷恋起棒球运动来。

日本有 12 支职业棒球队。每队约有 70 名选手。这两个队分属两个组织，

"中央联盟"和"太平洋联盟"。每个联盟领有六个球队。这些球队的总部分别设立在东京、大阪、名古屋等大城市。两个联盟每队各自共进行 26 次交战，共计 130 场比赛，然后由两个联盟中的优胜球队，争夺全国冠军。

但是，堤义明却选择了连年亏损的大洋队。后来，堤义明把这次经历叫做：场外练兵。正是这次机会，才使得他有了建立西武狮子棒球队的契机。

大洋队是由日本大洋渔业公司投资组建的一支职业棒球队。但是，从组建至今，球队一直连年亏损，以至于到了不可扭转的地步。

到了 1976 年秋天，大洋队持续每年亏损已超过了 3 亿多日元，更不幸的是，母公司大洋渔业中本身也出现了每年亏损几百亿日元的现象。

大洋队面临着如此严重的财政危机，所以，堤义明想在此时收购这支球队，由自己来经营。

但是，经过堤义明的明察暗访发现，大洋队的老板中部廉吉却并不想转让这支球队。

也许是天赐良机，正巧这时候银行向大洋队的老板施加压力，催促他尽快把大洋队的欠债付清，而且不肯继续提供贷款了。

近日来，大洋渔业公司迫于银行的压力，大洋渔业公司的社长中部廉吉面临着两个选择：要么在一年之内把大洋队扭亏为盈，要么转让大洋队。

正在大洋队的老板苦无良计可施的时候，有人建议他来找堤义明寻求良策。因为堤义明这几年来在娱乐事业中做出的成绩是有目共睹的，大家相信，什么事到堤义明手中就一定会有办法解决。

于是，一筹莫展的中部廉吉就找到了堤义明。

中部坦诚地向堤义明说明了情况：堤君，我已经没有办法，但是我还不想放弃这个球队，毕竟我经营了这么多年。所以，就拜托堤君了！说完，中部向堤义明深深的鞠了一躬。

堤义明听了中部的话，问他球队究竟亏损了多少。

中部叹口气说：哎，每年大约有 3 亿元的亏损吧。以前大洋渔业生意兴旺的时候，这点钱也就算是广告费了，可是，近几年来，大洋渔业的经营状况也不佳，所以，对这个球队也就力不从心了。

哎，以前大洋渔业兴盛的时候，好多银行都争着贷款给我们，现在事业一有些不顺，银行就不给通融了，真是不像话。

银行最近竟然让我们对大洋球队进行独立核算！虽然现在球队暂时处于亏损状态，但是，也不是所有的球队都能盈利呀！全国一共有12支球队，每年都能够盈利还不就只有巨人队一家吗？

堤义明听完中部的话，安慰他道：中部先生，我理解您的心情，我知道您非常疼爱这支球队，但是，现在眼前的问题是怎样使球队扭亏为盈啊！

堤义明接着说：我认为这个球队亏损的症结还在于大洋队的整体形象和战斗实力方面。我有一个好的办法，可以使大洋队扭亏为盈，不知道您可以接受吗？

中部一听很高兴，他说：堤君，您不要客气，有什么您就尽管直说，我没有把大洋队经营好，我就应该接受批评。只要不让我放弃大洋队，只要可行，我一定会尽力的。

堤义明说：我看大洋队的主赛场设在川崎球场无疑是个致命的大错误。您想想看，那里不仅交通不便，而且球场设施也不完备，环境污秽不堪。在这样的环境中，队员无心打球，观众也不会被吸引到这个地方来呀。

如果想要经营一支现代化的球队，没有好的教练、没有设施好的球场、没有明星球员是万万行不通的。

现在您有几件事情要做：

建造一个现代化的设施精良的球馆。

聘请一个优秀的教练。

加强对队员的训练，打造明星球员。

这三点如果都能做好的话，那么，大洋队扭亏为盈也就指日可待了。

中部一听心里就不免忐忑起来，因为，这个意见无论从哪一方面讲都需要大笔的投资，可是，这些投资哪里来呢？

堤义明又接着说：我有一个方案，放弃川崎球场，在横滨兴建新的球场，经大洋队的主赛场搬迁到新球场去，这样行么？

要是把川崎和横滨比较一下，我想中部先生您也会认为横滨更好一点吧？

但是，这样有一个难点就是，在横滨没有合适的球场，我们必须重新盖一个，如果一个新的球场在横滨拔地而起的话，铺上大片人工草坪，在那里举行精彩的比赛，横滨人必将蜂拥而至，如此一来，扭亏为盈自然就轻而易举了。

中部很迷惑的看着堤义明，他想不出有什么更好的办法，但是，资金呢？过了半晌，中部叹了一口气说：堤义明先生，您的主意的确不错，但是，要在横滨盖一个大型的球场是需要很大一笔资金啊！这个钱由谁出呢？

如果让我单方面出，我是没有这个能力了。如果银行贷款的话，那么也有些困难。您对资金方面有什么好的提议么？

堤义明听完一笑，他说：中部先生，资金的问题您放心，既然我能想出这个办法，那我就自然有解决的方法了。

我的办法就是，不用我们花钱就可以盖一个球场。

中部一听，很诧异：不花钱？堤君，你没有跟我开玩笑吧？

堤义明哈哈一笑：您先听我说。现在在横滨公园有个市民球场，我们应先把这个球场拆掉，然后，建造职业棒球队的正规球场。那里是都市公用土地，所以不需要土地费。

这时候，中部的表情开朗起来了，他说：这么说，您愿意投资建球场了？

堤义明摇摇头说：不，中部先生，您和横滨市政府，还有我，都不需要出资。我现在所向您传授的是娱乐休闲产业中的一个窍门。

首先，我们按照一般的方法筹集到一半的资金，即20亿日元。这个方法就是出售球场的座位，每个座位可以卖到250万日元，出售800个座位，这样正好是20亿日元。即使我们什么都不做，就已经有一半的资金到位了。

中部一听不觉有些失望，他想堤义明虽然厉害，但怎么说也是个棒球产业的外行。按当时的行情，一个座位每天的售票价格是1000日元，一年65场比赛，就是6.5万元，可堤义明居然要卖到250万日元，这不是痴人说梦么？一时间，中部觉得自己真是白来了一趟。

“一个座位要卖到250万日元？这样谁会买呢？”中部还是掩饰不住自己的失望。

堤义明平静地说：卖250万日元，不是一年或两年，而是45年，可以使用45年的指定座位。

“45年？”

“是呀，45年！平均一年大约是5.5万日元，每年有65场比赛，所以每场比赛是850日元，比现在的票价要低很多。

因为是预售的，所以以后票价上涨，我们也不会涨的。这样算起来还比那样便宜呢？

巨人队对抗赛一个季度就有 13 场比赛，对于球迷来说，他们是非常不愿意错过的，所以，这么办一定能行得通的。

“可是，您说的 45 年是什么意思呢？”中部听得入了迷。

堤义明胸有成竹地说：这还要和横滨的市长飞鸟田市长商量一下才能定下来呢。建造球场，自然需要成立新的公司，在这 45 年里新公司从市政府那里接管球场，吸引新的球队，就能够为市民提供精彩的球赛了。

另一方面，虽说球场由新公司负责经营管理，但是，市政府也要有若干干部出任新公司的要职，这么一来，45 年后把球场交还给政府，市民们也不会有怨言。

还有一点，要出售 800 个座位，看起来有些吃力。但是，如果一两张成套出售就是 400 套，这样就很容易了。

中部一听，很高兴：“可是，还有 20 亿日元又怎么筹措呢？”

堤义明回答说：“那就要靠招募投资者了。建造球场当然会和建筑公司发生联系，还要定购钢材，还有球场今后的电视转播权我们也可以出售，当然，市政府也要投资一部分钱的。”

中部听完很高兴：“但是我的股份呢？”

堤义明笑笑说：“大洋队理所当然要由大洋渔业来持股了。但是，现在还有一个问题就是，您说过球队的资金是 6.6 亿日元，那么现在还有 3 亿日元的亏损，这笔钱您可以承担么？”

中部一听，沉吟了良久说：“如果单单是球队的资金，我想大洋还是有能力承担的。但是，若加上这些亏损，好像就有些问题了。”

这时，堤义明又说了一句让中部吃惊的话，他说：“那您看这样办怎样？我可以以增资的方式拿出资金来补贴今年 3 亿日元的亏损，这相当于全部资金的 45%。剩下的 45% 由大洋渔业公司持有，您个人拥有 10% 的股份，如果哪天您想转让球队的话，那么我有优先购买权，我可以按照您开出的价格购进。那时，球队的经营权就归我所有的了。”您觉得这样处理如何呢？

中部一听非常高兴，他在走投无路的时候去求见堤义明，没有想到堤义明却以如此宽容的方式和他合作，对堤义明的做法他觉得非常地感动。

堤义明在指点完大洋队走出困境之后，一个想法突然闯入脑海中：我为什么不组建自己的棒球队呢？

这么一想，堤义明开始兴奋起来，他为了发掘出一个新的领域而精神抖擞、信心百倍。

但是，唯一的不足就是堤义明从来没有涉足过棒球事业，在这方面还没有任何经验可谈，所以，他就想利用指点大洋队的过程积攒经验。

其实，关于进军体育事业的想法是由来已久的。

堤义明的父亲堤康次郎从小就培养他热爱体育运动。在堤义明很小的时候，曾经还以斯巴达式的训练方式来培训他。那个时候，堤义明就深深地喜欢上了体育运动。

但是，很多年来，他还只是以一个参与者的身份来看待体育运动。这次，大洋队的邀请使得堤义明灵光一闪，突然想到，我为何不把体育当做一项事业呢？

堤义明相信：能做好其他的事业，也就能做好棒球这个事业。

因此，在建造横滨球场时，堤义明就深谋远虑地认定：这是一种学习，为的是今后在西武企业集团的重要基地——所泽，建造日本最一流的球场。

建造球场不用自己花一分钱，而且还能学到东西，以备将来所用，难道还有比这个更有意义的事情吗？

即使和以后的经营无关，堤义明建造球场也是一件足以骄傲的工作。

因为，继后纱园球场之后，横滨球场是日本第二个拥有全面人工草坪的球场。1978 年，日本职业棒球联赛开幕前，这里正式开始启动了。

后来，正像堤义明所预想的那样，日本职业棒球联赛把主赛场移到了横滨，那年，大洋队自创立以来第一次盈利。

随着横滨球场建造的成功，堤义明积累了很多这方面的经验，所以着手准备建造自己的球场了。

堤义明把球场的地址选在崎玉县所泽市。但是，那个时候，堤义明还没有想到自己建立西武的球队，还只是想建造一个球场，邀请其他的球队来比赛而已。

凭借着在修建横滨球场时学到的经验，堤义明于 1978 年开始在崎玉县的所泽市建造自己的球场。

所泽新球场的投资共计 60 亿日元，紧紧挨着西武园。

同时，西武组建了自己的业余太子酒店棒球队，这个球队和西武铁路公司和国土计划公司所拥有的冰上曲棍球地一样，是为提高企业内部的团结力、扩大企业宣传而组建的一支球队。

规模宏大的球场建成了，但是只有业余的几支球队过来打球，于是，堤义明想引进职业棒球队过来比赛。

按照堤义明的计算，全国一共有12支职业棒球队，只要邀请5支球队来所泽比赛，那么，每年举行60场比赛还是很容易实现的。

但是，在和一支球队老板的谈话中，堤义明才意识到他的这种想法是不可能实现的。

堤义明和燕子棒球队的老板松园尚已一起打高尔夫球。在休息的时间里，堤义明向松园介绍了自己新建的所泽球场的情况，然后邀请燕子球队过来比赛。

松园随口说："比一场吗？哦，比一场是没有问题的！"

堤义明说：松园君，虽然你们的主场神宫球场也不错，但是如果燕子球队把球场搬到所泽来的话，球队的收益会更好。因为，所泽距离东京很近，而且所泽市的人口也比较多，在这里比赛观众就会多很多。而对于我们来说，能够邀请到燕子棒球队来比赛也是很荣幸的一件事。

但是，松园老板听完之后，反应却很平淡，他说：哦，是不错，不过我们还没有考虑过要把球场搬迁的事宜。

这时候，堤义明才恍然大悟。其实，松园老板的意思和很多棒球队的老板是一样的。他们之所以组建棒球队，最大的目的还是想通过球队来增加员工的团结力和凝聚力，同时，球队作为一种宣传企业的工具。

他们对球队的要求很低，因为他们并不依靠球队来赚钱，只要球队收支平衡，就会达到他们的要求。

对于很多棒球队的老板来说，棒球队只是一种宣传的工具，所以只要有一定的观众就可以了，不会太计较胜负。

也就是说，很多球队的老板并不是把组建棒球队作为一种事业来完成的，他们只是把它作为一种宣传的工具，所以，根本不会考虑把球队搬到所泽去。

如果说，刚开始堤义明还不那么想拥有自己的球队，只是希望把球队当成一种工具来招揽顾客和团结员工的话，那么，当他猜想到其他老板的心理的时候，把棒球队当做一项事业来经营的想法就越来越强烈了。

后来，西武创建了自己的棒球队，把所泽当做主赛场。这个主赛场就是后来的非常著名的西武巨蛋（巨蛋体育场泛指大型室内体育馆或穹顶式建筑）的前身。

现在就让我们来看看这个著名的西武巨蛋的诞生过程。

在1979年，西武集团买下了狮队后，便将西武狮队的主场迁移至埼玉县所泽市。

到了1996年，西武球团宣布将在所泽原址进行巨蛋化的工程。

1997年，在球季结束后进行第一期工程，完成了周围的支柱和观众席上方的不锈钢板屋顶。

1998年球季结束后的第二期工程则将球场上方的膜状屋顶补上，并将全垒打墙往后移了一些。

1999年球季，日本的第五座巨蛋球场，同时也是唯一一座原址加盖的巨蛋球场终于诞生。

西武巨蛋的著名不仅在于它是实力雄厚的西武狮队的主赛场，而且还在于它独特的内部设计。

西武巨蛋在设计之初，堤义明就要求设计师盖出一座能和自然融合的巨蛋球场，因此西武巨蛋的屋顶并非完全覆盖球场，而是使用24组V字型的钢柱和其下方直径1.1～1.3公尺，深31公尺的钢管水泥柱将屋顶撑起，除了保留了原本西武球场外围林荫的外观，外面的自然风也可吹入球场，避免使用大量的空调，至于球场正上方的屋顶部分则采用和东京巨蛋类似的玻璃纤维材质，厚0.8厘米，可透过13%的太阳光，以节省照明所需的能源。

这样的设计不仅能够与周围的环境融为一体，而且还节约了能源，起到了环保的作用。

堤义明根据在观光旅游业中总结的经验来经营棒球队，把棒球与其他的娱乐融为一体，这样就满足了球迷多方面的需求。

西武巨蛋不仅是个球场，而且，堤义明本着综合开发的宗旨，还在附近增设了其他的娱乐设施。

西武巨蛋虽然位于东京近郊，但这里乃是西武集团开发的一个娱乐区，除了和西武园游园地以西武山口线相连，附近还有狭山滑雪场、恐龙探险馆、西武第二球场等，球场三垒侧的球团事务所内也有西武球团的展示场和商品贩卖店，以及中国餐厅“狮子”，所以球迷也可以到这些地方玩个一天再到球场看球，如果要在比赛前才到球场的球迷则可在西武池袋站或新宿站搭乘直达车，全程约需40分钟。

西武巨蛋内的饮食还相当丰富，包括球场内的小吃、各式便当和之前提过的狮子餐厅，不过西武巨蛋最与众不同的一项名产，是在球场前广场左方餐车上贩卖的狮子烧，其实说穿了就是做成西武狮头形状的红豆鲷鱼烧，虽然风味并不特殊，但西武球迷当然不能错过。

四、狮子棒球

前面说到堤义明在建好球场之后，就着手准备筹建自己的球队了。

巨人队是当时全日本最引人注目的一支球队，他的老板对经营棒球队非常有经验，所以，巨人队每年都能够创下丰厚的利润。巨人队仅靠出售电视转播权的收益就能高达30亿日元。这个收入令好多球队羡慕不已。

但是，巨人队同时还有一个不利之处，就是没有自己的球场，这样，巨人队每年都要从自己的收益里分出2/3的利润交给乐园球场，这其实等于每年都要帮助乐园球场赚钱。这一点，在堤义明的眼里是非常划不来的。

堤义明不仅想赚球队的钱，同时，他还希望能够从球场获取更多的利润，将利润最大化。

这样一来，唯一的办法就是拥有自己的球队。所以，在球场快要盖好的时候，堤义明又准备组建自己的球队了。

可是，要想马上组建一支实力雄厚的球队谈何容易！最简单的办法还是收购一支现成的球队了，可是，在这12支球队中，哪一个球队有出售的意向呢？

人生有时候是需要机遇的。就在这个时候，打火机队的老板中村长芳却找上门来。看到中村的那一刻，堤义明就知道自己的机会来了！

中村长芳是堤义明的老朋友，他曾经在政界就职，担任过岸信首相的秘书，在政界是很有门路的，所以，他和堤义明的关系一直很密切。

在中村接任打火机队的老板之后，他也常常到堤义明这里来和他讨论球场中的内幕或者来寻求帮助，堤义明会尽自己所能帮助他。

所以，那天，当中村坐到堤义明的办公室的时候，他也没有拐弯抹角，而是直接说：堤君，我受你之托，去各个球队打听球场的事，可是，根据我的了解，没有哪个球队愿意把主赛场搬到所泽去啊！

现在，还是想想别的办法吧！你的所泽球场马上就要建好了，你不能让这个球场空着呀！为了更好地利用这个球场，您不如放手一搏，把我的打火机队一起收购过去吧！

堤义明一听，心有暗喜，这么多天来他一直在寻找机会，没想到机会却自己找上门来了。

提起打火机队，在日本棒球界那也曾经是名噪一时的球队呀！在20世纪50年代的时候，打火机队曾经拥有过像大下、中西、丰田、稻尾等超级棒球明星。但是后来，随着球队成绩的下降，开始连年亏损。到了1970年以后，又因为爆出了所谓的“职棒赛黑幕”而致使名声一落千丈，主力队员也因此而丢失。球队受到了致命的打击，从此一蹶不振了。

被球队的事情折磨得焦头烂额的中村今天来找堤义明的目的就是希望西武能够接管打火机队，以帮他解除这个沉重的包袱。

堤义明虽然喜在心头，但脸上却没有表现出来。他知道作为一个商人，喜怒不形于色的重要性。

而且他同时也在考虑这个交易是否可行。堤义明知道打火机队亏损的原因除了主赛场在福岗而不在东京之外，还有一个重要的原因是，打火机队属于太平洋盟队，而不是那个受观众欢迎的中央盟队。

堤义明脸上露出了为难的表情。中村一看很着急，于是就想极力说服他：大家都认为，如果一个棒球队不是中央盟队的话，就不可能招徕更多的观众，但是，打火机队不同呀，它曾经的知名度是很高的，而且，现在他还保留着对大明星江村的交涉权啊！

在日本的棒球界有一个特殊的规定，这个规定是为了阻止球队之间争夺球员而引起的恶性竞争而设立的。

于是，日本体委会在20世纪60年代初设立了新选手选拔会议制度。这个制度中规定，由全国12个球队分别抽签决定交涉权而与球员交涉。

各球队在每年赛期结束后举行新队员选择会。每个队可以列出六人左右的名单，进行入队谈判。从1993年开始，允许名列前一二名的选手自由选择球队。于是，为了获取优秀的选手，各球队展开了激烈的竞争。

而在1977年的职业棒球选拔会上，中村代表打火机队抽到了对这一年最抢手的球星江村的交涉权。

但是，江村却一直想进入巨人队，断然拒绝了打火机队。在双方的坚持下，江村只好宣布退出体坛，而对球队的要求置之不理。

中村说：当初很幸运地抽中了江村，虽然他不愿意加入打火机队，但是，我们还有机会争取啊。据我所知，他不愿意加入打火机队的原因是因为主赛场不在东京。现在由您来接手打火机队，而且主赛场在所泽，我相信他肯定能参加打火机队的。

说完，中村就用期待的目光看着堤义明，堤义明思考了一会儿说：中村君，正如您所说的，江村不愿意加入打火机队。可是，就算把主赛场迁到所泽，他就会同意吗？如果他能同意，我想我还是会接受的。

再者，关于迁移主赛场的问题，我也知道，是要和拥有球队股份的所有人一起商讨的，所以，这样就不太容易了吧？

中村一听马上说：堤君，这个您尽管放心，我会说服所有人将主赛场迁到所泽去的，如果这个我能够做到，那么，我们是不是可以成交呢？

至此，堤义明才微微一笑，站起来与中村握手，说：合作愉快！

堤义明在与人合作中，经常观察办事者的能力，如果办事者不能当场决定，而是说等我回去和董事会商量一下再做决定的话，堤义明是不会和他谈的。

于是，在1979年的时候，在中村长芳的请求下，堤义明收购了打火机队，并且把他改名为西武“狮子”棒球队。

但是，在这个过程中，堤义明有一件遗憾的事情，就是没有把江村吸引进来。

因为，在江村宣布退出体坛的第二年，他就以临时球员的身份加入了巨人队，虽然这一协议被球联视为不合法的，但是，却不能够有效阻止这种情况的发生。

而那个时候，堤义明正在办理接手的手续，所以，只能眼睁睁看着江村加入了巨人队。

“堤义明的公司拥有一支名叫狮子的棒球队”！在西武狮子棒球队正式成立的第二天，这句话就走上了各大媒体的头版头条，一时间，成为日本老百姓饭后的谈资，大家都纷纷议论着，这个经营休闲产业的大亨，将如何来经营棒球队呢？

正如大家所期望的那样，堤义明在决定以棒球为事业的时候，他就决心一定要把球队办好。

首先，他遇到的第一个问题就是队伍的重组。

堤义明知道，对于一个明星球队来说，能够吸引人的莫过于明星球员了。虽然在原打火机队中也有几名老将，但是，他们都还不是当前最红的明星。

所以，堤义明要做的第一件事情就是指示下属要吸收一流的明星球员。

堤义明说，有了优秀的球员，我们才能有优秀的球队，所以他不惜重金向各个球队挖来明星球员。然而，球队的业绩却没有如堤义明想象的那样顺利。

堤义明凭着他多年来在商场上的经验，把这支队伍按照企业来经营，但接手的第一年，西武狮子队场场输球。

倍感意外的堤义明马上停下来分析失败的原因，经过思考，他终于知道了为什么。然后，马上调整对策。

到了第2年、第3年就跃升为第4名，1983年荣登日本职业棒球联赛的总冠军。

事后，吸取了这件事的经验，堤义明总结出了自己的理论：

对于争取棒球球员这件事来说，母公司是无论如何也无计可施的。

一个棒球队要想争取好的球员，就要找专门的球探，这是一个省时省力的好办法。因此，以后我对棒球队的一切工作都绝对不插手，全部交给专业人士来操作。这就好比酒店里无论多么忙，即使从西武铁道公司派专家去也是没有用的，只能越帮越忙，所以，厨房的工作还要靠厨师，棒球队还是要靠棒球专家们才行。

1979年的春天，在西武狮子队即将成立的时候，堤义明召开记者招待会，日本各大媒体的记者汇集一堂。

在这次招待会上，堤义明公布了西武狮子队的三条基本原则：

凡是狮子队的球员必须要服从教练，绝对不可以向裁判提出任何异议。

凡是狮子队的球员必须禁酒禁烟。

凡是狮子队的球员不准做任何商业广告。

当堤义明公布完这三条原则的时候，在场的记者都大吃一惊。这么严的规则有必要么？这么严的原则又能够坚持多久呢？

面对大家的反应，堤义明是这么解释的：我之所以立下第一条原则是因为体育运动是一项事业，那么，就必须有一定的规则。

棒球比赛也是体育事业中的一部分，必须遵守公平公正的原则进行。其他的体育项目，比如相扑、拳击比赛、足球等，只要选手向裁判提出抗议，就会立即被罚出场外。如果在比赛中出现故意撞人，踢人等现象还会被取消比赛资格。

所以，在比赛中，每一个选手都必须遵守比赛规则，否则，就会毫不留情的被罚到休息室里去。

而裁判是体育规则的执行者，他是权力和意志的象征。如果，球员不服从他的指挥，那么也就是不遵守游戏规则，这样的比赛也就没有意义了。

裁判都是具有职业道德的经过特殊培训考核才可以担任的，他们应该受到尊重。即使有的裁判因为某种原因，所做出的裁决不是很公平的话，那么，球员也不应该在球场反抗，裁判的做法自然有条例约束他们，如果他们在工作中失职，那么，也会有专门的部门惩处他们，不需要球员来完成这项工作。

而且很多情况下，裁判裁决不公很可能是因为他的失误，而这完全是可以理解的。人非圣贤，孰能无过呢？

所以，我要求西武狮子队的全体成员在赛场中都要服从裁判的安排，如果有谁公开对裁判抵触抗议，那么，无疑他就没有领会西武狮子队的精神。

接着，堤义明解释了关于禁烟戒酒的规定。

堤义明说：大家都知道，抽烟喝酒是对身体有害的。而作为一个运动员，他的身体就是他全部的财产，如果他的身体出了问题，不能比赛了，那么，他的队员的身份也就消失了。也就是说，对于运动员来说，身体是安身立命的根本。那么，在任何条件下都不要损害这个根本，因为一旦损害了身体，球员的前途就会大大地受到影响。

棒球队的选手有一种义务，就是把身体调整到最佳状态，以最佳的面貌出现在球场上。观众花钱买票来看比赛，他们是希望看到精彩的表演。如果，球员们没有以最佳的状态投入，那么，他们就是失职，是对不起观众的。

有人会说：抽烟可以消除紧张情绪。但是，消除紧张情绪可以有很多方法呀，为什么非要选择一种损害身体的方法来消除紧张情绪呢？

所以，堤义明认为必须命令选手们戒酒戒烟，使身体和技术都保持在完美的状态里。

他说："西武狮子队是公司里的一笔资产，但却和公司里的一般职员截然不同。公司里的其他员工，每天的工作需要持久的耐力，工资比起球员来也很低，但他们需要终生以此为生。但是，球队的球员的工资比较高，他们如果不起到作用的话，立刻就会被开除。"

最后，堤义明又谈到了关于球星做商业广告的事情。

堤义明说："我常常看到巨人球队的球星在电视上出现，他们做着与他们职业完全没有关系的宣传，即使，在他们队输球的时候，他也不得不微笑着出现在电视上，面对无数的观众笑。每次看到这种情况我都很不舒服。我不希望我的球队里出现这种情况，我会给每一个球员足够的薪水，使他们不用做这种商业广告也可以有足够的钱花。"

堤义明接着说："我认为，选手的人生坐标是在赛场上的，他只有在比赛中才能实现自己的价值，所以，我希望西武狮子队的球员们不要在不相干的事上浪费他们宝贵的青春。"

堤义明的这三条原则一公布就要求全体球员严格实施。这三条原则强调了球队的廉洁的形象，同时，也表明了老板堤义明的决心：希望球员能够专心投身于棒球。

堤义明在经营棒球队的时候，有一个观点是与其他的球队不同的，那就是他非常重视儿童观众。

堤义明常常对儿童的票价实施优惠，把儿童作为主要的观众群。他说：他想要的就是西武球队在儿童的心目中树立良好的形象，使儿童喜欢球队。通过儿童来达到吸引成年人的目的。

要想被儿童们喜欢，球队就要保持良好的形象，而球队的形象越好，儿童就越喜欢。这是一种很具有战略眼光的想法。

20 年来，堤义明所立下的这三条规定，在西武狮子队都得到了很好的实施，西武狮子队一直以来都是以良好的公众形象出现在全国人的面前的。

堤义明对球队的管理也有着他独特的方法，他是个严格贯彻原则的人，虽然有很多人对他的做法表示不理解。

西武狮子队的教练广岗对老板的有些做法就很不理解，以至于他没有做到合同所规定的年数就提前辞职了。

堤义明接手打火机队的时候，教练是根木。根木在球队改旗易帜之后依然做西武球队的教练。他明白新老板对球队的期望，也努力使球队变得更强，但是，球队的成绩不是一天两天就可以提上来的，所以，他接任以来一直在物色好的球员，并且把球队的成绩从B级的第4名上升到川岛级。

堤义明知道任何变化都是有一个过程的，所以，他并不着急，反而对根木的表现非常满意，因为，在他第一次见到根木的时候，他就看到根木的眼睛里有一种纯澈的坚毅，就在那一瞬间，堤义明就认定他是一个值得信任的人。堤义明知道，早晚有一天根木会把球队训练成最好的。

果然，不辜负堤义明的重望，在第三年，根木那些扭转球队的措施终于奏效了。在当时采取两季制的比赛中，西武狮子队取得了可喜的成绩。

当这个球队里冠军的位置越来越紧的时候，根木认为终于可以放心得把球队交给其他人来领导了，所以，他就向堤义明提出辞职。

堤义明看着根木有些发白的头发，知道他为了球队付出了不少的心血，不愿意让他离开球队，就对根木说："根木君，您不能离开，如果您觉得教练的工作太累了，那么我请求你留下来做球队的管理部长。"

后来，根木就继续留任西武狮子队，做球队的管理部长。每次有事情的时候，堤义明就直接找根木联系。

五、球队运营

在根木隐退之后，他就引荐广岗出任狮子棒球队的教练，并向堤义明保证他一定能做出成绩来。

果然，在广岗出任教练的第一年，狮子队就旗开得胜，马到成功，第二年，一下子位居冠军宝座。

对于狮子队重振雄风，外界舆论一片哗然。

于是，第二天的报纸上，在头版头条的位置上，出现了标题为："睽违了12年之久，终于再度拿下日本职棒总冠军的西武狮队，今天率领所有球员回到西武的大本营"，以下是主要内容：

日本职棒（新闻）

现在的西铁狮队（原来的打火机队）在三原修领导下，历经了1956、1957、1958连三年击破巨人队的黄金时期，而被誉为"史上最强的雄狮"后，便正式走入历史，成为永远的传说，而这只传说中的一代猛狮也从此沉睡，并展开颠沛流离的岁月，直至西武集团发现这只雄狮，并将它唤醒。

在昨天晚上的全国职业棒球联赛的比赛中，西武狮子队力挫群雄，与今年最有实力的中日龙队交锋。

西铁狮队在须藤教练领导下，全场队员精神抖擞。其中，松阪大辅威风八面，不仅完投全场压制打线不振的欧力士，而且送出11张老K仅仅丢失1分，顺利拿下本季个人第2胜，同时为西武止住二连败。

西武队打线终此役六局下大有收获；出局一、二垒有人情况下平尾博嗣敲出清垒二垒安打取得超前分，随后细川亨更大棒敲出生涯首支全垒打，助西武于此局连下五城奠下胜基。

霸主在昨晚出炉。西武狮队在最后的第七战，派出四名投手联合封锁中日的打击火力，再加上长打线全力发挥，终场以七比二击败对手，拿下睽违十二年的总冠军宝座。所有没上场的西武球员，都在等待最后的胜利。

自此，顺利打败中日龙队，赢得久违了12年日本总冠军宝座的西武狮队，由教练率领50名球员，回到西武大本营的崎玉所泽市。

后来的几年，西武狮队又连年夺取全日本职业棒球大赛的冠军荣誉，成为日本风头最劲的一支职业棒球队。

既然广岗的工作如此出色，那么他和堤义明之间还有什么误会呢？

事情的起因是这样的，广岗几次提出想见见堤义明谈谈球队的事情，但是，都被堤义明拒绝了。整整4年的时间里，堤义明只见过广岗三次，而且都是在广岗向堤义明汇报球队夺得太平洋联盟比赛冠军的时候。

因此，尽管广岗曾经听说堤义明在接受记者采访时，高兴地说：广岗不愧是一流的教练！可是，心底里还是无法释怀。

广岗说：既然你给了我这样高的评价，为何我提出要见你时，你却总是不肯见我呢？老板为何对狮子队的事情一点也不关心呢？他为何不想听听我对狮子队的想法呢？是不是对我心存不满呢？

所以，广岗对此感到很不安，这也是人的正常反应呀。

对于这件事，堤义明自有自己的观点。有一次，他和作家针木康雄谈起此事时，他是这样解释的：所谓的教练，他的责任是管理球队，他需要对球队的成绩负责。而同时，我又安排了根木做管理部长，也就是教练的上司。

所以，广岗如果有什么想法可以直接向根木反映。我完全没有必要直接接见广岗。

在狮子队大获全胜的时候，我去见广岗是为了感谢他，而在球队比赛之余，我直接去见广岗，那我不就干涉球队的具体工作了么？

堤义明的这种态度是其他人无法想象的。而其他的老板行事也完全与他不同。

比如，巨人队的老板正力淳，他即使在比赛的过程中也会和管理部长一起去见教练就比赛中的具体问题进行磋商。而球队如果要去其他的地方打比赛的时候，他也会亲自前往赛场督战。每年球队训练的时候他都要抽出一段的时间，和球队住在一起。

堤义明对巨人队老板的这种做法不屑一顾，他认为，作为球队的老板只需要在经济上给球队以强有力的支持就可以了，如果，他每天都跟着球队的话，无形中会给球队增添很多压力。

但广岗不这么认为，他觉得老板这样做是对球队不关心。所以，在他签约4年的时候，他就离开了球队。

狮子棒球队在堤义明的经营之下，一度成为日本最火的球队。他在球队取得好成绩之后，又提出了要加强球场的经营。

堤义明提出的著名的口号就是："我们的球场必须有自己的特色，以'服务质量第一'为口号"。

堤义明逐渐的把狮子棒球队打造成一个品牌，正如他所说的，狮子棒球队是西武的财产，是具有商业价值的，可以带来滚滚利润的。

所以，全国的球迷都会以自己的方式追星，西武狮子队纪念品销售每年达30亿~40亿日元，是销售量居第2位的10倍。

堤义明在棒球事业中取得了巨大的成功，这一点我们从1984年的庆功酒会上就能看到这一点。

1984年12月28日，在西武狮子队蝉联日本职业棒球赛总冠军举行的庆功会上，日本各界名流都出席了此次酒会。

其中有：日本首相福田赳夫，后来的首相竹下登等，企业界强人稻山嘉宽、松下幸之助等，群英毕至，这充分说明了堤义明的影响。

在酒会上，松下幸之助说：堤义明先生实在是个了不起的人，每次我问他一个问题，他总能一针见血地指出好坏。

而因重病无法出席的日商会会长永野重雄说：将来我最寄以厚望的人就是堤义明。

对于狮子棒球的成功，堤义明觉得是很正常的事情，因为他一开始就把棒球当成一项事业来做的，他知道对棒球的经营与企业的不同之处。

堤义明认为：企业的经营管理，好比田径比赛中的马拉松，即使暂时取得突出的业绩，那种景气马上就会结束，以后就只能在低谷徘徊，事业难以为继。而球队却像百米速跑，时时刻刻都需要有新的突破。

打个比方说：我们可以把企业的组织形式看作是业余的，那么，棒球队就是专业的，他们的工作性质是完全不同的。把一般的职员视为业余团体，所以就没有这么严格的要求。而棒球队是专业团体，所以他们必须遵守这些原则。

可以说，这一点就是堤义明用人的独到之处。

沿着这个思路，他又在网球、滑雪等多项体育项目上耕耘、收获，成为日本体育界的巨腕人物，曾任日本体育协会副会长，并代表日本体育协会出席奥运会。

在西武狮队成立的同时，一个专门打造西武狮队品牌的部门——宣传部，也正式成立了，这个部门的主要任务就是要广泛的宣传这支球队，抓住观众的心。

当西武狮队再次荣获全国职业棒球赛冠军的时候，立即在球迷和棒球界引起了轰动，所有人都开始关注这个新的冠军了。

在这个时候，西武狮队宣传部的组长福田想趁热打铁，使西武狮队更深入球迷的心，想了很久，他突然想到了一个办法，就是以西武狮队的球星为模板制作一种塑料宠物，然后免费赠送给观众。

福田把他的这个想法告诉了堤义明，得到了堤义明的大力支持，堤义明说：这个办法不错，你放手去做吧！

既然社长这么支持，福田当然非拼命不可。福田开始动脑筋，如何宣传才能传达到每一个角落。

宠物设计出来之后，非常可爱，大家都很喜欢。福田就下了决心："好，既然是十分受欢迎，我就加强宣传。"

第一个方案是，把一万个免费赠送给观众。当时的售价是一个 1.25 元，看起来相当贵。

福田要把 1 万个宠物免费散发在观众中，可见下了多么大的决心。

当时，由于时间太匆忙，制造玩具的时候，没有想到电池的问题。后来，西武的分公司只做玩具而已；作为消耗品的电池只能用山口制造的干电池。

山口干电池工厂，曾经是西武集团家电部的老主顾，现在上一代的老板已经不在了，换了第二代的藏氏，当时正是上一代活跃的时候。

既然要散发 1 万个玩具，就得附上电池。可是赠送的这部分玩具如果加上电池的话，成本就太高了，所以福田去请示堤义明。

堤义明沉吟了半天，然后说：这样吧，电池由我来想办法。

原来，堤义明打算叫山口干电池免费提供电池。

既然主意即定，堤义明立刻去找山口氏交涉。

山口氏在日本是干电池制造者的领先者之一。当时已经是创业第 15 年，获得了相当的成功，资产也有，是比很多电器公司都大的工厂经营者。

堤义明把西武狮队的宠物拿给山口氏看，然后对他说，我要在上面冠上"西武狮队"之名，大大地推销，最初的宣传方法是要免费赠送 1 万个。我希望他能够免费提供 1 万个电池。

爱喝酒的山口氏，以酒代替晚餐，边喝边听，他看着堤义明不说话。他太太从旁边插嘴说：

“堤义明先生，我们听不懂，能不能请你再说一遍?”

堤义明说：“为了宣传，要把1万个新宠物免费赠送。请你免费送给我1万个电池。一齐散发。”

“呵！免费吗？1万个?”他感到惊讶、意外。这也难怪，堤义明的计划根本是破天荒的。

山口氏又说：“堤义明先生，那不是太过分了吗?”

堤义明告诉他：“山口先生，你吃惊是必然的。可是，我现在十分有把握，所以敢这么做。但我不会向你白要，我们可附带条件。现在是4月，我保证在年底以前卖出20万个。到时候，请你赠送1万个给我。如果卖不到20万个，你就一个也不给。堤义明有信心，所以堤义明敢先向你要那免费的1万个。怎么样?”

山口氏夫妇都笑着说：

“堤义明先生，你真了不起！我们做生意15年来，从没有人来这样跟我谈生意。好吧，今年之内销售20万个的话，就赠送1万个给你。”

“谢谢，堤义明这就回去按计划进行。”

这个销售计划，山口氏不但十分了解，他还十分赞成。从此以后，山口氏对堤义明有特别的好感。

堤义明按照计划，很大方地免费赠送。怎么送也送不完，1万个的数目并不少。一个一元二三毛钱的东西，没有人敢开口要两三个。就是有人开口，也不会给，只能给一个。

样品送到1000个左右的时候，已经接二连三地有人来订购了。堤义明只好把样品先当作商品寄给他们。短短期间内就获得了市场认可。

到那一年的12月，堤义明远远超过预约的20万个，而销售了47万个。

山口氏一定感到很意外吧，从来不曾出门拜访顾客的山口氏，在元月二日特地到大贩来，穿着礼服，带着感谢状和1万个电池的货来向堤义明拜年。

山口说：“吓了一跳，做梦也没有想到电池能卖出这么多个。我过去15年间，看过各种人做各种计划，多半都归失败。你来谈计划的时候，我心里也很担心，我想大概不会成功，真没有想到，你能销售47万个，这真是我国电池界的空前纪录!”

他那感激的口气，使堤义明觉得比领到1万个电池还要高兴上10倍呢。

后来，西武狮队的这款宠物玩具一直用山口的电池，随着西武狮队一场场比赛的胜利，这款玩具也走进了寻常百姓家，加上新开发的其他玩具，每年西武集团就能帮山口销售几千万只电池。

但是遗憾的是，山口看不到这一切了，因为，此事过后还不到一年，山口就去世了，他的电池厂由他的夫人来打理。

六、财富裂变

堤义明在决定收购打火机棒球队之前，就打算把在大洋队持有的股票卖掉。因为，日本棒球协会规定一个人至多只能持有一个棒球队的股票。

所以，堤义明在决定出售大洋队的股份时稍稍费了些脑筋。

现在的大洋队已经不是几年前那个最烂的球队了，他每年都和巨人队有 13 场对抗赛，而且在其他的比赛中也经常可以夺魁。

大洋队经过这几年的努力已经成长为一支实力雄厚的球队了。在这种情况下，如何能够把大洋队卖个好价钱呢？哪个公司可以出高价收购呢？

为此，堤义明展开了一系列调查工作。

现在拥有棒球队的公司有：有名的大报社《读卖新闻》、巨大企业集团、西武集团、大型商品流通公司大荣、饮料公司养乐多、铁道公司阪神电铁等。

那么，现在有能力出高价买这支球队的只有经营《富士晚报》的富士产经集团和朝日电视台了。

但是，朝日电视台是属于《朝日新闻》的旗下，自己没有独立的经营权，所以，是没有权利自己决定购买这支球队的了。

那么，只有找找看富士产经集团的老板鹿内信隆了。

鹿内是在战后就担任日本经营联盟的专务理事，负责管理以日本经营联盟为主的财界，他创设了日本广播公司，又在昭和 30 年代初和当时担任文化广播公司的总裁水野协商，一起创办了富士电视公司。

后来，鹿内直接担任了富士电视公司的社长。现在这个电视公司，是日本实力雄厚的电视公司，每年光转播的棒球赛就十几场。

堤义明首先选择富士产经集团除了在价格上的考虑之外，还有一点就是他很敬佩富士的老板，因为，正是鹿内使曾经完全亏损的产经新闻社彻底转变成实力雄厚的公司，而且，他所经营的《富士晚报》使广播、电视、报纸三大传媒融为一体，这在日本可以说是第一个吃螃蟹的人。

堤义明总是喜欢和这样的风云人物打交道，因为总有一种英雄惜英雄的感觉。

当堤义明向富士产经的老板表明转让的意图时，没想到，富士产经的老板对此事表现出前所未有的热情来。

鹿内老板立即派他的儿子来和堤义明洽谈此事。

鹿内的儿子叫鹿内春雄，比堤义明小5岁，平时和堤义明很亲密，一直称堤义明为大哥。

鹿内春雄一来就很直接地对堤义明说："我父亲对待此事很重视。他请您一定要把股份转让给我们，我父亲不喜欢讨价还价，所以，我们干脆给您20亿日元，买下您在大洋队的股份如何？"

20亿日元？这个数目的确出乎堤义明的意料之外。当初，他从大洋只花了3亿日元就购得了45%的股份，不到三年的时间，这个数字就涨到了20亿日元，是原来的7倍左右，这的确是一个不小的增值！

堤义明微笑着问鹿内："请问，您和您的父亲是怎样决定用这个数字买下这些股份的呢？"

鹿内说："我们肯出高价收购，其实是考虑到了一个电视转播权的问题。上次比赛，朝日电视台为了取得三场比赛的实况转播权，为每场比赛付了1.4亿日元。全部制作费用约为5亿日元，但广告收入达9亿日元，因此朝日电视台赚了4亿日元。即使是赛期内的选拔赛，只要有巨人队上场，电视实况转播权的价格就会涨到每场比赛0.5亿~1亿日元。广告价格每分钟约2000万日元。我们朝日电视公司和大洋也有一定的业务往来，但是，这种往来是很不稳定的，也许哪一天就会结束。而大洋队每年都和巨人队有13场对抗赛，如果我们能够把这13场的转播权全部垄断的话，那么，我们每年的收入将是一笔不小的数目。如果我们现在是大洋的大股东，那么，其他的电视台的转播权自然就取消了，我们就会获得全部的转播权，这样算来，我们出这个价钱还是很划算的。"

就这样，一步步投资、一步步运营、一步步增值，在堤义明接管西武的二十年间，西武集团已经从一个中等规模的公司发展成为一个巨型的企业群。

1970年，西武铁路集团就发展到了拥有1万亿日元资产的大型企业集团。

到了1987年，西武集团的事业扩张到了铁路运输、旅游饭店、百货超市、高尔夫球场、房地产、游乐场、职业棒球队、饮食业、学校及研究所十大类别。

仅在房地产这一领域，堤义明就拥有十多处度假村、20个高尔夫球场、一个比迪士尼乐园还大的西武园游乐场、专业学院、运输、地产及经营政策研究所，以及遍及日本各地乃至世界多个国家的太子酒店，大型企业总数已达到170多家，员工总数达到10多万名。西武集团成了与新日本制铁、三菱重工集团并列的日本主要企业集团。

为此，堤义明以100多亿美元的身价在1987年和1988年连续两度在美国著名财经杂志《福布斯》的世界富人排行榜上列为全球首富。当时，堤义明领导的西武集团总资产达到了1650多亿美元，是松下集团的10倍。

其他大企业的领导人，顶多是在日本乃至世界各地拥有工厂、公司或其他资产物业，像松下幸之助或丰田汽车企业的丰田英二、丰田喜一郎。

但是，堤义明的情形与众不同，他的生意，大至日本国土重建计划，小至开一间20平方英尺的雪糕店都有。

在外国有他的产业，在日本国内没有哪个地方没有他的企业。这种多方面搞大企业的情况，日本没有第二个人可以相比，欧美也找不出哪个大企业家可以跟堤义明较量。

他究竟拥有多少财产，可以说没有人知道。不过，很多人都承认他的大手笔的，是从没有人尝试过的日本改造大计划。

第七章

恢弘一生

一、政商两通

二、进军欧美

三、经济危机

四、奥运大亨

五、西武信仰

六、走下神坛

一、政商两通

在堤义明很小的时候，父亲堤康次郎就用心培养他的政治素养，经常带他去听政治领导人的演讲，在堤康次郎参加竞选的时候，一直都是由堤义明来做他的左右手。

在堤义明很小的时候，他就知道自己是与普通的孩子不同的，他以后会继承堤家的家业，他需要汲取周围一切的营养。

平时，来他家拜访的都是当红的政界要人，他们时常在堤康次郎的书房里谈论政治，这时候，堤义明就会默默地坐在一旁听，他认真地听着每一种观点，然后分析比较，看哪一种观点更合理，更能解决问题。

而且，堤义明沉默寡言，不喜欢说话，甚至让人觉得表情有点木讷，但是，在他的心里却常常激流涌动，奔腾着丰富的思想。

他在一旁听父亲和他的朋友们谈话的时候，还常常在心里默默地对问题进行假设，他想如果是他来处理这个问题会怎么办，然后，把自己的方法和别人的比较一下，总结出更好的方法。

每次，父亲堤康次郎在和他政界上的朋友们打高尔夫球的时候，他都会把堤义明叫过去为他们捡球。他说，一般人们都喜欢在高尔夫球畅谈重要的问题，所以，在这里你能学到更多的东西。

凭父亲多年来在政商两界的来往，他总结出一个道理：要想在商场上取得成功一定要有政治上的关系，并且要具备一定的政治头脑。

他说："就像君王要适应时代的脾气才可能成为君王，而想在商场上建立自己的领土，不但要适应时代，而且要适应政治的潮流方向。"

父亲的这个观点一直深深的影响着堤义明，堤义明把这句话奉为金科玉律。

后来，他自己在商场中的实践也充分证明这句话的重要性：要想在商业上有所成就的话，就一定要具备政治上的敏感性，并且懂得其中的来龙去脉。

所以，堤义明一直都密切地关注着政治走向，来调整自己的经营方案。

例如：在20世纪60年代的时候，在他田的主导下推行“倍增计划”时，政府根据以自由竞争为原则的自由主义政策，减小政府对私人经济的保护、限制范围，主要采取间接指导方式。另一方面，政府加强公共事业的投资，通过改变国家公共投资的规模和方向，影响私人投资的方向和速度，用不增税、把自然增收的部分税金用于减税等方法，积极为私人资本的发展创造条件。

堤义明就是根据这一政策变革来决定加强铁道、休闲娱乐等公共设施的建设，从而在市场竞争中取得了先机，占据了得天独厚的条件。

堤义明充分利用他父亲堤康次郎在政界的人脉，加上他也洞悉政商共生关系的重要性，因此当他在商业运作中时时刻刻保持着对政治的敏感。

堤义明不仅把他所经营的太子酒店扩展成为全国性的旅店集团，而且还把它作为接触各界上层的媒介。

他所经营的太子酒店常常成为日本各界名流聚会的场所，特别是毗邻自民党总部的赤坂太子酒店，一直是永田町政界人士聚会的热门场所。

多年来，堤义明凭借着自己的智慧和父亲的人脉资源，结交了许多政界名流，他跟池田、大平、铃木、中曾根、小渊等历届首相都交往甚密，现在的森喜朗和小泉纯一郎首相也是他的座上宾，可以说他就是半个政坛人物。

有人曾经统计说，现任首相小泉纯一郎从2001年4月上台到今年2月底，君临太子酒店的次数多达288次，其中包括会客、聚餐、住宿，它简直就是第二首相府。

小泉在当首相前，他出任会长的清和会（森喜朗派的正式名称），其派阀事务所也就设在赤坂太子酒店的附属建筑。

正是和这些政界要人的来往，成为堤义明所以能够在日本呼风唤雨、商业上洞察先机的一个独特背景。

堤义明和小泉关系亲近，经常在一起吃饭。

2002年4月时，堤义明对小泉为改善日本经济状况而提出“秋季连休”构想表示赞同，他说：“政府也不用出钱，对企业来说也不是负担。有拉动经济的作用。”

从2001年~2003年期间，由小泉的资金管理团举办的政治资金聚会共有25次，均在赤坂太子酒店或高轮太子酒店里举行。

同时，堤义明也知道，当一个商人在事业上有所成绩，在经济上有雄厚实力的时候，他也要通过政治来实现一个商人的价值，实现作为一个公民对国家的义务。

堤义明的这个观点不仅来源于他的父亲堤康次郎，而且还受到了一位得道大师的指点。

有一次，堤义明和大德寺如意庵的师父谈到慈悲心，大师说：

“政治好比玉珠子，串联珠子的丝带就是宗教心，也就是慈悲心，玉珠如果没有丝带，将散落一地，很难收拾。政治如果没有慈悲心，也不能带给人民真正的幸福。”

大师的这句话深深地印在了堤义明的脑海中，他常常反复捉摸这句话，每想一遍，都会体会出新的东西来。

堤义明想，大师说得对，企业、政治、宗教，虽有截然不同的差别，但它们的目的应该都是发扬“慈悲心”，以造福众生。

所以，堤义明在开发地方的时候，总是为地方居民着想。

每次，当堤义明在一个地方投资盈利后，他所做的第一件事就是让市民参与这个城市的发展建设中来。

他会把在企业经营中所得到的收益又重新投入到这个城市的新生改造的大计划当中去。从商业、文教、卫生、交通等多个方面来改善这个城市的面貌。

所以，很多地方政府的官员都非常欢迎堤义明来投资，而且，有很多亲自找上门来邀请他到当地去投资。堤义明这种造福于一方百姓的行为，不仅受到了政府官员的好评，而且还受到当地居民的爱戴，在民众中形成了极好的口碑。

二、进军欧美

1988年，美国《富布斯》杂志评选堤义明为世界首富的时候，整个欧美世界一片哗然。在日本及欧亚美洲各地，很多人都想知道更多有关堤义明的事情。

在这个时候，很多人都建议堤义明趁着舆论对他的关注，立刻进军欧美市场，去开拓酒店和旅游观光事业。

这个提议马上就被堤义明否定了。虽然，打开欧美市场，到海外发展的想法由来已久，但是，他认为，在这个时候进军欧美市场虽然有他的优点，可以他一贯保持低调做事风格来说，他是非常不想在媒体中引起轰动效果的。

堤义明认为经济全球化带给世界最大的收获，是把眼光放得更广阔。

如果说以前是以一个日本人的立场来考虑事情，那么如今却要以一个世界人的眼光下判断。

作为一个经济的世界人，堤义明认为必须利用日本民族的优异性，去从事世界性的经济活动。所以，尽管西武已经发展得如此庞大，堤义明本人也名列世界富豪榜首，但他仍然向员工提出：从今起，要以“重新开业”的心态，开拓我们的经营。

但愿我们能够从更大的世界观来看事情，将心灵恢复到如同一张白纸一样，重新开始，从头做生意。做生意免不了有激烈的竞争，因此也应该有激烈的斗志。根本上不要忘了“谦虚”二字，才能带来进步。

而美国的文明，不过是迈向人类理想境界的必经阶段。引进美国的长处，活用其优点，则日本必将变得十分进步和繁荣。

所以，堤义明知道，这次美国之行是势在必行的。

在1991年7月初，57岁的堤义明飞越太平洋，抵达美国最大的都市纽约市，准备开辟欧美市场。

美国曾经是日本的榜样与监护人，但是，现在，日本人虽然在礼节上仍是那么的恭谦，却成了美国人眼里的竞争对手。此时，身为世界首富的堤义明正是要在强手如林的纽约市场分一杯羹。

西武集团在国内外已拥有近170间大小分店。其中在北美就有两间，分别在加拿大的多伦多市和美国的夏威夷市。面对欧美那些非常强劲的对手，他是已取得在欧美经营的经验，才决定进军世界最大的消费市场的，这里也同时是世界最发达的城市。

然而，在这年的2月，堤义明还有些犹豫。

西武集团驻欧美分公司的总经理，在总公司董事会上，提出要在美国纽约再开设太子酒店。

“美国是先进国家最先进的城市，现在我暂时还没有在那里开店的打算呀！”堤义明因为一直忙于国内市场，向国外大批进军的事情还没有考虑过。

“那么，是不是可以先找一块地皮？”

“这个当然可以。”堤义明马上表示同意。

西武集团一贯的做法大都是买一块地皮，然后进行连锁开发。这样虽然前期投资大，却可以一劳永逸。

但纽约寸土尺金，地皮贵，若想在这里长期扎根，还要堤义明亲自出马才行。

堤义明在去国外考察之前制定了一个考察计划，计划中确定的考察内容主要有三项：一是欧美酒店和观光行业的情况，日本酒店在欧美的营业状况；二是新的管理方法和经营模式引进问题，即欧美有哪些好的管理模式值得日本来学习，有哪些新的娱乐方式可以引进；三是欧美酒店和观光事业的经营优长，即美国各大公司何以能年年赢利，利润是多少。堤义明的这些考察内容，有务实的，但更多是务虚的。堤义明希望通过考察、在经营理念上提高一步。也就是说，这次考察只是一般性考察，除了要在纽约开办一家太子酒店外，其他地方的考察都是非具体项目的考察。

7月初，西武集团驻美国分公司的经理发回消息，说在纽约找到了一块较合适的地。于是，堤义明马上赴美看地，并做市场考察。

堤义明到达纽约，纽约正沉浸在节日的喜庆气氛中。

原来，美国全国都在为自由女神举行百年庆典，女神所在地纽约更是异常的热闹。这座铜像是法国人民赠给美国的，象征着美国人的自由民主，美国人对她无比珍爱。

在车上，经理告诉堤义明社长，庆典期间，纽约几乎所有的企业放假。

我们可先去看看那幅地皮，另外还可看看市场，假期是酒店经营的旺季，我们正好可以看看。

堤义明一听，很高兴，说第二天就去看地。

当日，堤义明就下榻在美国著名的希尔顿大酒店。

堤义明住的这家酒店是曾经被誉为“世界旅馆皇后”华尔道夫大酒店，位于纽约巴克塔尼大街，共43层，2000多个房间，曾经接待过世界各个国家的国王、王后、王子，政府首脑，百万富翁，堪称世界最豪华、最著名的饭店。这家酒店在1949年的时候，被希尔顿所收购。

当晚，堤义明站在希尔顿酒店的天井里，望着耸入云霄的大厦，沉入了忘我的境界。这个时候，一个想法浮现在他的脑海里：我的西武太子酒店一定要成为美国一流的饭店！

第二天，堤义明和分公司经理驱车去看那块地。

这块地的条件相当优越。经理讲，当地已有几个房地产大集团前来交涉，但都未签约。现在正值庆典，所以这几家大集团都在休假。

堤义明灵机一动，心想现在暂无竞争对手，我们能不能抢在他们前头与地主谈判呢?

就这样，堤义明约到了地皮的卖主。他们很快进入实质性谈判，很快达成协议，并草签了土地买卖合约。速度之快，还不到4个小时。

给堤义明印象最深的还是希尔顿连锁酒店，希尔顿白手起家，从第一间极其简陋的廉价木屋旅店开始，最后成为世界最大的酒店大王。希尔顿酒店遍布全球，被称为“永远可见日出的酒店”。他的传奇般的奋斗历程，给堤义明无尽的启迪。在希尔顿庞大的酒店王国里最著名的有：

原“德雷克爵士”的旅馆。这家旅馆高22层，有450个房间，还有一个价值30万美元的豪华夜总会。在1938年被希尔顿所收购。

还有世界上最大的饭店——芝加哥的史蒂文斯大饭店。它拥有3000个带卫生间的客房，宴会厅一次可接待8000位来宾，饭店里还有小医院，可作急救手术。1945年，希尔顿以150万美元买下了这家饭店。

在1954年10月，希尔顿再接再厉，用1.1亿美元的巨资买下了有“世界旅馆皇帝”美称的“斯塔特拉旅馆系列”，这是一个拥有10家一流饭店的连锁旅馆。希尔顿成功地做成这笔交易，是旅馆业历史上最大的一次兼并，也是当时世界上耗资最大的一宗不动产买卖。

希尔顿通过多年的努力，几乎收购了所有有名的酒店，终于成为西方的酒店大王，这一点让堤义明很是佩服。

希尔顿酒店每一座都是那么的富丽堂皇，每一座都有悠久的历史，可以说，一部希尔顿酒店的发展史就是欧美酒店的发展史。

堤义明在美国的这些天里，获得了许多有益的印象。首先让堤义明感受到的是，美国是一个自由、繁荣的国家。

在那里，在法律不限制的范围内，人们可以自由地决定自己的行为。只不到200年历史的美国，没有太久的传统，或者说自由就是美国的传统，大家都把传统继承发扬到了极致。而且，那里的人们，都充满了自信。

在这些地方，堤义明有时候拒绝助手们的陪同，他自己一个人穿着很普通的衣服，走在人潮汹涌的大街上，去真切地感受美国社会。

在美国，堤义明还曾经与一出租车司机交谈，他感到，虽然司机不是一个好的职业，但那位美国人并不因职业而自卑，反而朝气蓬勃、乐观自信。

这样自由而自信的人民，不能不是快乐和幸福的。

随后的几天里，堤义明又走访了英国、瑞士、加拿大等国家。

在堤义明回国过后的不久，就有一个美国的大公司上门来寻求合作了。

这一天，一个拥有1700家大连锁店的集团的副总，来到了西武，希望与西武合作在美国共同开发旅游观光事业。同时，用他带来的幻灯片作简报，以介绍他们公司的盛大规模和经营情形。

看了约一百张幻灯片后，堤义明认为他们的阐述很有吸引力，幻灯片放映约三十分钟．堤义明很受感动，因为他们是来寻求合作的，而不是来推销商品的，但却准备了一系列的幻灯片，向堤义明郑重地介绍他们的运营模式以及服务理念；其介绍说明都非常的详细得体，令人一看就明白他们充实的经营内容，堤义明非常敬佩他们高明的宣传手法。

尤其引起兴趣的是：在说明中，提到他们公司的基本精神和堤义明公司所遵守的精神竟然基本上相同，当时堤义明就告诉他们：“我很看好这次合作，我们的理念相同。”

就是这样，堤义明已经明白了对方公司的实情；对方也与西武经营方针共鸣，双方均获得商谈上的成功。当观赏幻灯片时堤义明忽然觉得，他们既然以如此大的热诚来寻求与我们合作，那么，我们不能只以合作伙伴的狭隘想法看待他们。应进一步想，认为对方的这些优秀的经验都是我们公司所要学习的东西，而予以有效地辅导运用，才是贤明的办法。

好在双方经营方针相同，假如将他们的公司当作我们公司的学习榜样来看待，那么我们西武就会在合作的同时不断地提高自己了。

所以，我们应该不断地吸取对方优秀的地方，以丰富我们的经营理念，更好地塑造西武。这样，我们就会不断进步，相信不久之后一定会有更大的发展。

于是，堤义明就向对方提议："先生，本人很高兴与贵公司合作，从今天起，就等于我们在美国各地新开张了上千家门店一样。从刚才幻灯片中所观赏到的那些豪华气派的酒店，以后我们将要把它当作是自己经营的一样，而且有优秀的经营者——就比如阁下，更有训练有素的富有责任感的员工，这也算是我们公司的一份子了。想到这一点，我就很放心地将资金交给你们了。"

堤义明说：如果要想立于不败之地，那么，就需要不断的学习，向对手学习，向合作伙伴学习，向朋友学习，向部下学习，向一切人学习。

以前，堤义明的每一次海外行动，都不会在国内引起较大反响——无论舆论是带善意，还是恶意。但这一次海外考察却在日本国内舆论界掀起了小小的轰动，有传媒和同行评价说：这次西武将要有大动作，接下来要进军欧美市场，进而想要称霸世界。

堤义明对这样的评价只是笑而不答。

三、经济危机

因为在企业发展的过程中，遇到了这样的经济危机的时候，大多数的企业都会大量的裁员。这样的做法一般被认为是自然和理所当然的：企业员工剩余即裁员，经营困难即裁员。并且，"减量经营"，即裁减多余人员，维持适当规模，被认为是正确的经营之道。但是西武集团却绝不轻易解雇员工。

堤义明每当谈起此事，感慨无限，他说自己身为西武的最高指挥官，他有责任为每一个员工的前途着想。在西武集团的历史上还没有一个人是因为公司事业不振而被解雇的，堤义明说，一个公司因为不景气而裁员那就是老板的责任，老板没有保护好员工的利益。即使在1997金融危机那些年，堤义明也没有因为经营不景气而解雇过人。

自1997年7月起，爆发了一场始于泰国、迅速扩散到整个东南业并波及世界的东南亚金融危机，使许多东南亚国家和地区的汇市、股市轮番暴跌，金融系统乃至整个社会经济受到严重创伤，1997年7月~1998年1月仅半年时间，东南亚绝大多数国家和地区的货币贬值幅度高达30%~50%。

在这次金融风暴中，日本也没有幸免，到了10月28日，日本股市跌了4.4%，11月底，日本金融危机也进一步加深，11月日本先后有数家银行和证券公司破产或倒闭，日元兑美元也跌破1美元兑换130日元大关。

这次东南亚金融危机持续时间之长，危害之大、波及面之广，远远超过人们的预料。针对这次金融风暴，政府采取了一系列的财政紧缩政策。

这些政策在社会上引起了连锁反应，所有商品的物价大幅度下跌，而且销售量也显著地减退，报纸每天都报道各工厂缩小或关闭的消息，还有员工减薪及解雇，产生了很多劳资纠纷。日本国内立刻陷入了一片恐慌之中。

日本所有的企业面对这种情况都采取了应急措施。一时间，裁员、减薪、缩小经营规模，比比皆是，层出不穷。

当时的西武集团刚刚在1996年收购和兼并了大小15个企业，企业的规模一下子扩大了不少，同时也增加了很多新员工，可是，还不到一年，就爆发了东南亚金融危机，在这种不景气的世界形势下，很多酒店的生意都很冷清；西武百货公司也和全国的百货公司一样，东西无法卖出去，仓库积压成堆；大型的滑雪场和娱乐场所更是门可罗雀；更糟的是，刚刚合并的那些企业到一个新的体制下，一时间很难适应，再加上资金短缺，更感觉困难倍加。若这种情况持续下去，西武集团的实力就要元气大伤了。

针对这种情况，西武集团召开了紧急会议，在这次会议上董事们拟定了“工作减半，员工减半”的企划案，但是，要想决定要裁员，公司的董事们还是很犹豫。因为裁员也不是一件容易的事，首先要花很多心思去思考如何善后。现在日本国内各大公司都在裁员，全国上下失业人员一时间猛增，由此产生了许多问题。如果西武对裁员这个问题处理不好，就会使公司的状况雪上加霜。

尽管裁员会有这么多的弊端，但董事们依然认为：为了打开目前的窘困状态，只好先裁减一半的员工。

可是，当堤义明听到这个结论时，却沉默了，他想了好几天之后对大家说："虽然我还没有想到其他的好办法来度过这场危机，但是，我觉得我对员工的生活是有责任的，他们选择西武是因为他们信任我，相信我能够带领大家过上更好的生活，可是，在公司面临困难的时候，我为了经济上的利益首先放弃这些员工，他们会怎么想呢？我又怎么对得起员工们对我的信任呢？所以我决定：西武集团每个公司工作量立刻减半，但员工一个也不解雇。公司勤务时间减为半天，但员工的薪资照全额给付，不减薪。不过，西武百货公司的员工们得全力销售库存品。其他公司的员工也要利用这个时间来检查设备，学习专业知识，特别是那些新加盟的员工，更要利用这个机会好好学习，尽快适应西武的工作。用这个方法，先度过难关，静候时局转变吧。至于半天工资的损失，是个小问题。如何使员工们有"以工厂为家"的观念，才是最重要的。所以任何员工都必须照旧雇用，不得解雇一个。"

堤义明对那些不同意这个做法的董事们解释说：有些公司总是员工少的时候，就把他们捧上天；员工剩余的时候，就把他们扫地出门。这种做法是要不得的，每一个员工都不傻，他们都会看清楚老板的真正目的，如果你只是把他们当成一种赚钱的工具，那么，他们也会把老板当成工具，在老板需要的时候无情的离开。

每个人都是富有同情心的，在老板和员工的交往中更是要将心比心，以老板之心度员工之心。

"因一时的挫折就把员工解雇，这在经营的信念上无疑是自己砸自己的饭碗"。如此，员工和世人对经营者和企业的信任心、经营能力都会产生疑问，甚至造成恐慌。在这种问题上栽了跟斗，要扭转形象，就颇为不易了。

堤义明接着说：这次金融风暴只是暂时的现象，早晚要过去的，那个时候日本的经济又会有一个新的高峰期，如果我们在不需要员工的时候减员，那么，以后劳资关系就不好处理了。现在我们不减员，从正常的经营状况和未来的发展来看，其实是无员可解的。

自古以来，劳资关系就是永恒的矛盾，但双方并非永远敌对。这种矛盾又一致的关系很微妙，每一次处理不好就会留给员工不好的印象，使员工每时每刻都盯着老板，这种结果不是我们西武想要的。

听过堤义明的这一番话，董事们都觉得有道理，所以，堤义明的这个不裁员的决定就通过了。

当时堤义明的这个决策，虽然加重了公司的负担，却换来了员工的感动。虽说生产减半，员工们只上半天班，却没有一个员工休息。员工知道公司为了他们而冒了很大的风险，所以，他们每个人都很感激公司，每天他们都精神饱满地投入到工作之中。

每天，堤义明都要抽出一段时间去公司里看看，当他走到那些新合并的公司里视察的时候，看到每一个员工，上上下下非常有干劲地工作，堤义明的欣慰、感激之情，不禁油然而生。

堤义明感到，员工时刻都盯着老板，不仅平时，紧要关头更是如此。面临不景气、危机，老板能够临危不惧、沉着应战，员工们会表现得更为积极、勇敢。经营者应成为部属和员工的主心骨。

堤义明认为，作为一个企业的领导人员他动员员工来振兴公司的责任应该是最重要的。在公司最困难的日子里，堤义明主动下调了自己的年薪。榜样的力量是无穷的，很多员工因此感动得流泪，也都像堤义明一样，不计报酬，团结一致，自觉为公司勤奋工作。

后来，堤义明总结到：一个公司处在困境中，老板要挺住，下属也要挺住，只有这样，公司才能走出困境。而当公司处于困境时，老板尤其要身先士卒，做好榜样，带给下属自信与保障。如果老板自己就先乱了阵脚，手足无措，你的下属能不打退堂鼓吗？

行为有时比语言更重要，领导的力量，很多往往不是由语言，而是由行为动作体现出来的。在企业兴旺发达的时候、往往容易忽视人才的能力和本质。居于领导地位的人，必须在平时注意发现那种面临危机毫不动摇，并能成为解救危机的真正有能力的人才。

当然，员工不是永远用一种眼神盯着老板的。有时，他们可能是用怀疑、敌对的眼神盯着老板。这时候的双方，有着边界清晰的阵营，不可超越。有时，员工是用观察、挑剔的眼光盯着老板的，他们要以自己的观察来评判老板的品质、才能等。有时，员工是用关切信赖的眼光盯着老板的，这往往是关系到企业命运的紧要关头。

也许，员工在紧要关头投向老板的眼光最为殷切。此时，老板无形中被推到了舞台上的聚光灯下，他的一举一动、一颦一笑都受到热情的关注。此时的老板，最是老板，他的一句话，可能鼓起大家的士气，扭转颓局，也可以使局面变得不可收拾。

所以，每次堤义明来到员工中间视察时，都很注意他对员工的影响，即便有时候的确因为不景气而无事可做，堤义明也必须设法避免员工士气低落。

有时候，堤义明会说“如果没有工作，明天就停工一天，大家利用这一天来锻炼身体”，或者说“即使停工也不能荒废手艺，大家还是认真练习一下”，他总是用这些积极的话来鼓舞员工的士气，让大家满怀希望。

堤义明知道在整个社会出现危机的时候，作为经营者一定不能茫然不知所措或惊慌失措，如果员工听到老板说“糟了，真是一点办法也没有”，那可真就糟了。

父亲堤康次郎一直告诫堤义明，做企业无论什么时候都不要失去士气，士气是一种很神奇的力量，它可以战胜很多常人认为无法战胜的东西。接着，堤康次郎给堤义明讲了这样一个故事：

明治维新时，有一次支持天皇的官兵和支持幕府的彰义队发生战斗。担任官兵总指挥的是长州的大村益次郎。在这场战斗中，由于官兵的力量居于劣势，所以军方的首脑都希望和彰义队议和。

惟有大村认为一定能打胜仗，所以持相反意见。

战争开始时，彰义队的攻势非常猛烈，官兵陷入苦战，尤以黑门口的一场战役最为惨烈，这时一名守黑门口的队长来请求援助，但被大村拒绝。这位队长很愤怒地说：“你不发兵，难道是叫我们去送死吗?”大村回答说：“对，我正是这个意思。”很快，这句话传遍了整个守黑门口的军营，大家都非常气愤：“大村要我们去送死，我们偏不死。”结果人人视死如归，大家都以必死的决心奋战到底，最后终于击退了敌人，保住了黑门口。

此外，大村在第二次征讨长州时，对河边踌躇不进的官兵咆哮说：“你们还不走，最好统统溺死算了。”这样一面大声地斥责，一面激励部下，终于使全军奋起，而获得了最后的胜利。大村的话虽然很苛刻，但是在决定胜败的生死关头时，指挥官一味地附和士兵，结果绝不能鼓舞士气，最后也不会获得胜利的。

父亲认为，大村益次郎是一位优秀的领导者，从整个战局来看，胜利全靠他运用巧妙地战术鼓舞士气。但是从另一方面来看，又何尝不是由于他的作风严厉，使部下振奋，才得到胜利的战果。商场如战场，很多时候，在企业的运行中会遇到类似的情况，所以，作为一个企业家就要像将军一样，任何时候都要保持公司上下高昂的士气。

在处理这次危机中，堤义明认为，优秀的经营者首先应该一肩承担全部责任，即不怨天，也不尤人，有客观原因也不去找；同时要有登高振臂而呼的气概和必胜信念。虽然这些只不过是精神的力量，而这种精神力量可以鼓舞起全体员工的精神力量，冲破不景气，创造新天地。

在堤义明的带领下，西武集团上上下下都精神百倍，他们相信一定能够克服眼前的困难。西武百货公司的员工们全力以赴推销库存产品，不到两个月，就把仓库里堆积如山的产品销售得一干二净；西武的连锁酒店在这段经济萧条期内对酒店内部进行了调整，利用这段时间对员工进行了培训，其他的娱乐事业部门也都干得很不错。

由于经济危机导致的市场萎缩，全国各个公司都在裁员，而西武集团既不裁员也不降低待遇，反而减少了工作量，这种负责任的态度，深深地感染了每一个员工，也让大家更有信心了。

作为西武的最高领导应该像战场上的指挥官一样，临危不惧，信念坚定。经营者必须有“我一定要克服这个困难，而且一定能克服”的信念，否则很难克服困难。

堤义明带领公司很快就闯过了难关，继续不断向前迈进，经营业绩蒸蒸日上。这次金融风暴对西武的全体员工而言，是一个难能可贵的体验。也是令他们对公司产生信心的最好机会。在这次危机中，西武的员工们树立了一个强有力的信念即“任何事情，只要坚持到底，最后一定会成功!”

经过这次考验，西武集团的经营，可以以更大的信心，向前迈进。

四、奥运大亨

堤义明是做事很低调的人，虽然他在被评为世界首富之后，深受媒体关注，但是，他依然尽量保持波澜不惊的心态。

此时，日本的很多组织都想邀请堤义明来担任会长或主席，但是，堤义明却常常拒绝这些其他企业家非常看重的头衔。

日本工商联合会会长五岛升对堤义明一直有好感，在他接任会长以后，就立即找到堤义明的好友针木康雄，对他说：

拜托你说服堤义明君，让他加入我们的工商联合会好吗？如果他有提名候补的意思，选票可以由我们负责去拉，请他放心就是了。

针木康雄认为，堤义明加入工商联合会没有什么不好，反而会有种种的好处，自忖堤义明肯定会欣然同意的。

于是，他立即跑去找堤义明，把五岛的这个想法转达给他：

“五岛先生委托我向你转达他的一个想法，他希望你能够出任日本工商联合会的候补委员。你想想，五岛君生于1916年，而你生于1934年，你们相差了整整18年。以五岛来说，他希望你今后继他的后任，因此他才劝你加入工商联合会。你要理解他的一片苦心，加入他们的组织，如何？

堤义明的回答却大大出乎针木的意料之外。

堤义明说：我不想参加。虽然这样断然拒绝，有点对不住五岛先生的好意，但是，我的确对这个组织不感兴趣。当然，我不能这么无情地拒绝五岛先生，你回去跟他说，我的父亲说过，他要我不参加任何一个财界组织，也不参加财界的一切活动，我要听从父亲的遗言，请您多多原谅。

虽然，堤义明对很多组织都不感兴趣，但是，他却一直担任日本体育协会的副会长。

堤义明是这样解释的：体协是个很了不起的地方。虽然在这里我一般都不会发表意见，但是，作为体协的一名成员，对我的事业却是很有帮助的。

你想想看，当上体协的干部，假如再进一步成为国际奥林匹克委员会的会员的话，那么，你就可以比平常的政治家们享受到更多的特别待遇和免关税的福利。即使去国外，也是以准国宾的待遇欢迎你。

虽然堤义明的这番话听起来像是在开玩笑，但是，他参加体育协会的的确确是为了更好经商。

比如，把滑雪世界杯大赛吸引到自己经营的北海道富良野滑雪场是非常有利的；或者，能够把世界性的滑雪比赛带到轻井泽区也是会有很多好处的。

或者拥有让 NHK 转播冰曲棍球赛的权利，这些都会给他带来丰厚的利润。

所以，正是这些商业价值，堤义明无论有多么繁忙他都会抽出时间来担任体育协会的副会长。

堤义明曾表示：体育协会的工作和我的运动事业息息相关，假如要在自己的事业范围内搞世界杯滑雪比赛，体协横加干预的话，那我们就会很难堪的。换句话说，即使是出于防卫，参加体协也是很有意义的。

日本有人说，堤义明是商界的奇才，但却有更多人视他为典型的政商。堤义明平日行事低调，除了担任日本奥运会名誉会长。

在 20 世纪 90 年代末，日本想要承办一次冬奥会，堤义明马上就意识到这是一个千载难逢的好机会。

因为，在堤义明的产业里有不少滑雪场，如果这次冬奥会能够在日本召开，那么就会给他带来丰厚的回报。

所以，为了提高自己拥有的滑雪场的价值，堤义明就想尽办法，大力争取冬季奥林匹克在长野县举行。

奥运会的举办需要大量的资金，这些资金的来源主要有两个途径：一是非商业性的政府拨款、社会捐助等；二是商业性的。

而实际上，在当今社会纯粹非商业性的财政资助已非常少，奥林匹克运动与商业的双向利益驱动联姻已是主流。70 年代后这种商业行为已成为奥林匹克运动得以发展的动力机制。

所以，作为大企业家的堤义明有着得天独厚的条件来申请冬奥会的举办。他本人是日本体育协会的副会长，同时，他又有雄厚的经济实力来支持冬奥会。

这样，经过长时间的准备，在 1991 年，堤义明和他带领的申办代表团战胜美国盐湖城，赢得长野冬季奥运会的举办权。

后来，也因为在长野奥林匹克的特殊人脉，得以进入日本奥林匹克（JOC）委员会。

于是，由于堤义明的努力，奥运圣火于 1972 年光临札幌后时隔 26 年，又一次回到了日本。

这次的举办城市是长野，它是一个拥有 40 万人口的城市，它位于本州岛上号称“日本的阿尔卑斯山”山脉中心地带。这里是最受日本人欢迎的进行雪上运动的胜地。

长野是在1991年伯明翰会议上胜出的，同时参加竞争的还有意大利的奥斯塔、瑞典的厄斯特松德、美国的盐湖城和西班牙的哈卡。堤义明说：长野奥运会不仅是一次体育上的巨大成功，还意味着这个举办城市和我们整个日本社会、经济的巨大发展，这令我感到尤为自豪。

堤义明一直认为，举办奥运会有时是一次高风险的赌博，办好了对举办城市有利，办不好举办者要亏损。而事实上，奥运会举办地的确定以及随之而来的一系列基础建设和其他各项建设，为该地区社会、经济的发展提供了机会。

而且，举办地在举行奥运会前后会有很大差异，奥运会留下的丰富“遗产”会大大改善当地的生活质量，提高经济水平。汉城、巴塞罗那、阿尔贝维尔、利勒哈默尔以及悉尼都是最好的证明。

所以，堤义明在举办奥运会中看到了无限的商机，他认为，无论对他个人的事业还是对整个日本来说，都是非常有意义的。

在长野获得了1998年冬奥会举办权之后，身为日本体育协会副会长和日本奥林匹克委员会成员的堤义明就担负起如何办好这届冬奥会的重任来。在他的构思中，这次冬奥会要做到以下几点：

首先，在长野的这次冬奥会中要非常关注环保问题，因为这是近年来申请举办奥运会时必须考核的一个标准。

所以要彻底贯彻在利勒哈默尔签订的生态协定，为此，在国际奥委会里成立了环境委员会，由匈牙利大使保尔·施米特主持，在长野有关保护环境方面最大限度地发挥了作用。

组委会在保护自然环境方面的细致入微表现在很多方面，例如工作人员及志愿者的工作服是可以再生的，奥运村中所使用的盘子（约90万个）是由一种有机材料制成的，这种材料是从苹果榨汁后剩下的残渣中提取出来的。“回收”成为这一届奥运会上使用最多的一个词。

其次，是基础设施建设。

在奥运会前一年的10月，在日本奥委会的促成下，新干线，也就是我们说的“子弹头”列车或高速列车正式开通。这一线路以超音速列车将长野和东京地区连接起来，整个路程只用79分钟。

再次，为此建立的诸多体育场馆堪称世界上用于冬季运动的最好场馆。

这次长野冬奥会日本方面开支预计 150 亿美元，而堤义明对此进行了大量的捐助。

为了召开这次冬奥会，需要建造一条铁路专线，这条从长野到东京的快速列车耗资 65 亿美元，高速公路 69 亿美元。而高速列车和高速公路沿线，有很多堤义明的滑雪场和高尔夫球球场以及商业中心。所以，这次冬奥会又会为堤义明带来更多的经济回报。

20 世纪的最后一届冬奥会——第 18 届冬奥会于 1998 年 2 月 7 日在日本长野市开幕。

在开幕式上第一项活动就是点燃圣火。

圣火是由长野冬奥会组委会副会长、长野市市长田佐为团长的采火团带回来的。然后汇成一支的圣火火炬在长野冬奥会开幕式上点燃。这支圣火一直燃烧到 2 月 22 日冬奥会闭幕。

接下来是运动员入场。

当堤义明带领着日本选手队昂首阔步进入长野冬季奥运会场之时，他深深地体验到了一种骄傲，这是作为一个日本人的骄傲。他觉得他为这次付出的努力得到了回报。

在长野冬奥会结束之后，堤义明又做出了几项重要的决策。

首先，是在日本举办了亚洲曲棍球联赛，也正是由于堤义明的发起，从此才开创了亚洲曲棍球联赛。

其次，堤义明还把高山滑雪世界锦标赛“请”到日本。

再次，在瑞士洛桑奥林匹克博物馆修建的过程中，堤义明对这个价值一亿美元的博物馆的建设有过突出贡献。为了纪念他为此而作出的贡献，在这个博物馆建成之后，把堤义明的名字刻在了前国际奥委会主席萨马兰奇的名字旁边。

因此，堤义明受到世界奥委会的表扬，而日本因为堤义明的突出贡献博得了国际奥委会主席萨马兰奇和众委员的好感。

自此，不管是在日本还是在世界体育界，堤义明具有很高的地位和人气。

与此同时，堤义明凭借着雄厚的财力及其影响力，堤义明的势力开始渗透入日本体育界，并对日本的体育运动作出了很大的贡献。

堤义明曾经一手提拔冬季奥运滑雪两项全能金牌得主获原健司担任参议员。还有，在他的努力之下，体育选手出身的桥本圣子、大仁田厚等人，也都顺利地加入了参议院。这些人的成功都离不开堤义明的努力。

2004 年日本奥运代表团结团誓师大会上，代表团全体开始先向皇太子以及日本奥运会名誉主席堤义明致敬。堤义明认为这是对他最高的奖赏。

五、西武信仰

堤康次郎以一生的劳苦培育了一个伟大的事业，所以企业中的其他人对创办者堤康次郎都怀有一种特殊的信任，他们的这种表现曾经被日本的许多媒体评价为：堤义明对堤康次郎的事业的继承，使西武企业集团成为一个财力雄厚的庞大“宗教”，堤义明就是这个宗教的教主，西武企业集团的 15 万名员工就是这门宗教的教徒。

其实，舆论的这种评论源于这样一件事：

有一天，堤义明在商业界的一位老朋友来拜访他，刚坐下来，这位朋友就对堤义明说：堤义明先生，说实在话，我几年前开始，什么事情都觉得不顺利，不幸的事情连续发生，这使我很头痛。

所以，我的某位朋友一直劝我信仰宗教，那位朋友经常带我去听教理。刚开始的时候，我对宗教实在不怎么感兴趣，半推半就地去听了一两回，慢慢地在心底产生感谢之念，这时我才知道我以前对事情的看法，完全是错误的。

所以我认为以前什么都不顺利，是应该的。而现在的我，对任何事情，都心怀感激。以前令我暴怒的事，现在想起来都觉得可笑。

从那以后，我的心胸突然变得开朗，不安的心情也已消失得无影无踪，每天都能快乐地工作。

后来，我去参拜的次数愈来愈多，对自己能够信仰宗教感到非常愉快。店里的生意也愈来愈顺利。这时我才领悟到，人生是很有意义的。以后我继续信仰，同时参加了教义的讲习。

“堤义明先生，你现在很幸福，你是企业界的成功者，看到你的经营作风，感到你是我的知己。私底下，对你的人格非常敬仰。以你这样的年纪，就有这样的成功，真是令人佩服呀，我觉得像你这样的人，能够对企业界真正地贡献自己的心力，必能有更大的发展才对。我一心一意，想把我的快乐分享给别人。所以我才冒昧地跑来拜访你。

“像你这样的人，若能走上信仰之路，以宗教的信念去推进你的事业，一定会如虎添翼，获得更高层次的成功。也许你现在并没有任何令你困惑的事，我们能够互相认识，也算是有缘。更何况我能当你的经销商，与你才能更进一层的认识，不是‘缘上加缘’吗？因此我来劝你信仰宗教，把我的快乐分享给你，请你好好考虑，最好和我一同去参拜一次。好吗？”

听完他的这番话，堤义明很替他高兴，但是他没有立刻产生想要信仰的念头，也不想去参拜。他对任何宗教都不会发生兴趣。只不过认为宗教不错而已。但是看到他的老朋友的表情是那么平静、恳切、热情，说的话又那么虔诚，堤义明不好直接拒绝他，就对他说：“我觉得信仰一定是件很好的事，你的亲切劝说，我很感激。不过我不能立刻接受这种信仰。如果将来有缘的话，再听听你的开导，如何？”

但是，堤义明的这位老朋友并不罢休，仍然非常热切地说了很多话才回去。

可是，过了一些日子之后，堤义明的这位老朋友又来看他了，这次比上次更热心，他举出很多具体的例证，邀堤义明参加信仰。但是，堤义明实在没有兴趣，只是对他的好意表示感谢。

这样的事情，接连三四次，朋友的热心，着实令堤义明感动。可是，堤义明仍然没有产生信仰之心。

于是堤义明告诉他：“你好多次热心开导我，我非常感激。你现在有了信仰，并且过着心存感念的生活，是一件十分可喜的事。不过，坦白说，我虽然知道你的话是金玉良言，但迟钝的我偏偏无法产生信仰的念头。也许将来时机到了，有机会听你的开导。请你再等候吧。”

那位老朋友说：“很有道理。信仰是不能勉强的，我愿意等待时机的到来。可是光是等待，机会是永远不会来临的。你必须实地接触，才会有所发现，才能生出信仰之芽，所以请你委屈一次，跟我去参拜吧。”

这时候，堤义明对他的朋友说：“你的好意我心里理解，但是，在西武我们只信仰一个人，那就是我的父亲堤康次郎，虽然其他的宗教也很伟大，但是，我们西武就是一种信仰。”

这位朋友听到他的这番话真是很震惊，但是，堤义明接着又说道：几十年来，西武的员工们一直都自觉地为家父守墓，这种对家父的尊敬与爱戴让我终身难忘。后来，堤义明又领着他的这位朋友去参拜了堤康次郎的陵墓，从此以后，外界就对西武有了这样的评价：西武就是一种信仰！

其实，这种评价虽然有些偏激，但也不无道理。因为，多少年来，西武集团一直都保持着对创始人堤康次郎的敬仰，常年一直不间断地有员工自发为一个死去了30多年的老人守墓。而堤义明在事业上的成就和在为人上的表现，使得西武集团的每一个员工都对他有一种特殊的信任与崇拜之情。

堤康次郎去世后，他的遗体就放在东京近郊的镰仓陵园，那里景色优美，静谧安宁，是亡灵安息的好地方。

堤康次郎是日本的政治家，他在财经方面的改革整整影响了日本一代人，他对日本经济的繁荣立下了汗马功劳。堤康次郎死后，堤家用隆重的仪式办理了后事，选定了日本最有名的镰仓陵园做他最后的安息地。

堤康次郎的坟墓很壮观，让每一个路过的人都不由地抬头仰望，很多人一看到这个高大的墓碑，就知道这里安眠着一个不同寻常的人物。

墓地打扫得一尘不染，铺上一大片白色的小砂粒。“信徒们”都坐在小砂粒上，虔诚地磕头跪拜。其中也有人五体投地趴着好久不动弹。

这里有无数墓碑，挤得满满的，却很整齐。其中有很多是曾经在日本历史上做出过卓越贡献的人，这里的每一个人都影响了日本的一段历史。现在日本的如此繁荣的盛况，很大程度上都应该归功于默默沉睡在地下的无名英雄。

在墓地的附近，建有楼宇，本来是当做定时做法事时使用的场所，但是由于职员对这些人的敬仰，实行了守墓行动，这所墓地旁的楼宇，便作为守墓人的住所了。

30年来，西武的职工每天都会有人来为堤康次郎守墓，他们一般是每天下午下班之后，在东京工作的西武职员们轮流值班似的有三五个人一起，开车来到镰仓陵园，自己准备盒饭和饮料，在墓地附近的楼上住一夜。第二天一大早的赶回东京上班。西武的员工从来没有因为守墓而耽误上班。

每天守墓的工作主要包括扫墓和敲钟祈祷。

在到达墓地时，第一件工作就是用很传统的方法来打扫墓地，把堤康次郎坟墓周围的落叶都打扫干净，为旁边的花草洒洒水，修剪一下。再为他上一炷香，摆上他生前喜欢吃的糕点，喜欢看的书。

第二天早上再如此这般地打扫一下。

守墓的另一个很重要的工作就是每天傍晚 6 点和早上 9 点的时候，要对着堤康次郎的坟墓敲钟和念一段经文。

在日本，现代的科技虽然很发达，但是他们依然保持着用这么古老的风俗来纪念死去的亲人。

曾经有记者对西武的这种守墓的仪式很好奇，用整个版面报道了守墓的整个过程，还对守墓的员工进行了采访，其中有一个员工是这样说的："今天的西武，是埋在地下的我们的老社长创立并奠定基础的，可以说没有我们的老社长，就没有今天的西武。作为追随者的我们，自愿轮流去看看他也是没有什么可以大惊小怪的。因为我们都敬爱这个引领我们走上幸福生活的人，不舍得让他自己在这里孤零零的一个人度过漫漫长夜。这是我们十分真诚的一点心意，我们只能用这种方式来表达我们对他的敬爱。"

西武员工的这种对堤康次郎的敬爱反映到现实中，是对堤义明的尊重。

而堤义明对员工的这种敬重也铭记在心，他知道唯一一个可以向员工表示感谢的方法就是掌好西武的舵，让他们及他们的家人永远过得幸福平安。

每年，在堤康次郎逝世周年纪念日上，西武集团公司都会在这里举行祭奠法事。当日，有几千名员工遗属和社方代表参加。祭奠法事由 25 座寺的高僧主持，庄严肃穆，隆重哀切。这种祭奠活动不知不觉中就形成了一种定制，每年的这一天，西武集团的员工们就会不约而同来到这里祭奠老社长，以告慰他的在天之灵。

堤义明在祭奠仪式发表讲话，他说："有人说我们西武是一种宗教，但是我觉得我们西武的事业、西武的经营，应该比宗教事业更要蓬勃发展，更能扩充延续才是。为什么很多企业常有倒闭、裁员等情形呢？那是由于他们经营不善的缘故。那是只顾私利的经营，偏离正义的经营，不知道事业是神圣的经营，是仅限在商业界的经营，仅站在传统基础上的经营。因此，这种守旧的经营方法，就是造成倒闭的原因。所以，我们西武的员工们一定要记住，我们在任何时候都要相信我们会突破这些不利的传统，沿着老社长曾经给我们指明的方向，走向更辉煌的明天。”

六、走下神坛

一切都来得那么突然，毫无征兆。

2005 年 3 月 3 日，一副冰凉的手铐戴在了前世界首富堤义明的手上。这一事件甚至牵连到日本首相小泉纯一郎。

这次让堤义明进监狱的指控非常简单——日本证券市场规定，大股东最高不能拥有超过 80% 的股份，而西武铁道的控股公司“国土公司”掌握着 88.6% 的股份，已经违法。

为了掩盖这个事实，西武铁道不得不做了大量假账以及虚假年报来应付。在年报伪造即将被曝光之前，堤义明事先得到了风声，遂秘密告知相关人员抛售手中的股票，以减低自身持股，保持上市资格。作为日本证券市场最大的搅局者，堤义明因涉嫌操纵公司股票，西武铁道公司在经营状况良好的情况下，被东京证券交易所逐出了证券市场，两名相关涉案高层人员自杀谢罪。事发之后，堤义明对所犯罪行供认不讳，但依然为自己辩解：“40 年来我们一直是这么做的，法律变了，怎么能让我们负责呢?”

其实，堤义明所说的“40 年来我们一直是这么做的”，已经成了战后日本经济复苏的主要障碍。据日本金融厅（FSA）的调查报告，在 4547 家日本上市公司中，456 家公司已承认发布过带有误导性的报表，其中多数与大股东的持股规模有关。有 10% 的上市公司在财务报表中做手脚，损害投资者的利益，削弱了投资者对股市的信心。如果说早期资本主义主要解决资本家与工人的关系，那么以发达的股市为基础的市场经济，则主要需解决公司与投资者的关系问题。为提高投资者的信心、恢复市场信息，日本对上市公司施以严刑峻法，堤义明可以说是撞在了枪口上，成了杀一儆百的牺牲品。

当时，业界纷纷议论的是，事情并不是无可挽回，堤义明本来不用入狱，只要回购股票把私有化程度已经很高的西武铁道彻底完全地私有化就可以了，他为什么不这么做呢？当然，回购其他企业和个人持有的西武铁道股票，需要大笔的现金，可能会达到20亿美元上下，20亿美元的现金，并不是随时就能凑齐的。但是，缺钱还不是主要障碍。

原来，日本有一个“无交易股票的财产评价”方式。20世纪50～70年代，西武在东京购买了大量的土地，用来建造太子酒店、冬奥会场馆和休闲娱乐酒店等。以后也一直按这个原始价格来评价土地价值。但在使用了无交易股票的财产评价方式后，是用现在的价格评价出土地的价值。同一块土地的价格在过去30～50年内已经上涨100多倍。在土地估价上升100多倍以后，其身后的土地税和继承税也将随之上升成为天价。这是爱家族帝国如命的堤义明竭尽全力要避免的，为此不惜一人承担入狱。

这是一个让普通人很费解的举动：上市公司纷纷都想把市盈率做高，从而把公司资产做大，而他不需要借高市盈率来膨胀自己的资产，而是尽量让资产缩水，压低对自己资产的估值，以保全自己手中的大量不动产。这里没有拼命蚕食弱势群体的贪婪，也没有拼命的虚张声势，有的只是作为家族守卫者的责任。他一生都在小心翼翼地提防着外界的阴谋和算计，最后却偏偏倒在习以为常的、自作聪明的决断上。真正惧怕的东西在双重人格的转换中莫名其妙地降临了。

拥有传奇人生的堤义明，在日本经济高速发展的时代潮流中就这样以“骗子”的形象结束了他的传奇。曾经带给他财富的西武集团，已被赶出了东京证券交易所；曾令他最为骄傲的国际奥委会荣誉委员的头衔，也被国际奥委会收回了。

不管怎么样，随着堤义明的被捕，一个延续了近40年的西武神话宣告破灭。